Sich von Gott berühren lassen

Begleiten – Beraten – Heilen

Herausgegeben von
Andreas Hess, Wunibald Müller und Lorenz Wachinger

Die praktische Theologie ist herausgefordert, ihren Kontakt zur modernen Psychotherapie einzusetzen: In der Pastoralpsychologie verbindet sich christlicher Glaube und psychologische Erfahrung. Der Impuls Jesu verpflichtet uns, seine frohe und heilende Botschaft heute so zu verkünden, daß sie die Sorgen und Nöte der Menschen aufgreift und zu lindern versucht. Inhaltlich und äußerlich bunter und erweitert setzt „Begleiten – Beraten – Heilen" die erfolgreiche Reihe „Heilende Seelsorge" fort. Sie vermittelt psychologisches Wissen, Praxisreflexionen und konkrete Hilfe für die Seelsorgsarbeit und die persönliche Lebensgestaltung. Sie macht Mut zu heilendem Reden und Handeln und spricht alle an, die sich in pastoralen und caritativen Arbeitsfeldern engagieren und die psychologischen Erkenntnisse und Erfahrungen für ihre Arbeit und für ihr persönliches (Glaubens-)Leben nutzen möchten.

Herman Andriessen

Sich von Gott berühren lassen

Geistliche Begleitung als pastorales Handeln heute

Matthias-Grünewald-Verlag · Mainz

Aus dem Niederländischen von Michael Begerow, Kurt Moritz und Franz Sieben

verlags gruppe engagement Der Matthias-Grünewald-Verlag ist Mitglied der Verlagsgruppe engagement

2. Auflage 1995

Umschlag: Heinz Kirsch & Kristine Buckel Grafik-Design, Wiesbaden
Abbildung: Paul Klee, Der Vollmond, 1919, 232; Öl auf Papier, 50,4 x 38,1 cm; Staatsgalerie moderner Kunst/Bayer. Staatsgemäldesammlungen, Inv. Nr. 15249
© VG Bild-Kunst, Bonn 1994
Druck und Bindung: Havlickuv Brod AG, Tschechische Republik

ISBN 3-7867-1821-0

Inhalt

Vorwort

In der Geschichte vom heiligen Gral kommt es regelmäßig vor, daß zu einem hoffnungslos erscheinenden Zeitpunkt einer der Helden einem Eremiten begegnet und sich mit der Bitte an ihn wendet: „Heiliger Vater, gebt mir einen guten Rat." Die Selbstverständlichkeit, mit der die Helden dies tun, verwundert uns. Aber auch die Schnelligkeit und die innere Sicherheit, mit der der so angesprochene Eremit auf diese Bitte eingeht, sind uns fremd. Sie stehen offensichtlich in großem Gegensatz zu der hier vorgestellten Darlegung über geistliche Begleitung als pastorales Handeln heute. Dies hat viele Gründe. Der wichtigste scheint mir in dem tieferen Verständnis von Macht, Ohnmacht und Bedeutung des Wortes (geistliche) „Begleitung" zu liegen. In Verbindung mit anderen helfenden Berufen werden auch SeelsorgerInnen sich dessen bewußt, daß dieses Wort eine zutiefst menschliche, kostbare und auch verletzbare Arbeitsweise für pastorales Handeln beinhaltet.

Aus diesem Bewußtsein heraus ist das vorliegende Buch enstanden. Seine konkrete Grundlage findet sich in einem zweijährigen Intervallkurs „Geistliche Begleitung als pastorales Handeln", den ich mit meinen Kollegen Franz Sieben und Nikolaas Derksen am Theologisch Pastoralen Institut in Mainz mehrfach mit SeelsorgerInnen durchführen konnte unter Mitarbeit von P. Gerd Domann SAC und Josef Obergassel.

Im Verlauf dieser Kurse wuchs in uns die Überzeugung, daß

- eine systematische Ausbildung und ein an der Praxis orientiertes Nachdenken über geistliche Begleitung als eine Form des pastoralen Handelns in der heutigen seelsorgerlichen Situation notwendig ist;
- geistliche Begleitung immer mehr eine Grundform pastoralen Handelns darstellt;
- eine solche pastorale Weiterbildung nicht rein theoretisch verlaufen kann.

Pastorale Praxis fragt nach Gesprächen über tiefere Lebenswerte, über den Sinn unserer Existenz und über die Bedeutung der Glaubenstradition im modernen Leben; sie fragt nach einer neuen und authentischen geistlichen Aufmerksamkeit.

Für einige unter uns stellt sie ein gegebenes Charisma dar, für die meisten geht es um eine innere Haltung und pastorale Kompetenz, die nur auf einem intensiven Lernweg entwickelt werden können. Dieses Lernen soll u. E. in engem Kontakt mit der modernen Lebenswelt stattfinden; es soll ein Appell an die eigene religiöse Kreativität sein und sich in einem schöpferischen Anschluß an die großen spirituellen Traditionen gestalten. Dabei darf die eigene und persönliche geistliche Erfahrung nicht vernachlässigt werden. Nur wer aus dem eigenen Umgang mit dem verborgenen Gott die Erfahrung macht, was es in unseren Tagen heißt, den geistlichen Weg zu gehen, kann darüber mit anderen sprechen und deren Weg weiter begleiten.

Wir verzichten auf eine ausführliche Zusammenfassung der christlichen Tradition, da sie in anderen Darlegungen zur Sprache kommt. Wir halten sie für wichtig und setzen sie in diesem Buch voraus. Im Anschluß an diese Tradition sind wir immer wieder darin bestätigt worden, auch die neueren Einsichten der Humanwissenschaften in den Lernweg aufzunehmen. Es geht uns um die Praxis der geistlichen Begleitung; im Hinblick darauf ist in den modernen Humanwissenschaften vieles entwickelt, das in den älteren Traditionen implizit blieb oder überhaupt nicht zur Sprache kam. Geistliche Begleitung ist eine pastorale Kompetenz, die gelehrt und gelernt werden muß. In diesem Buch versuchen wir, von dieser praktischen Orientierung ein Beispiel zu geben. Dabei bleibt der Ausgangspunkt bestehen, daß das „Geistliche" nicht etwas ist, worüber nach Belieben verfügt werden kann. Geistliche Begleitung entzieht sich einer Athmosphäre des „Machens" und mit Sicherheit des instrumentalen Handelns. Sie kann nur versuchen, Bedingungen zu schaffen, daß das „Geistliche" sich auswirken und die Gnade Gottes in unser Handeln durchdringen kann. Das Buch ist aus der Überzeugung geschrieben, daß menschliches Handeln und das Handeln Gottes nicht miteinander konkurrieren und daß geistliches Leben in christlichem Sinne eine Form von Partnerschaft ist, welche der Ewige damals mit Israel angefangen hat. Doch – wenn es darauf ankommt – ist „alles Gnade" (Theresia von Lisieux).

Das Buch berichtet von dem, was wir versucht haben und immer noch versuchen. Wir sind auf dem Weg wie auch die TeilnehmerInnen, die sich in unsere Kurse gewagt haben. Ihnen sind wir an erster Stelle Dank schuldig. Auf ihre Erfahrungen und auf unseren Dialog mit ihnen stützt sich das Buch. Außer ihnen gilt mein Dank in besonderer Weise meinen beiden Kollegen: für Kreativität, Kollegialität und zumal für die gläubige Haltung, mit der sie mit mir zusammen gearbeitet haben. Die Stunden der Zusammenarbeit sind mir unvergeßlich geworden. Wir gingen zusammen auf dem Weg der gleichen Sehnsucht.

Mainz/Nijmegen im Advent 1994 *Herman Andriessen*

Kapitel I
Geistliches Leben und seine Begleitung

„Wer ist unter euch, der seines Lebens Länge eine Spanne zusetzen könnte, wie sehr er sich auch darum sorgt?“ (Mt 6,27)[1]

1. Spurensuche

Geistliches Leben ist keine sorgenvolle Angelegenheit, auch wenn es oftmals in dieser Weise entartet ist: So viele ernste Gesichter, bedrückende Gefühle, schwermütige Gedanken und problematisches Handeln hat es ja schon hervorgebracht! Die Galerie der Heiligen – die doch als die zutiefst vergeistlichten Menschen gelten – ist ganz gewiß keine Versammlung lustiger Gesellen. Menschen beschweren sich darüber, daß sie noch niemals das Bild eines lachenden Jesus gesehen haben. Eremiten, Asketen und zerquälte „Mystiker“ haben für viele das Bild vom „geistlichen Leben“ geprägt. Immer wieder wurde betont, daß es uns gar nichts nützt, die ganze Welt zu gewinnen, wenn wir dabei Schaden an unserer Seele nähmen. Stillschweigend geht man davon aus, daß das „Gewinnen der Welt“ selbstverständlich ein Schaden für die Seele sein müßte, aber der ursprüngliche Wortsinn meint eine solche Auslegung nicht. Ist es möglich, in der Welt zu sein, unsere Vitalität wirklich zu leben, mit Menschen, mit Männern und Frauen in einen inspirierenden Kontakt zu treten, unseren menschlichen Möglichkeiten wirklich alle Chancen zu geben und gerade dabei auch unserer Seele Gutes zu tun? Ist es möglich, sie nicht nur an die Welt zu verlieren, sondern sie auch an ihr zu gewinnen? Ein vielsagendes französisches Sprichwort lautet: „Un saint triste, c'est un triste saint.“: „Ein trauriger Heiliger ist wahrlich eine traurige Gestalt.“

Jesus wird von seinen Feinden als „Fresser und Weinsäufer“ bezeichnet (Lk 7,34). Dieser abwertende Vorwurf wird ihm anläßlich einer Auseinandersetzung gemacht. Und dennoch treffen wir ihn öfters am gedeckten Tisch und auf einem Fest. Er macht keinen Unterschied zwischen hoch Angesehenen und Zöllnern oder Sündern. Aber ist das ein Wunder? Denn für ihn war jedes Fest ein Symbol für die „Fülle der Zeiten“, zu der sein

[1] Zitate aus dem Neuen Testament sind der Übersetzung von Fridolin Stier, Zitate aus dem Alten Testament der Einheitsübersetzung entnommen.

Vater alle Menschen an die gleiche Festtafel einlädt.[2] Diese Haltung ist die Auswirkung der ganz und gar neuen Selbsterfahrung, die er am Jordan machen durfte: die Entdeckung von Gottes wahrem Gesicht und seiner eigenen Identität: der Geliebte Gottes zu sein, des Gottes, der seitdem auf eine neue Weise sein Vater war.[3] Für ihn war diese Erfahrung der Beginn eines erneuerten geistlichen Lebens, nicht in der Wüste, nicht in der Zurückgezogenheit in sein Inneres, sondern in einem offenen Kontakt mit seiner Umgebung und mit den Menschen, die ihm begegneten, mit Frauen und Männern, die er auf seinem Weg traf.

Wenn also geistliches Leben nicht ein sorgenvolles und gequältes Dasein beinhaltet, nicht eine Verdunkelung oder Unterdrückung menschlicher Vitalität und Lebenslust, um was geht es dann?

Was sind die Kennzeichen des „geistlichen Lebens"?

a. Geistlicher Raum

Um zu erfahren, um was es im Gebiet des Geistlichen geht, ist es gut, in einen religiösen Raum hineinzugehen und sich darin in Stille auf das Gefühl, das dabei aufsteigt, einzulassen. Dabei können einige, verhalten gegebene Anw eisungen sehr hilfreich sein. Ich habe dies mit einer Gruppe in einer Seitenkapelle des Mainzer Doms erlebt. In einer kurzen Einleitung wurde der Gedanke von E. Minkowski vorgestellt, daß das Eigentliche des „Weges" nicht in einem konkreten Weg liegt, sondern in der erfahrenen Möglichkeit, irgendwie hindurchgehen zu können.[4] Das Geistliche ist allein dort, wo es „ge-spürt" wird. Mein geistlicher Weg ist dort, wo ich ihn „er-spüre", nicht da, wo ich ihn mir vorstelle, denke, oder ihn mir aus geistlichen Sch riften entnehme. Jeder Weg ist persönlich, ist „mein Weg". Die in jener Gruppe Versammelten wurden aufgefordert, sich ihren Bewegungsimpulsen anzuvertrauen. Dies stellte sie vor eine Anzahl von Möglichkeiten:

- in den Raum hineingehen, ohne ihn erst kennengelernt zu haben;
- sich entscheiden, ob man hineingehen will oder auch nicht, ehe sich wirklich ein Impuls gemeldet hat;
- sich durch „den Weg", der sich anbietet, bestimmen lassen oder selbst die Leitung behalten;
- sich entscheiden, stehenzubleiben, wenn kein Impuls mehr zu spüren ist, oder trotzdem dann weiterzugehen.

[2] W. Bösen, S. 53.
[3] G. Baudler, 1989, S. 135–262.
[4] E. Minkowski, 1936

Nachdem sich die Gruppe in den Raum begeben hatte, folgte nach einer Weile die Frage an alle, ob sich für jeden ein besonderes Thema angedeutet, ob das gleiche Thema sich vertieft oder sich ein anderes Thema angemeldet hatte. Darüber hinaus sollten die etwa zwanzig im Raum anwesenden Personen überprüfen, ob Erinnerungen auftauchten oder bestimmte Erwartungen hochkamen. Daran anschließend folgten Fragen wie: „Spüre ich die Anwesenheit der anderen?“; „Will ich in deren Richtung mitgehen oder bewußt nicht?“; „Bleibt die eigene Richtung für mich vorherrschend oder wird dies durch die anderen verhindert?“; „Gibt es in mir einen Impuls, die anderen in meine Richtung zu ziehen?“; „Gehe ich lieber alleine?“

Wieder etwas später folgte der Versuch, still stehenzubleiben und auf ein Wort zu warten, diesem dann nachzugehen mit der Frage, ob die eigene Haltung zu diesem Wort paßt; oder auch um Raum zu schaffen für ein anderes Wort, wenn dies so noch nicht möglich war. Danach wurde es jedem selbst überlassen, auf eigene Weise und abhängig von dem jeweiligen Impuls weiterzugehen oder still stehenzubleiben. Hierauf folgte eine Stille von fünf Minuten. Jeder sah nun zurück und überschaute den zurückgelegten Weg. Er oder sie achtete auch auf die anderen und fühlte nach, ob die eigene Position gegenüber den anderen „stimmte“ oder ob sie geändert werden mußte. Dem schloß sich der letzte Schritt dieses Geschehens an: Die Anwesenden wurden aufgefordert, sich zu sammeln, die Hände und das Herz zu öffnen und dann andächtig aufs neue auf ein Wort zu warten. Wenn sich dieses meldet, wird man aufgefordert, es zu bewahren: zuerst in den Händen, dann in den Herzen.

b. Erfahrungen

Im Nachgespräch wird deutlich, daß große Unterschiede in den geistlichen Erfahrungen aufgetreten sind. Ich gebe zuerst diese wieder und nenne danach die Leitworte, die sich am Ende dieses Geschehens gemeldet haben. Als die wichtigsten Erfahrungen werden benannt: Erfahrung von Bewegung und von Ruhe; Erfahrung von hohem Raum und von der Festigkeit und Tragkraft des Bodens, auf dem man ging; die Erfahrung der Wirkung des Lichtes, das durch das Fenster fiel („der ganze Weg war ein Suchen nach Licht“). Viele Erinnerungen an die eigene Lebensgeschichte traten auf: frühere Gebetserfahrungen; der Raum der Kapelle als Symbol der gewünschten Freiheit in der Kirche; die Anziehungskraft der Kreuzesdarstellung an der Wand; die positive Wirkung der Tür als möglichem Ausgang; eine „große innere Klarheit“; eine vorwärtstreibende Suche; ein sehr bewußtes Sich-Zurückziehen auf den zurückgelegten Weg; „es tat gut, aber es machte auch müde, um bis zu den Fragen in aller Ruhe anwesend zu sein: Dann verschwand die Müdigkeit auf einen Schlag"; „ich mußte nichts mehr und ließ mich führen"; eine Neigung in die Mitte des Raumes zu gehen; angezogen zu werden von einer leeren Nische, in der kein Heiligenbild aufgestellt war; „das Kreuz wies mich auf Christi Himmelfahrt hin". Ein Mann, der nur sehr schwer hineinfinden konnte, wurde durch den dunklen Boden der Kapelle angezogen; dabei fühlte er sich sehr allein. Ausdrücklich wurde von der Erfahrung berichtet, daß es sehr befriedigend sein kann, einfach vorwärts gehen zu können, ohne zu wissen, wohin man geht; man kann die Ruhe „bis in die Hände" gut fühlen. Ein anderer Teilnehmer berichtete von der Neigung, in die Mitte zu gehen und dort zu singen. Auf andere wirkten die geschlossenen Türen beängstigend; sie bewirkten ein Gefühl der Enge. Für einige wurde die Auferstehungsgruppe, die in der Kapelle stand, zum Hauptpunkt der Aufmerksamkeit. Jemand machte die befreiende Erfahrung, nach dem Weg einmal nicht suchen zu müssen, sondern einfach gehen zu dürfen, so wie es sich eben anbot. Wenn andere Menschen uns den Rücken zudrehten, so schien das eine schmerzliche und vereinsamende Erfahrung zu sein.

c. Leitworte

Die folgenden Worte bewegten die Teilnehmenden: Bewegung, Grund, Boden, „Ja", Empfan gen, Licht, Nähe, schauen, Glanz, „Ich bin", loslassen, „komm", Orientierung, Wohlsein, in Ruhe da sein, Leere, wagen, Säule, „Warum steht ihr alleine da?", Verlangen, Liebe, Erwartung, singen, unterwegs, kraftlos, Angst, Leben, anlehnen, „Ich sehe dich an".

d. Annäherung

Es geht jetzt nicht um eine ausführliche Beschreibung des Geistlichen, sondern um konkrete Beispiele von Erfahrungen. Abstraktionen führen hier nicht weiter. Sowohl in den Erfahrungsschilderungen wie in den Hauptworten fällt auf, wie durch und durch menschlich das Geistliche ist; wie es eng gebunden ist an Raum, an Körperlichkeit und an das Konkrete. Es wird auch deutlich, wie vieles uns berührt, auf uns einwirkt und Leitung übernimmt, wenn wir uns selbst leer machen. Vom Geistlichen gehen Leitung und Richtung aus. Darüber hinaus scheint es den ganzen Lebenslauf zu umspannen: Vergangenheit, Gegenwart und Zukunft. Es ist individuell sehr verschieden und berührt den Menschen dort, wo er am meisten er selbst ist. Es sucht auch ein Zentrum, und es kann Menschen auffordern zu einem Loblied oder zu einer Äußerung tiefer Freude. Das Geschehen läßt erkennen, daß das Geistliche sich an religiöse oder auch andere Symbole bindet, aber auch an ganz alltägliche Dinge: eine Tür oder eine Bodenplatte werden durch das Geistliche zum Symbol einer anderen Welt. Das Geistliche ruft bei den Menschen Zögern oder Zustimmung hervor, Müdigkeit oder Ruhe, Verlangen oder Erwartung, Kraftlosigkeit oder Angst. Es wirkt in eine Richtung, die sich von selbst meldet und die durch uns nicht vorgegeben zu werden braucht. In der geistlichen Situation wird der Gottesname hervorgerufen, und ER selbst ist anwesend.

Hier geht es darum, ein Gespür, einen Geschmack für die vielfarbige Erscheinungsweise des Geistlichen zu bekommen. „Geschmack" meint hier eine Erfahrung von Nähe, „Geschmack" ist hier eine geistliche Form der Wahrnehmung, die an den Körper gebunden und ein Charakteristikum aller geistlichen Erfahrung ist. („Schmeckt und seht, wie freundlich der Herr ist.") Dies enthält auch die Aussage, daß das Geistliche nicht zu allererst im Inhalt beschlossen ist. Es ist eine Weise des Seins, eine Weise des Bewegens und Bewegtwerdens; es ist eine Daseinsdimension, die alles andere, auch das Inhaltliche, durchzieht; vielleicht am stärksten unsere Leiblichkeit. Für die geistliche Begleitung bedeutet dies im Grundsatz: Die Themen, die in der geistlichen Begleitung zur Sprache kommen, dürfen also nicht in erster Linie von ihrem Inhalt her aufgefaßt werden; sie müssen als Lebensthemen verstanden werden. Das Geistliche ist nicht per se an „geistliche" Inhalte gebunden. Auch das ganz stark „Materielle" kann für die geistliche Erfahrung zu einem Werkzeug werden, wenn es zu einem Lebensthema wird.[5] Es wären viele solcher Lebensthemen zu nennen. In der oben beschriebenen Übung kamen sehr viele davon zur Sprache. Ich möchte noch einige nennen: singen, der Luxus des Daseins, die Beziehung zum eigenen Leben, die Beziehung zum Leben der anderen oder zu dem Zusammenleben mit Gott; Dinge, die „entscheidend" sind und bei denen es uns um Sein oder Nichtsein geht; Angst und Sehnsucht in ihrem existentiellen Sinn; Dankbarkeit; Schuld; Begrenzung und Freiheit; Schicksalsverbundenheit und Lebensentwurf; Geburt und Wiedergeburt; Glück, Friede und Ruhe, Übergabe; die Zwiespältigkeit des Daseins, wodurch die Frage nach sich selbst nicht beantwortet werden kann.

[5] Vgl. hierzu Ch. Schütz, 1988, unter dem Stichwort „Geistliche Gemeinschaften und Bewegungen". Dort wird der Begriff ganz innerkirchlich verstanden. Unter dem Stichwort „Dialog" wird das „geistliche Gespräch" weiter gefaßt: u.a. heißt es hier: „Das geistliche Gespräch ist auf eine spezielle Thematik hin orientiert.Thema kann alles sein, sofern sich der Horizont vom Vordergründigen ausweitet auf die Sinnfrage, auf das Religiöse".

Geistliche Begleitung heißt, den Menschen zu helfen, im Umgang mit ihrer Lebensthematik eine ihr gemäße Haltung zu entwickeln. Sie erfordert das Erlernen von Interventionen, durch die sich eine solche Haltung entfalten kann oder Hindernisse überwunden werden, die sich dem entgegenstellen. Dieser Zusammenhang ist Thema dieses Buches. Es ist nun schon deutlich geworden, daß man über diese geistliche Welt nicht nach Belieben verfügen kann. Was geistliche Begleitung tun kann, ist, einen geistlichen „Raum" zu errichten und so Hilfen zu geben, daß Hindernisse aus dem Weg geräumt werden können. Geschieht dies, dann kann das Geistliche sich in seiner eigenen Wirkung und Kraft entfalten. Auch dies ist ein Grundsatz, der mit der Eigenart des Geistlichen zusammenhängt. Es umspannt das ganze Leben mitsamt seinen Konflikten. Es beschränkt sich nicht auf die sogenannten „geistlichen" Aspekte des Lebens (wie etwa Askese, Gebet oder Meditation). Man kann es nicht „rein" bekommen. Sobald es strikt auf die religiösen Inhalte begrenzt wird, verliert es seinen „Sitz im Leben" und wird zur Bigotterie, wird zum Gruppeninteresse oder zu einer „Insel der Seligen", die um so elitärer wird, je weiter sie vom Festland entfernt liegt. Darum beschränkt sich geistliche Begleitung nicht auf die Vermeidung von „Schaden an der Seele"! Es geht ihr darum, die Seele in und an der Realität des Lebens zu bereichern, so daß sie ihre Bestimmung finden kann.

2. Das geistliche Feld

a. Die Zugangsweise und ihre Bedeutung

Die Erfahrung läßt erkennen, daß das Geistliche ein sehr breites, aber dennoch ein sehr begrenztes Feld umfaßt. Eigentlich ist nichts aus diesem Gebiet ausgeschlossen: Sowohl die Bodenplatten wie auch die leere Nische, die umstehenden Menschen wie die Himmelfahrt Christi können Wegmarkierungen sein. Es umfaßt kon krete Bewegungen, Gefühle und Haltungen, alle möglichen konkreten und abstrakten Worte. Aber genauso umfaßt es tiefe Erfahrungen wie Angst, Leere, Liebe und Sehnsucht. Auch das Spielerische und das Kreative gehören dazu. Mit anderen Worten: Alles kann geistlich verstanden werden und mit allem kann man auf eine geistliche Weise umgehen. Für die geistliche Begleitung ist dies eine wesentliche Grundlage und Voraussetzung. Dies schließt ein, daß alles zur Sprache kommen kann: Nicht der Inhalt, sondern die Art der Annäherung ist für die geistliche Begleitung entscheidend. Umgekehrt kann über sehr heilige und geistliche Dinge sehr ungeistlich gesprochen werden. Es geht also stets um den Gesichtspunkt, unter dem die Dinge zur Sprache kommen. Die Kunst der geistlichen Begleitung besteht darin, die Dinge unter diesem Gesichtspunkt wahrnehmen zu können. Zum Beispiel kann ein Familienkonflikt auf mancherlei Art besprochen werden. Man kann dem Ursprung in der Lebensgeschichte der Person nachgehen; man kann die Ursache in der Unfähigkeit und Begrenztheit dessen sehen, der in der Familie das Sagen hat; man kann verfolgen, wie ein bestimmtes Familiensystem unvermeidlich zu Konflikten führen muß; man kann das Problem in Zusammenhang mit der Entwicklung einer Gemeinschaft sehen oder es in Begriffen der Gruppendynamik besprechen, die sich dabei zeigt. Man kann es auch theologisch erhellen oder Parallelsituationen aus der Bibel erzählen. Dies alles kann nötig sein, aber es macht das Gespräch noch nicht zu einem geistlichen Gespräch. Das Geistliche liegt in der Art und Weise, in der man an all diese Dinge herangeht. Und diese ergibt sich aus der geistlichen Art, in der Menschen sich selbst erfahren.

b. Geistliche Selbsterfahrung

Augustinus gibt sich in seinen Predigten viel Mühe, seine Zuhörer auf ihr geistliches Leben hinzuweisen. Wenn er sich umsieht, macht er die gleiche Erfahrung wie Paulus. Er hört, wie die Menschen um ihn herum sich sagen: „Laßt uns essen und trinken, denn morgen müssen wir sterben" (1 Kor 15,32). So kann es aber nicht gelingen, geistlich zu existieren. Ein Mensch wird dann, so meint der Bischof, so etwas wie ein Rindvieh. Das ist auch nicht allzu verwunderlich, wenn man sieht, wieviel der Mensch mit dem Rindvieh gemein hat: „Ein Mensch stirbt, das Rindvieh auch; ein Mensch wird im Mutterschoß empfangen, ein Rindvieh auch; ein Mensch wächst durchs Essen ebenso wie das Rind. Wieviel hat der Mensch mit den Tieren gemein!" Aber dann legt er das Gewicht auf den Unterschied: „Der einzige Unterschied ist sein vernünftiger Geist; und da hinein ist das Abbild seines Schöpfers niedergelegt." So erscheint unter anderem „das Abbild des Schöpfers" aus seinem Wirken in unserem Leben und in unserem Dasein. Die Erfahrungen, die im Vorgehenden beschrieben sind, gehen über die rein kreatürlichen Bedürfnisse des Tieres hinaus. Sie sind auch nicht nur einfache Verlängerungen der menschlichen Begierden. Sie stellen einen geistlichen Raum dar, in dem Menschen auf eine neue Weise existieren. Dieser Raum besteht sicher nicht losgelöst von unseren Bedürfnissen und Begierden. Aber er ist doch sehr viel mehr als nur eine Verlängerung davon. Im Gegenteil, die Erfahrung macht deutlich, daß dieser Raum auch „auf uns zukommt", „für uns offensteht" und von uns „bewohnt" wird. Er

„be-antwortet" die geistliche Bewegung in unserer Sehnsucht. Solcher Raum entsteht ausdrücklich für Menschen, die – wie man früher gesagt hat – ein „geistliches Leben führen wollen". Damit ist nicht gemeint, was man in früheren Zeiten vor allem darunter verstanden hat: ein zurückgezogenes Leben, fern der Welt, ohne Kontakt mit der aktuellen Situation und den neuen Geistesströmungen und wissenschaftlichen Entwicklungen. „Geistliches Leben" vollzog sich meistens in Klöstern oder zumindest in dafür eingerichteten Freiräumen. Es konzentrierte sich auf „geistliche" – und das waren fast immer kirchliche – Inhalte.

Dies ist einer der Gründe, warum moderne Menschen mit dem Ausdruck „geistliches Leben" nicht mehr viel anfangen können. Denn das Geistliche vollzieht sich in der Welt, im Leben, in den Dingen des Alltags, oder es vollzieht sich nicht. Jesus sagt, daß wir „in" der Welt, wenn auch nicht „von" der Welt sind. In dem Lied eines sehr bekannten niederländischen Kabarettisten steht der Satz: „Sag ja zum Leben; sonst sagt das Leben vielleicht nein. 9 Unser „Abbild Gottes" ist darauf angelegt, sich in der Welt zu verwirklichen. Unmittelbar nach der Schöpfung empfängt der Mensch seinen Auftrag in der Welt. Aber wir Menschen des zwanzigsten Jahrhunderts haben es eben schwer mit dem „Abbild Gottes", über das Augustinus noch ohne Schwierigkeiten sprechen konnte. Im modernen Selbstverständnis liegt diese Idee nicht mehr so einfach auf der Hand. In Filmen, Romanen, Liedern, im Theater oder im Fernsehen kommt dieser Ausdruck nicht mehr vor. In der Wissenschaft wird man ihn nirgends finden. In der Theologie spielt er zwar noch immer eine wichtige Rolle, aber die Theologie hat den Zugriff auf die Gesellschaft und auf das konkrete Leben der meisten Menschen verloren. Die Frage des reichen Mannes: „Was habe ich zu tun, um ewiges Leben zu erben?" (Lk 18, 18) äußert sich heute auf eine ganz andere Weise. Sie ist zu einer vierfachen Frage geworden, die sich auf unterschiedliche Art in ganz verschiedenen Erfahrungsbereichen stellt, nämlich in der Frage nach der Existenz, in der Frage nach dem Sinn, in der Frage nach dem Religiösen und in der Frage nach dem Glauben an Jesus Christus. Sie setzen von sich aus das Gebiet der geistlichen Selbsterfahrung frei.

c. Der Erfahrungsbereich der Existenz

Vor einiger Zeit schrieb Hildegard Knef ein anrührendes Lied über die Wolken und viele andere Dinge. Eigentlich ist es ein Lied über die Existenz, das Dasein:

WERDEN WOLKEN ALT?

Werden Wolken alt, sind Fliegen dumm,
ist Grönland kalt, und wenn, warum?

Sprechen Enten im Schlaf, wird der Mond manchmal auch müde,
sind Grashalme einsam, wer macht den Himmel trübe?

Hat ein Hut Bekannte, oder lebt er allein,
haben Möwen Verwandte, kann eine Schulter traurig sein?

Warum stirbt das Kaninchen, der Mensch, die Ziege,
warum ist nichts ewig außer der Lüge,
die Lüge, die Antwort zu kennen, die Dinge beim Namen zu nennen?

Es ist ein Lied voller Fragen. Bei der Frage nach unserer Existenz geht es um Dinge, auf die wir aus unserer Erfahrung heraus keine Antwort wissen. In der Dimension des Geistlichen begreifen wir, daß wir mehr sind als all unser Erfahren, unser Denken, unser Hoffen und unsere Angst. Und das ist der Grund, daß wir über all dies anfangen, Fragen zu stellen. Die Dinge, das Leben, der Tod, die Menschen „übersteigen uns". Die Welt und auch wir selbst sind „geheimnisvoll", ein Rätsel. Alle unsere Antworten sind vorläufig wie ein Spinnennetz, das wir denkend und fühlend weben über einem Abgrund, dessen Tiefe wir nicht ausmessen, ja nicht einmal vermuten können. Dieser Abgrund läßt uns schwindlig und ängstlich werden. Die Sterbeliturgie nennt ihn das „tiefe Wasser", von dem die Bibel schon in den ersten Sätzen spricht; das „Dunkel", in das wir fallen können, ohne zu wissen wohin.[6] Diese Erfahrung gilt im Prinzip ebenso für das Glück wie für das Unglück, für den Trost wie für die Verlassenheit, für die Sehnsucht wie für die Angst. Wer diese Erfahrung macht, entdeckt die Existenz und das Dasein, und darin das Geistliche, ob es nun so benannt wird oder nicht. In der Existenzerfahrung übersteigen wir uns selbst, ohne zu wissen, woher wir kommen und wohin wir gehen. Für moderne Menschen ist es dabei bezeichnend, daß sie „alles wissen und nichts glauben". Im Existieren erfahren wir uns selbst als lebend, liebend, arbeitend, verrückt oder bekümmert. Wir sind lebende Wesen ohne festen Boden, die aber doch ein Bewußtsein ihrer selbst haben; die Fragen stellen, ohne sie beantworten zu können; die die Ewigkeit in ihren Herzen tragen durch die Zeit: in die Weite gestellt und eingeschlossen zugleich. Es verbirgt sich viel Schicksalsbewußtsein in dieser Erfahrung: das Schicksal zu sein, das

[6] „ne cadant in obscurum"; „in profundo lacu"

Schicksal des eigenen begrenzten Lebenslaufs, Mann oder Frau zu sein, die Zuweisung des Ortes, an dem man zu leben hat. Diese Erfahrungen sind wesentliche Teile des Geistlichen. Sie betreffen auch wesentliche Aspekte des „Abbildes Gottes". Viele Menschen, die geistliche Begleitung suchen, haben diesen Erfahrungsbereich der Existenz noch nicht entdeckt. Sie haben im Gegenteil gerade dies durch eine sogenannte Spiritualität verlernt.

d. Der Erfahrungsbereich von Sinn

Die meisten Menschen bleiben bei der Existenzerfahrung nicht stehen. Sie suchen weiter und tiefer nach deren Sinn. Gerade die Wechselhaftigkeit des Daseins weckt in ihnen die Suche nach Sinnhaftigkeit. Die Sinnhaftigkeit hebt die Wechselhaftigkeit nicht auf; sie gibt ihr aber eine Richtung und bindet die vielen Erfahrungen, die wir machen, zu einem mehr oder weniger zusammenhängenden Ganzen zusammen. Auf diese Weise kommen Menschen in Berührung mit dem Sinn ihres Lebens. Die Frage nach dem Sinn ist niemals eine abstrakte Frage. Sie stellt sich immer in der Welt, in der wir leiden und lieben. Oft wird sie in Situationen von Enttäusch ung, Verlust, Bedrohung, Not und Tod erhoben. Aber auch Erfahrungen von Dankbarkeit, Freude, Liebe, Erotik und Friede fragen ebenso nach einem Sinn. Sie verweisen über sich hinaus, aber sie vermitteln ihn doch nur zum Teil. Dies bedeutet allerdings nicht, daß viele Menschen es nicht nötig haben, die Sinnfrage ausdrücklich zu stellen, wenn das Leben positiv verläuft. Menschen, die sich mit geistlichen Fragen befassen, sind immer mit „Sinn" befaßt. Dies braucht dann noch nicht mit „Existenzsinn" in der tiefen Bedeutung zusammenzufallen, die dieses Wort eigentlich hat. Oft geht es um das, was ich gern „den ersten Sinn" nenne, der dann auftaucht, wenn im konkreten Leben irgendetwas schiefläuft. Wenn das aktuelle Lebensproblem bewältigt ist, dann tritt die Sinnfrage oftmals wieder in den Hintergrund. Aber im Zusammenhang mit solchen konkreten Lebensproblemen kann sich die Frage nach „dem zweiten Sinn" stellen: die echte Frage nach dem Sinn meiner Existenz.[7]

Dies ist eine geistliche Frage, die in unserem Zusammenleben in höchstem Maße aktuell ist. Sie ist so dringend, daß ein „psycho-spiritueller Supermarkt" entstanden ist. Was in ihm angeboten wird, ist innere Umformung, höheres Bewußtsein, transpersonale Erfahrung, Erleuchtung, Zugang zum inneren Kern, der Weg zur Befreiung. Es geht hier – wie es der

[7] Vgl. H. Andriessen in: H. Buysen, J. Derksen (Hrsg.), 1984 (^{3}1994), S. 151–178.

Titel eines bekannten Buches anzeigt – um „Geistliche Wahl“[8]. Was „Sinn“ für einen Menschen ist, läßt sich nicht von vornherein und ein für allemal festlegen. Je nachdem welche Grundwerte des Lebens in der Gesellschaft und in der Kultur verdrängt und angetastet werden, wird sich vor allem auf diesen Gebieten die Frage nach dem Sinn stellen. In unserer Zeit trifft dies beispielsweise zu auf dem Felde der Einsamkeit, des Luxus, des Konsums, der Freizeit, der Bedrohung durch die Wissenschaft, der Gesundheitsvorsorge. Sinn wird gefunden; er kann bedroht werden; er kann im Laufe des Lebens auch verloren gehen.

Unser Wissenschaftsverständnis untergräbt andauernd die wirkliche Bedeutung des Glaubens an einen lebendigen Gott. In der Philosophie wird weithin gelehrt, daß metaphysische Sätze keinen Sinn haben. In dem „Supermarkt der Spiritualität“ werden sehr viele Möglichkeiten angeboten, mit Lebenssinn umgehen zu können, aber meistens liegen diese au-ßerhalb einer Glaubensatmosphäre. Die alte „spirituelle“ Frage ist außer Gebrauch geraten. In der geistlichen Begleitung des modernen Menschen – auch des gläubigen Menschen – taucht nicht nur die Sinnfrage andauernd auf, sie ist sehr oft auch der eigentliche Beweggrund für das Geistliche.

Ein Beispiel aus dem bekannten Tagebuch von Fridolin Stier: „Vielleicht ist irgendwo Tag“[9] mag dies unterstreichen:

29.November 1971, Berlin

Angerufen, ob bereit, nächsten Sonntag den Abendkreis zu halten. Nein, ich kann noch nicht: Was ich „geben“ sollte, habe ich nicht, und was ich „habe“, darf ich nicht geben: Der Kampf, der Nachtkampf des Jakob am Jabbok mit dem Elohim ist nichts zum Zuschauenlassen...

Die Weiber und Kinder und Knechte des Jakob waren schon überm Fluß mit dem Vieh – hätte er sie zurückrufen und mitkämpfen lassen sollen? In diesem Kampf ist man allein.

„Ich lasse dich nicht, du segnest mich denn“ – noch hat Elohim mich nicht gesegnet. K.o. geschlagen, am Boden keuchend, der Riesenkerl über mir – im Ring reden die Ringenden nicht ...

Müde bin ich, abgekämpft, auf Schritt und Tritt verfolgt von der Frage nach dem Sinn, *die mich aus dem Uni- und Pluriversum, aus all den Sachen und dem Machen heraus überfällt, ihre Krallen in mich schlägt, die Antwort heischend, die – wie die Sonne um Mitternacht – nicht zu haben, nicht irgendwo einzuholen ist ... Wohl gibt es „Antworten“ in Hülle und*

[8] Ein gut ausgearbeitetes Beispiel ist zu finden in: D. Anthony u.a., 1986.

[9] Vgl. F. Stier 1984; Ausführungen zu diesem Thema gibt es bei: L. Kolakowski, 1982, 1984; S. Lenz; A. Vergote 1984.

Fülle – verwirrend viele. Der Weltschau-Markt ist reich beliefert, die Buden voll Wahrheitswaren und über Existenzengpässe, Denksackgassen hinwegtrügender Drogen: Religionen und Philosophien, die in altehrwürdigen Hallen ihre großen Sprüche, die erloschenen Kerzen, verstaubten Laternen ihrer Weisheit und die abgegriffenen Etiketten versprochener Heilszukünfte feilbieten – man müsse nur glauben, dann w ürden die Sprüche wahr, die Laternen leuchtend, der Weg gerade …

„Ich bin da!“ ruft eine Stimme von irgendwoher, und einer spricht: „Ich bin der Weg, die Wahrheit und das Leben“ – man müsse nur glauben, heißt es, aber gegenüber steht die Bude der „Aufklärung“, und da wirbt „die Wissenschaft“: Meine Wahrheit wird euch vom Wahn befreien, die „Objektivität“ schlechthin, und man folgt ihrem neonisch grellen Licht, es wimmelt von Tatsachen, Zahlen, Verifikationen, aber je tiefer man ihr in den Hintergrund folgt, desto matter wird das Licht, desto finsterer wird es ringsum, unheimlich, Leuchtkäfer schwirren herum, phosphoreszierende Wahrheitslichtchen, und aus der Tiefe des Allraums spricht das Universum: Ich bin der Abgrund, ich bin das Absurde, ich bin der Tod. Aber fürchtet euch nicht, spricht die Wissenschaft, wer's fassen kann, der fasse es! Wahnbefreit, aufgeklärt, geht ihr entschlossen eures Weges. Nun seid ihr die Herren – kein Gottgespenst schreckt euc h im Dunkeln, und ihr selbst seid das Licht – kein Irrlicht hält euch zum Narren. (S. 133–134)

e. Der Erfahrungsbereich des Religiösen

Vom Religiösen sprechen wir, wenn die Existenzerfahrungen und die Suche nach Sinn uns auf die Spur von „Mächten“ setzen, die über uns hinausgehen und die von anderer Ordnung erfahren werden. Für diese Mächte ist es bezeichnend, daß sie etwas Absolutes vergegenwärtigen. Weil wir die Wechselfälle, die Unsicherheiten, die Krisen und die Freuden des Lebens mit ihnen in Verbindung bringen, werden diese anders erfahren; sie bekommen einen Ursprung und damit einen „Sinn“. Das Dasein selbst bekommt einen Ort, weil wir es mit ihm verbinden. Diese Mächte haben auch „Gesetzeskraft“. Es ist nicht alles erlaubt, und den Menschen werden Grenzen gesetzt. Es ist für die Religion wichtig, daß dieses Gesetz von den Menschen nicht als eine Bestimmung erfahren wird, die ihnen von oben herab einfach auferlegt wird. Es ist mit dem Leben selbst, mit der Ehrfurcht vor dem Leben, mit dem Respekt vor menschlichen Beziehungen und mit der Verantwortung für die Umwelt selbst gegeben. Die Götter und Göttinnen aus der antiken Kultur sind hier deutliche Beispiele. Sie leben „in einer anderen Welt“, und haben einen mehr oder weniger ausgeprägten persönlichen Charakter. Ihnen wird eine tatsächliche, und oftmals auch sehr beträchtliche Macht über das menschliche Schicksal zugeschrieben.

Die religiöse Frage bekommt in den Religionen der Antike eine verhältnismäßig spezielle Antwort, aber für den modernen Menschen gilt dies nicht mehr so. In unserer Zeit tragen diese „Mächte" viel stärker anonymen Charakter: „die Natur", „das Leben", „die Geschichte", „das Schicksal", „der Zufall", „das Heilige" und so weiter. Auch in dieser Anonymität geht es um geistliche Betroffenheit. Für viele Menschen ist dies von entscheidender Wichtigkeit. Oft wird dies allerdings nicht mit dem Wort „religiös" gedeutet. Dieses Wort wird hier aber gebraucht, weil diese „Mächte" einen Teil der Aufgaben erfüllen, die die Götter in den alten Religionen hatten. Sie haben auch die gleichen „Gültigkeiten", es geht eine „bindende Kraft" von ihnen aus, auch wenn sie im konkreten Leben oft nicht mehr so bezeichnet werden. Sie „wirken" im Verhalten und Erleben. Menschen fühlen sich gebunden, schuldig, verantwortlich. In einer geistlichen Begleitung ist es sehr wichtig, diesen religiösen Erfahrungsbereich nicht mit der Dimension unseres Glaubens zu verwechseln. Das Religiöse und der Glaube sind zwei Größen, auch wenn sie im konkreten Leben natürlich zusammenfließen, so wie das auch mit der Existenz und dem Sinn der Fall ist. Ein gutes Beispiel dafür ist die Erfahrung des „Heiligen", die unmittelbar mit der Erfahrung des Gottes Israels oder des Vaters Jesu Christi in Zusammenhang gebracht wird. Von dieser Erfahrung geht eine bindende, inspirierende oder heiligende Kraft aus. Sie ist zugleich auch ein „Akt des Glaubens", wie man früher gesagt hat.

Es gibt eine Erfahrung des Heiligen, in der man sich gebunden fühlt durch das „Numinose", wie es in der Religionsgeschichte genannt wird. Dabei geht es um eine direkte Erfahrung zum Beispiel des heiligen Berges, eines Sonnenuntergangs oder der Weihestimmung, die in einem Tempel herrscht. Schließlich gibt es eine Erfahrung des Heiligen im täglichen Leben, das wesentliche Dinge des Lebens regelt und bewahrt. In diesen drei Beispielen kehren die Höhepunkte dessen wieder, was das Wort „heilig" meint, aber immer wieder in einer anderen Bedeutung. Das Wort hängt ursprünglich mit dem „günstigen Vorzeichen", „Glück" zusammen. Es gibt auch einen Zusammenhang mit „bekennen", „befreien" und „sich ereignen". Der Wortsinn besagt, daß das Heilige verlangt, erlebt und erfahren zu werden, daß es eine Befreiung verheißt und daß es ein Geschehen ist. Es weist darüber hinaus auf den „Tempel". Hier liegen Anknüpfungspunkte zu dem lateinischen „sacer", das von „abgrenzen" herkommt und ursprünglich den umschlossenen Bereich des Tempels bezeichnet, zu dem allein die Priester Zutritt hatten.

Dazu ein Beispiel: In seinem bekannten Roman „Die unerträgliche Leichtigkeit des Seins" beschreibt Milan Kundera das Leben eines tschechischen Chirurgen. So wie viele Intellektuelle ist er durch das Regime seiner Funktionen beraubt worden und verdient sich sein tägliches Brot als Fensterputzer. Er ist nicht nur ein Charmeur, sondern ein echter Don J uan im mythischen Sinn dieses Wortes. Und doch bleibt er bei den vielen Kontakten tief in seinem Herzen seiner einzigen Geliebten, der Teresa, treu. Obwohl sie im Leben ihr Miteinander nicht finden konnten, ist dieses Zusammengehören die wirkliche Antwort auf die Sehnsucht seines Herzens. Kundera beschreibt, wie der Arzt sich dessen allmählich bewußt wird. In all den verschiedenen Kontakten zeigt sich, daß sie das Heilige vergegenwärtigt, das ihn aufrecht erhält und seine Richtung bestimmt. Die vielen Frauen, die er trifft, berühren ihn nicht wirklich. Wenn sie mehr wollen als eine flüchtige Begegnung, werden sie durch ihn abgewiesen. Denn sie „klopfen dann an Teresas Tür". Und diese Tür öffnet sich nicht. Teresa ist ihm heilig. Am Ende des Buches hat er sich mit ihr aufs flache Land zurückgezogen. Sie verbringen ihre Zeit mit der Arbeit in einer Kolchose. Dazu ist keiner motiviert, aber er und Teresa haben sich freiwillig dafür entschieden. In dieser Phase ihres Lebens stirbt ihr Hu nd. Der hat alles miterlebt. Er war beiden unbeirrbar treu geblieben. Er war das Symbol ihrer nicht geglückten Beziehung und der Treue geworden, die sie nicht hatten realisieren können. In eindringlicher Weise beschreibt der Verfasser, wie sie dieses Tier bis zuletzt versorgen und ihm die letzte Ehre erweisen. Es ist ihnen „heilig".

Dieses Beispiel macht deutlich, wie das „säkularisierte Heilige" im Leben der Menschen wirkt und wie wichtig es für dieses Leben ist. Es gehört zu dem „Unantastbaren" und ist von geistlicher Art. Es ist der feste Punkt, an dem nicht gerüttelt werden darf. Geschieht dies doch, dann zerbricht das Leben. Dieses Heilige ruft Ehrfurcht hervor, Verehrung und Bewahrung; wohlverdient, weil es „Gnade" und „Gabe" ist. Dieses Heilige wirkt ständig im konkreten Leben, und es wird doch nicht als solches benannt. Es spielt auf sehr vielen Bühnen. Wenn es ausfallen sollte, würde das gesellschaftliche Zusammenleben einstürzen. Es ist zwar insgesamt völlig „säkularisiert", aber dies tut seiner Wirkung keinen Abbruch. Dies liegt in der Struktur des Geistlichen. In der geistlichen Begleitung moderner Menschen begegnet dies einem ständig, und oft ist es so, daß gerade dann, wenn das „Heilige" deutlich erlebt wird, sich der Weg zu weiterem Glauben öffnet.[10]

[10] P. Köster u. H. Andriessen, 1991.

f. Der Erfahrungsbereich des christlichen Glaubens

Es geht hier um die Dinge, die in unserer Tradition von alters her als der klassische Erfahrungsbereich des Geistlichen angesehen wurden. Man braucht allerdings nur die ältere Literatur anzuschauen, um feststellen zu können, daß die geistlichen Erfahrungen und die geistliche Begleitung sich dennoch nicht ausschließlich auf diesem Gebiet bewegten. Existenzfragen, die Suche nach Sinn, der Umgang mit religiösen Bildern und Symbolen haben in der geistlichen Begleitung schon immer eine wichtige Rolle gespielt. Es war in früheren Zeiten aber nicht nötig, diese Dimensionen besonders zu unterscheiden, weil sich alle Erfahrungen ausdrücklich innerhalb des Offenbarungsrahmens bewegten. Für den christlichen Glauben gilt noch immer, daß die Heilige Schrift und die Glaubenstradition den Kontext für den geistlichen Weg bilden. Sie stellen schließlich auch den Rahmen dieses Buches dar, das sich in diesem Punkt nicht von der herkömmlichen Literatur unterscheidet. Aber es ist nötig, auf die Aspekte von Dasein, Sinn und Religion ausdrücklich hinzuweisen, weil sonst große Teile der modernen geistlichen Erfahrung außer Betracht bleiben würden. Es ist entscheidend wichtig, einzusehen, daß diese Aspekte sowohl innerhalb als auch außerhalb der Glaubenssphäre eine Rolle spielen.

3. Methoden in der geistlichen Begleitung

Die Methodik der Gesprächsführung im engeren Sinn, wie sie anhand von psychologischen Erkenntnissen entwickelt worden ist, werde ich in diesem Buch absichtlich nicht eigens behandeln. Ich konzentriere mich auf die typisch geistliche Seite dieser Methodik. Methode ist „hodos meta". Es bedeutet „den Weg entlang", durch den man zum Ziel kommt. Bei der geistlichen Begleitung zeigt sich gerade hier das Eigentümliche, daß wir über das Geistliche nicht verfügen können. Wir können höchstens Voraussetzungen schaffen, in deren Rahmen es sich ereignen kann und dann Schritt für Schritt lernen, eine Haltung der Empfänglichkeit einzunehmen.

Paulus erfuhr dies, als er vor dem Tor von Damaskus unerwartet, wie vom Blitz getroffen, dem Auferstandenen begegnete. Seine ganze Selbstsicherheit war da auf einen Schlag verschwunden, und hilflos fragt er: „He rr, was willst du, das ich tun soll?" In einem seiner Briefe schreibt er später, daß wir – sogar innerhalb der Sphäre des Geistes – nicht einmal wissen, was wir beten sollen. „Geist" wird „empfangen". Das ist ein Hauptthema in der Heiligen Geschichte (1 Kor 2,12) und für geistliche Begleitung ein fundamentaler Grundsatz. Wer geistlich begleitet, weiß nicht, was Gott mit dem/der anderen vorhat. Er oder sie würde in „Hybris“ verfallen, wenn sie oder er anders darüber denken würde. Dies bedeutet im engeren Sinn, daß man in der geistlichen Begleitung nicht zielgerichtet auf etwas hinarbeiten kann. Man kann nur helfen, Vorraussetzungen zu schaffen, in denen das Wirken des Geistes sich entfalten kann. Dies bringt uns zu drei Einsichten.

a. Durch-Schauen

In der geistlichen Begleitung geht es darum, die konkreten Dinge, die sich im Leben der Menschen ereignen, zu „durch-schauen“: Dies bedeutet, sie in Verbindung zu bringen mit ihrer Existenz, mit ihrer Suche nach dem Sinn, mit dem Religiösen und mit ihrem Glauben. In dem Roman von Kundera kann man den Hund als bloßes psychologisches Bindeglied zwischen dem Chirurgen und Teresa ansehen. Man berührt dann einen zwar wichtigen, aber schließlich doch nur oberflächlichen Aspekt ihrer beider Existenz. „Durch-schaut“ man aber die Rolle des Tieres auf ihre Existenz hin, dann wird deutlich, welch wichtige Funktion es in ihrem Leben erfüllt.

Ebenso kann man solche Erfahrungen als Regungen der Psyche ansehen, die in einer bewußtseinserweiternden Situation hervorgerufen wurden. Man kann sie aber auch auf ihre geistliche Bedeutung hin für die gläubige Existenz durch-schauen.

In dem erwähnten Nachgespräch wurde deutlich, daß diese Bedeutung auch bei allen Teilnehmern und Teilnehmerinnen mehr oder weniger klar vorhanden war. Mit anderen Worten: Entsprechend der Art und Weise, wie man an die Dinge des Lebens herangeht, wird man in der Begleitung auf verschiedene Weise mit ihnen umgehen. Geistliche Begleitung verlangt, daß man auf die Existenz, den Sinn, das Religiöse und den Glauben durch-schaut. Dies ist allerdings nur möglich, wenn der Begleiter oder die Begleiterin selbst auf diesem geistlichen Niveau angesprochen worden ist. Ist dies nicht der Fall, dann kann wohl viel Gutes geschehen, aber eine eigentliche geistliche Begleitung kommt nicht zustande.

b. Lebenslauf

Der Lebenslauf muß in der geistlichen Begleitung durchschaut werden als die sich entfaltende Existenz des Menschen. In den konkreten einzelnen Lebensphasen befinden sich Menschen auf dem Weg nach Sinn. Sie stehen dabei unter der Wirkung des Religiösen und unter der Kraft, die vom Glauben ausgeht. Jede Lebensphase zeigt dabei eine je eigene und typische Empfänglichkeit für das geistliche Leben. Bei Jugendlichen verhält es sich anders als bei Kindern; bei jungen Erwachsenen wiederum anders als bei Menschen nach der Lebenswende. Die geistliche Literatur ist von altersher voll von Einsichten in diese Zusammenhänge von Lebenslauf und geistlicher Entwicklung. (Allerdings fehlte in früheren Tagen das systematisierte Wissen, über das wir jetzt verfügen[11]). Hierfür findet man zahllose Beispiele in den Werken der Theresa von Avila, des Angelus Silesius, des Johannes Tauler, in den Werken von Dante, von Wilhelm von Thierry, von Hildegard von Bingen usw. Ein hervorstechendes Beispiel findet man in den Betrachtungen rund um die „acedia", die Erfahrungen der „Sinnlosigkeit". Diese tritt auf „in der Mitte des Lebens". Es ist die Übergangsperiode, die wir eben andeuteten mit dem Ausdruck „Lebenswende". Dieses Gefühl von Sinnlosigkeit kann so weit gehen – so sagt es Thomas von Aquin –, daß sogar die Symbole und die konkreten Repräsentanten der geistlichen Welt ein Gefühl von Widerwillen und Abscheu hervorrufen können.[12] „Acedia" liegt nahe bei der Depression. Thomas sieht sie als etwas Sündiges an und betrachtet sie als Übertretung des Sabbat-Gebotes. Dies ist begreiflich, wenn man bedenkt, daß dieses Gebot vor allem geistlich gemeint war und den Juden die Ruhe im göttlichen Bund vorschrieb. Vom Glauben her gesehen erwächst der Sinn des Lebens gerade aus diesem Bund. Wir wissen, daß diese „acedia" mancherlei psychische Ursachen hat. Aber man wird diesem Phänomen in seiner eigentümlichen Bedeutung nicht gerecht, wenn man es nur psychologisch verstehen will. Es geht dabei im Grunde um eine Existenz-, Sinn- und Glaubenskrise. Dies wirklich zu „durchschauen", bedeutet dann auch, daß man diesen Aspekt in der geistlichen Begleitung nicht aus dem Auge verliert.

c. Folgen für die geistliche Methode

Mit dieser Eigenart des Geistlichen hängt zusammen, daß die Vorgehensweise der Begleitung auch einen ganz eigenen Charakter hat. Weil es uns übersteigt und wir über die „Werke des Vaters" (Joh 5,36 ff) nicht verfügen können, verlangt unsere Arbeitsweise, daß wir nichts erreichen wollen. Die Perspektive der geistlichen Begleitung ist per definitionem nicht problemlösend. In ihr stellt sich kein „Problem" als eine Aufgabe dar, die zu lösen ist. Bestim mte Methoden erzeugen vielleicht den Eindruck, dies sehr wohl zu wollen. Aber sogar bei einem Autor wie Ignatius von Loyola ist deutlich, daß das Wirken des Geistes Gottes immer Vorrang hat. Das Geistliche

[11] Diese Thematik ist ausführlich bearbeitet in: H. Andriessen, 1993.
[12] Thomas v. Aquin, STh II, II q. 35.

erzeugt kein „Problem“; es läßt eher einen „Weg“ erkennbar werden. Dieser Weg fordert dazu auf, daß man ihm „anhängt“, nicht daß er „aufgelöst“ wird. Dies bedeutet konkret, daß wir angesichts der Existenz, des Sinns, der Religion und des Glaubens eine *kontemplative* Haltung einnehmen müssen; natürlich nachdem man einmal beschlossen hat, sich ernsthaft auf diesen Weg zu begeben. „Kontemplativ“ bedeutet hier, daß man mit den Erfahrungen, den Schwie rigkeiten und den Widerständen, die sich auf diesem Weg erheben, aufmerksam und wahrnehmend umgeht, *ohne* sie *lösen zu wollen.* Es geht hier darum, die Voraussetzungen so gut wie nur immer möglich zu unterstützen, damit diese Erfahrungen sich in ihrer Sinn-Richtung entfalten können. Innerhalb dieses Gebietes der Voraussetzungen kann natürlich methodisch gearbeitet werden. Auf dem geistlichen Weg geht es mehr darum, was die Erfahrungen mit uns machen oder was wir mit diesen Erfahrungen tun. Dies ist nun nicht einfach Passivität. Wer sich wirklich auf diesem Weg leiten läßt, ist im höchsten Maße aufmerksam und wach und in diesem Sinne aktiv. Aber dieses Tun ist nicht darauf gerichtet, den Weg, der sich auftut, zu verändern, zu verlegen oder zu verkürzen. Aufmerksamkeit und kontemplatives Wahrnehmen sind die Hauptkennzeichen einer echten geistlichen Methode. Und darin zeigen sich „Lösungen“, die ein Weitergehen ermöglichen. Dieses fordert dann natürlich auch, daß Entscheidungen getroffen werden, und daß man sich selbst verpflichtet, Aufgaben, die sich ergeben, zu übernehmen.[13]

d. Die Kultur des Geistlichen

Geistliche Begleitung will die Kultur des Geistlichen, so wie sie eben beschrieben worden ist, im Leben der Menschen unterstützen. Unter geistlicher Kultur wird hier verstanden: die Verbindung der Dinge des alltäglichen Lebens mit den Erfahrungsbereichen der Existenz, des Sinns, des Religiösen und des Glaubens. Die alltäglichen Dinge werden dadurch in die Dimensionen des Ursprungs, des Rufs, der Bestimmung und in ein glaubensgemäßes Sinnganzes eingefügt. Wir leben in der Welt und in ihr haben wir unsere Bestimmung zu suchen: für uns selbst, zusammen mit anderen und zum Teil auch für andere. Gerade dieser Zusammenhang mit dem alltäglichen Leben hält die konkrete Realität fest. Dies trägt sowohl

[13] Als Betrachtungen über Aufmerksamkeit und kontemplative Haltung sind die prächtigen Texte von Simone Weil zu empfehlen (F. Kemp [Hg.] 1990). Im Hinblick auf eine Vertiefung der Idee des Weges bzw. der Bedeutung von Techniken s. H. de Wit 1987. Das Buch beschränkt sich vor allem auf die buddhistische Tradition.

die Tragik wie auch das Tragikomische und den Humor dieser Realität in die geistliche Begleitung hinein. Das „Gewürz“ vieler biblischer Texte mischt sich dann mit den süßen und bitteren Kräutern des Lebens. Und so braucht das geistliche Leben keine Qual zu sein. Es liegt etwas Tragikomisches in unserer intensiven Einstellung auf das „geistliche Leben“. Manchmal müssen wir hinterher mit einem Lächeln feststellen, daß wir gerade nicht mit dem Geistlichen befaßt waren, sondern mit unserem eigenen Narzißmus. Allzu oft wird deutlich, daß wir gerade dort, wo das sehr „Erhabene“ uns ansprach, mit sehr elementaren eigenen Bedürfnissen beschäftigt waren. Ein niederländischer Dichter sagt dazu: „Du warst in tiefer Betrachtung versunken; da riß dein Hosenträger.“ Geistliche Begleitung bezweckt also eine Kultur des Geistlichen und gegebenenfalls des Glaubens; sie kann verschiedene Formen annehmen, die jeweils abhängig sind von der Lebenssituation, der Persönlichkeitsstruktur, der eigenen Biographie, von Entwicklungsaufgaben und der Tradition, von persönlichen Vorlieben, der Arbeit, die man verrichtet und der Rolle, die man darin spielt. Für jede Form gilt jedoch, daß eine echte Absicht vorhanden ist, sich weiterzuentwickeln und dabei zu bleiben. Es geht hier immer um ein Gerichtetsein auf die Bedingungen. Das geistliche Leben selbst entzieht sich unserer Macht. Einmal aus dem Geist geboren, ist der Mensch wie der Wind in den Bäumen: Niemand weiß, woher er kommt und wohin er geht.

Zum Ende dieses Kapitels ein kurzer Hinweis auf das Abstrakte in der Kunst. Wassily Kandinski – und mit ihm viele andere – weist mit Nachdruck darauf hin, daß es in der Kunst nicht um das Abbilden dessen geht, was in uns ist. Wirkliche Kunst will das abbilden, was unsichtbar ist; sie richtet sich auf die geistliche Welt, die uns von allen Seiten umringt und die das eigentliche Wesen der Dinge und vor allem des Menschen ist. Er ist in dieser Hinsicht nicht weit von Augustinus entfernt, auch wenn dieser diesen Gedankengang mehr theo logisch entwickelt. Das Abstrakte in der Kunst hat die Aufgabe, das Unsichtbare sichtbar zu machen. Es ist ihr Auftrag, uns in unser Gesellschaft, in der Äußerlichkeiten vorherrschen, bewußt zu machen und zu vergegenwärtigen, daß unsere Bestimmung im Geistlichen liegt. Und nicht nur unsere Bestimmung, sondern auch unsere Wurzeln. Auf die Bedeutung der Kunst – so verstanden – kann in einer Kultur des Geistlichen überhaupt nicht genug Gewicht gelegt werden. Denn sie drückt aus, was wir Menschen im Tiefsten sind.[14]

[14] W. Kandinsky, ^{7}1963; ^{3}1975.

Kapitel II
Der individualisierende Charakter der geistlichen Begleitung

„Möge ich dich suchen, daß meine Seele lebe. Denn es lebt mein Leib von meiner Seele, und es lebt meine Seele von dir."
(Aurelius Augustinus)

Oftmals trägt geistliche Begleitung sowohl im Blick auf die Form wie auch auf den Inhalt einen klösterlichen Charakter. Dies steht aber im Widerspruch zu der konkreten Situation, in der sich die meisten Menschen befinden. I.F. Görres machte hierzu sehr beherzigenswerte Beobachtungen, denn das Thema lag ihr sehr am Herzen.[1] Die Welt ist der Ort, an dem das Reich Gottes sich verwirklichen soll. Der frühchristliche und auch noch der mittelalterliche Gedanke, daß in der Wüste, in der Klause, in der Einsiedelei oder im Kloster der Zugang zum „Paradies" läge, widerspricht nicht allein dem modernen Lebensgefühl, sondern er stimmt auch nicht. Der Gedanke, daß in dem „Allein"-Leben („monachos"), im Unverheiratet-Sein und im Vermeiden des geschlechtlichen Eros und damit in einem systematischen Auslöschen von Sinnlichkeit und Sinnenhaftigkeit das Heil liegen soll, ist existentiell-anthropologisch und ebenso auch biblisch nicht haltbar. Wenn behauptet wird, daß das mönchische Leben „nichts anderes als ein Leben entsprechend dem Evangelium ist"[2], dann wäre doch nur eine Schlußfolgerung möglich: Die *Form*, die dieses Mönchsleben annahm und annimmt, ist sehr nebensächlich. Das Klosterleben und die darin gefundenen Formen sind nur *eine* Form evangelischen Lebens. Es gibt andere Möglichkeiten, und weitaus die meisten Menschen leben das Evangelium denn auch in anderen Formen, nämlich im Kontext ihrer alltäglichen Situation und innerhalb der Gesellschaft.

[1] I. Görres, 1975.
[2] S. Frank in: Ch. Schütz, 1988 unter „Mönch bzw. „Mönchtum".

1. Der Sitz im Leben

Die Tatsache, daß geistliche Begleitung ihren Ursprung vor allem im Mönchsleben hatte, ist inzwischen nicht ohne Folgen geblieben. Charakteristisch für die Spiritualität des Mönchtums ist, daß sie – mit einem gewissen Respekt für das Individuum[3] – doch sehr starke gemeinschaftliche Züge hat und eine Neigung zeigt, das kollektive Leben zu fördern. Das zeigt sich in einer gemeinschaftlichen Lebensform, einer gemeinschaftlichen Inspiration und in einem gemeinschaftlichen religiösen und liturgischen Erleben. Die Orden haben ihre jeweiligen Prägungen in der geistlichen Inspiration der Gründer oder Gründerinnen und in den Zielen erhalten, die sie mit diesen Gründungen verbunden hatten. Geistliche Begleitung wird so zu einer Initiation in ein gemeinschaftliches Ideal. Sie ist auch auf dieses Ideal hin ausgerichtet, und sie vollzieht sich auch an Menschen in einer besonderen Lebenssituation.[4]

Dies alles steht in einem großen Gegensatz zu den Menschen, die in der Welt und im Zusammenleben der Menschen die Perspektive und den Willen des Vaters finden möchten, der Jesus vor Augen stand. An dessen Auftreten fällt auf, daß es sich hauptsächlich in ganz individuellen Begegnungen vollzog, auch wenn er oft zu der „Menge" sprach. Geistliche Begleitung in ihrer mönchischen Ausprägung wird im Moment offensichtlich am wenigsten praktiziert. Demgegenüber gibt es viele Anläße und Beweggründe für eine geistliche Begleitung in bestimmten Lebenssituationen: der Beginn eines Studiums oder einer Berufsausbildung; Kontakte mit Menschen, die ihrerseits auf der Suche sind; Arbeits- und Aktionsgruppen; Menschen, die sich in Krisen befinden, die sich in Beziehungen oder ganz „normal" im Lebenslauf ereignen; Lektüre; die Einsamkeit, die das Arbeiten in der kirchlichen Organisation vor allem für Frauen mit sich bringt; Freundschaften mit Freunden und Freundinnen; Begegnungen mit Mensc hen, an denen man erkennt, daß sie sich ausdrücklich auf einen geistlichen Lebensstil eingelassen haben; Kontakte mit Jugendlichen in der Jugendarbeit; das Familienleben; Ausbildungserfahrungen (u.a. pastorale Supervision und Kurse); Kontakte mit Kollegen; Bibelgespräche in kleinen Gruppen, die sich s pontan gebildet haben; Anlehnung an geistliche Bewegungen (Foculare, Schönstatt); freiwillige Teilnahme an Exerzitien; persönliches Gebet und Meditation; Bindung an bestimmte Menschen (Kapläne, Religionslehrer, Eltern, Familienmitglieder, Ehepartner, Beicht-

[3] Gute Beispiele hierfür finden sich bei Th. Merton, 1979 (1960).

[4] K. Waayman.

väter, MitarbeiterInnen in der Gemeindearbeit); Gebetsgruppen; Kontakte mit der östlichen Spiritualität; Teilnahme an k leineren feministischen Gruppen; gemeinsames Lesen von mystischen Texten; Wallfahrten. Bei einer Person war sogar von „geistlicher Begleitung aus der Ferne“ die Rede, nämlich bei Papst Johannes XXIII. Dies alles macht wohl deutlich, wie verbreitet dieses Verlangen ist. Überarbeitete Pfarrer auf einsamen Stellen geben sich manchmal viel Mühe, um wenigstens einmal im Jahr für eine regionale Gruppe einen Begleiter oder eine Begleiterin zu finden.

Sehr viele Menschen suchen konkrete Formen von Spiritualität und finden keine Formen, die sie in ihrem Leben verwirklichen können. Von sporadischen Kontakten mit Begleiterinnen oder Begleitern wird manchmal berichtet. Auch aus protestantischen Kreisen kommen immer wieder Anfragen von einzelnen Menschen nach Begleitung. Eine allgemeine Tendenz dabei ist, daß Gott einen Raum im konkreten Leben der Menschen bekommen soll und daß es den Menschen nicht um ein Ableisten frommer Übungen geht. Spiritualität muß offensichtlich etwas sein, „was Leben hebt und Menschen am Leben erhält“. Manchmal zerbricht geistliche Begleitung durch Moralismus und normatives Denken dessen, der begleitet. Dies alles weist darauf hin, daß geistliche Begleitung einen stark individuellen Charakter haben muß. Sie muß der Frage der Menschen entgegenkommen, die sich individuell oder in kleinen Lebens- und Arbeitsgemeinschaften durch die Königsherrschaft Gottes inspirieren lassen wollen in der Gesellschaft, in der sie leben. Manchmal wird von Anlehnung an Klostergemeinschaften berichtet. Aber auch dann gilt, daß man dorthin für eine Zeit regelmäßig kommen kann und auch wieder geht: um „im Leben“ dem weiter Gestalt zu geben, was man dort erfahren hat. Der individualisierende Charakter der Begleitung entspricht nicht allein der faktischen Situation, in der sich die meisten Menschen befinden; er liegt auch in der Art der Sache selbst. Die Botschaft des Evangeliums ist eine persönliche und individuelle Botschaft. Menschen werden als Individuen in ihrer eigenen Existenz zur Teilnahme und Nachfolge aufgerufen. Die Kirche ist ein „Zusammenruf“. Es geht um das persönliche gläubige Sein. Natürlich schließt dies Gemeinschaftsbildung ein; aber stets auf der Basis der Bejahung des Rufes, die der verborgene und sich dennoch offenbarende Gott an die einzelne Person richtet. Zu Recht wird von allen Seiten vor einer Überindividualisierung gewarnt, die in unser Gesellschaft um sich greift. Deren schmerzhafte Folgen sind überall sichtbar. Aber der Überindividualisierung steht nicht die „Kollektivierung“ gegenüber, sondern die „persönliche Existenz“. Diese blickt aus – nach anderen Menschen, nach ihrer Umwelt und nach Gott.

2. Konsequenzen für die Gruppe

Eine geistliche Begleitung, die sich in Gruppen vollzieht, bleibt demnach in ihrer eigentlichen Intention auf die einzelne Person gerichtet. Im Blick auf die Arbeit mit Gruppen kann man hier generell vier Modelle unterscheiden.

1. Die Person, die die geistliche Begleitung durchführt, steht im Mittelpunkt. Sie oder er stellt das Thema, leitet es ein, unterstützt dessen Entwicklung in der Gruppe, ergänzt, korrigiert, legt aus, fragt, wartet auf Antwort. Die Gruppeninteraktion läuft über sie oder ihn. Die Gruppenmitglieder kommen weniger direkt miteinander in Kontakt, und was sie einander zu bieten haben, geht durch den Filter dessen, der die Zusammenkunft leitet.

2. Die Leitung schafft hier nur die Voraussetzung, innerhalb derer der Austausch von Erfahrungen, Gefühlen und Gedanken möglich wird. Dieser Austausch selbst wird der Gruppe überlassen. Die Leitung bleibt so weit wie nur möglich im Hintergrund. Die Dynamik wird der Gruppe übergeben. Begleiterin oder Begleiter greifen nur dann ein, wenn undurchsichtige Situationen entstehen, vor allem im Hinblick auf den Fortgang des Prozesses.

3. Die Gruppen leitende Person wendet sich in der Gruppe dem einzelnen Menschen zu. Eigentlich finden lauter Zwie-Gespräche zwischen ihr oder ihm und einzelnen Anwesenden statt. Die anderen sind dabei und hören zu, sie machen damit ihre eigenen Erfahrungen und lernen auf diese Weise. Sie mischen sich nicht in das Zwiegespräch ein. Dies ist die am stärksten zentralisierte Form der Gruppenbegleitung.

4. Der oder die BegleiterIn versucht den Kontakt zwischen den Anwesenden durch Inhalt und Tiefe so gut wie nur möglich zu fördern. Das Verhalten der Begleiterin oder des Begleiters zielt darauf ab, daß die Anwesenden einander optimal begegnen, daß die Äußerungen jedes einzelnen zu ihrem Recht kommen können und daß die persönlichen Erfahrungen so weit wie möglich individuell und gemeinschaftlich fruchtbar werden. Auch von dem Leiter oder der Leiterin können hier Beiträge und Impulse ausgehen.

3. Der Weg der Erfahrung

Kein Weg ist so fruchtbar und so mühsam wie der der Erfahrung. Und weil die Erfahrung schon aus sich selbst heraus danach verlangt, mit Gleichgesinnten geteilt zu werden, vervielfältigen sich sowohl die Fruchtbarkeit als auch die Schwierigkeiten des Erfahrungswegs. Es ist viel einfacher, Dinge deutlich und kräftig zu konturieren, sie gut zu erklären und anzugeben, was die wichtigsten Faktoren sind. Für das persönliche Erleben ist vielmehr kennzeichnend, daß es uns einerseits am tiefsten vertraut und andererseits manchmal doch auch sehr fremd ist. Erfahrung muß erhellt, entdeckt und erweitert werden. Sie ist niemals unmittelbar in ihrer Ganzheit gegeben. Echten und persönlichen Erfahrungen gehen schwierige Lernprozesse voraus.

Dies beginnt schon vor der Sprachentwicklung, wenn wir in die ersten Beziehungen hineingenommen werden und darin erfahren, wie es in der Welt zugeht. Weil die Primärbeziehungen eines jeden von uns sehr verschieden sind, beginnt auch für jeden die Welt von Anfang an verschieden auszusehen, was für alle späteren Erfahrungen oft sehr entscheidend ist. Ein weiterer sehr wichtiger Faktor ist die Sprache selbst, die von Anfang an anwesend und wirksam ist. Unsere Sprache können wir nicht selbst wählen; wir finden sie immer schon vor. Wir machen unsere ersten Erfahrungen mit etwas, was nicht von uns selber stammt. Dabei muß bedacht werden, daß es bei der Sprache um viel mehr als nur um eine Beeinflussung von außen geht. Erwartungen an das Leben und an bestimmte Lebensformen werden durch die Sprache *innerlich* bestimmt. Sie werden durch die Sprache begrenzt und empfangen zugleich ihre sozialen und persönlichen Möglichkeiten. Daher kommt es, daß kein einzelner Mensch über die ganze Fülle seiner Sprache verfügt, und selbst wenn das der Fall sein sollte, würde dennoch seine oder ihre Erfahrung großen Einschränkungen unterworfen bleiben. Denn keine einzelne Sprache kann den Reichtum der Wirklichkeit unserer Erfahrungsmöglichkeiten ausschöpfen. Außer Beziehung, Sozialisation und Sprache spielen persönliche Veranlagung, Motivation und Ausbildung eine deutliche Rolle. In einer Ausbildung muß man *lernen*, die Erfahrungen zu machen, welche zu dem Tätigkeitsfeld gehören, auf das man sich vorbereitet.

Zu den ersten Aufgaben von pastoraler Praxisbegleitung, Supervision und auch von geistlicher Begleitung gehört es, den Kandidaten zu helfen, die Erfahrungen zu unterscheiden, die sie in ihrer Arbeit machen. *Auch geistliche Erfahrung muß gelernt werden.* Sie gründet in einer bestimmten Sozialisation (Familienleben, kirchliches Leben, devotionales Leben, religiöse Bildung) und erfordert eine bestimmte Sprache. Damit ist nicht gemeint, daß es eine spezielle „geistliche" Sprache gäbe, aber daß man die Art und Weise zur Kenntnis nehmen muß, in der in der Tradition für Spiritualität, geistliche Werte und Glaubenswirklichkeiten Namen gefunden worden sind. Eine technische Sprache eignet sich nicht so gut für die Welt der geistlichen Erfahrung; eine rein psychologische noch viel weniger. Ein sehr wichtiger Schritt liegt darin, religiöse Symbole verstehen zu lernen. Mit all diesen Vorgaben ist die Erfahrung noch nicht gegeben: Sie muß von der Person selbst erst „erfahren" werden. Man kann jemand zur Lampe hinbringen; sehen muß er selbst. Wenn man einmal gelernt hat, auf geistlichem Feld Erfahrung zu machen, sie zu benennen und von anderen Wahrnehmungen zu unterscheiden, zeigt sich immer wieder die Schwierigkeit, daß Erfahrung aus sich selbst heraus dynamisch wirkt. Eine Erfahrung ist niemals vollständig „ausgesagt", geschweige denn „auserfahren". Man ist niemals damit „fertig". Dies schließt ein, daß jedesmal wieder aufs Neue nach dem Inhalt und der Bedeutung der Erfahrung gesucht werden muß, die den Lebensweg eines Menschen jetzt bestimmt; oder die jetzt den Weg erschwert oder behindert.

Indem man lehrt, geistliche Erfahrungen zu machen, und indem man zu finden hilft, was darin wirklich wichtig ist, erfüllt man einen wesentlichen Bestandteil aller geistlichen Begleitung.[5] Gerade durch derartige Schwierigkeiten ist der Weg der Erfahrung der fruchtbarste; aber er ist nicht der schnellste! Denn wir haben zu unserer Erfahrung keine distanzierte Beziehung. Im Gegenteil: Erfahrung betrifft unmittelbar uns selbst. Erfahrung ist Wirklichkeit, die auf uns einwirkt. Wir sind mit unserer ganzen Person mit ihr in Kontakt. Auch wenn man gegen seine Erfahrungen angeht, entziehen kann man sich ihnen nicht. Und was wir von unserer bewußten Erfahrung abspalten, meldet sich auf eine andere Weise dann doch: in Träumen, in körperlichen Störungen, Verstimmungen, durch ein Verhalten, das wir selbst nicht begreifen. Allein durch die Erfahrung kann das Geistliche wirklich auf uns einwirken, auf uns selbst als Person. In heiligen Texten wird diese Einwirkung denn auch dem Heiligen Geist zugeschrieben. Der geistliche Weg ist ein mühsamer Weg. Antoine de Saint-Exupéry schreibt in seiner „Zitadelle": „Wer vor allem das Nahen der Liebe liebt, lernt nie die Begegnung kennen." Der Weg zur Liebe ist der fruchtbare und mühevolle Weg zum anderen Selbst, der Weg zum Geistlichen, zum geistlichen Selbst; der Weg zu „Gott" ist der Weg zu Gott selbst. Der junge Fürst, der in dem Buch über das Wohl und Wehe seines Volkes und über seine Regierung nachdenkt, meint: „Denn das ist ohne Wert, was nicht Aufstieg oder Übergang ist." Anders ausgedrückt: Die Dinge empfangen ihren persönlichen Wert durch die Investition, die sie von mir verlangen,

[5] Zum Lernen an Erfahrungen gibt es viele Studien, u.a. G. Buck, ²1969; W. Guyer, ⁵1967; H. Andriessen 1975, H. Andriessen – R. Miethner ³1993

durch die Mühe, die sie für mich mit sich bringen und durch die Fruchtbarkeit, die sie dadurch für mich bekommen. Es liegt mehr persönliche Freude und Erfahrung in drei Quadratmeter Garten, die ich selbst bearbeite als in einem ganzen Herzogtum, das mir in den Schoß geworfen wird. „Und von den Gipfeln der Berge erschließt sich keine Landschaft, wenn du nicht ihre Berge erklom men hast, denn die Landschaft ist nicht in erster Linie Anblick, sondern Beherrschung … Und es kamen welche zu mir, um von der Bequemlichkeit zu reden. Und ich gedachte meines Heeres. Denn ich wußte, wie sehr man sich abmüht, um im Leben zu einem Gleichgewicht zu gelangen, obwohl das Leben fern ist, wenn du das Gleichgewicht erreicht hast." Dies alles gilt in besonderer Weise für den geistlichen Weg. In einem Gleichnis sagt Jesus, daß der Kaufmann, der Perlen sucht, für die Perle seines Herzens alles hergibt, um sie zu besitzen. Doch der Weg dahin ist lang. Er empfängt seine Fruchtbarkeit und seine formende Kraft aus den Widerständen.

Kapitel III
Erfahrungen mit geistlicher Begleitung – einige Grundbegriffe

„So selten ist, sogar bei Menschen, die einander sehr mögen, eine vollkommene Übereinstimmung zwischen Denken und Leben."

(Francesco Petrarca)

In Begegnungen mit Menschen, die geistliche Begleitung suchen, eröffnen sich eine Reihe von Erfahrungen, die nunmehr systematisiert wiedergegeben werden. Diese Erfahrungen haben zugleich Bezug zu einer Anzahl von Grundbegriffen, die in dieser Form von Begleitung eine Rolle spielen. Es geht hier nicht um die Resultate einer planmäßigen Untersuchung; aber die Variationsbreite ist so groß, daß hieraus in jedem Fall ein Bild davon entstehen kann, was in geistlicher Begleitung konkret geschieht, welches die Wünsche sind, denen in geistlicher Begleitung entsprochen wird, und welche Wünsche unerfüllt bleiben.

Allgemein fällt der Mangel einer sicheren Systematik in geistlicher Begleitung auf – Ausnahmen bestätigen die Regel. Ich sehe hier allerdings ab von der Form von Begleitung, in der Menschen anhand einer Reihe sehr konkreter Regeln in eine ganz spezielle Spiritualität eingeführt werden, die sich zum Beispiel an den Ordensregeln des heiligen Ignatius von Loyola orientiert. Die Erfahrungen, um die es hier geht, stammen vor allem von Menschen, die selbständig leben, in einer Familie oder in kleinen Gemeinschaften.

Als zweites fällt auf, daß geistliche Begleitung sehr häufig in einer informellen Weise stattfindet. Es werden keine festen Kontrakte geschlossen, und die Begleitung geschieht mehr implizit, *wenn* Menschen sich treffen oder die Situation dazu einlädt.

Um der Übersichtlichkeit willen werden die verschiedenen Erfahrungen hier immer mit einer bestimmten Thematik verbunden und auf sie bezogen.

1. Voraussetzung geistlicher Erfahrung

a. Innere Beschaffenheit

Geistliche Begleitung muß sich in einer Sphäre der Ruhe vollziehen. Oft fehlt gerade sie bei den Menschen, die zu ihrer Begleiterin oder ihrem Begleiter kommen. Sie hoffen, diese Ruhe dann bei ihr oder ihm zu finden. Obgleich sie selbst aus den verschiedensten Gründen manchmal ungenügend auf das Gespräch vorbereitet sind, haben sie doch die Erwartung, daß dies bei dem Begleiter sehr wohl der Fall ist. Ob das wirklich so ist, wird ihnen schon bei der Ankunft meistens sehr schnell deutlich. Dies ergibt sich aus vielen kleinen Signalen, zum Beispiel aus der Art, wie man an der Tür empfangen wird; wie man erwartet wird oder wie der Raum, in dem die Begegnung stattfindet, bereitet ist; ob man schnell zur Sache kommt oder auch nicht; durch schnelle Unterbrechungen seitens des Begleiters oder der Begleiterin, wenn das Gespräch gerade begonnen hat usw. In jedem Fall hofft man, daß im Laufe des Gesprächs eine innere Ruhe *entsteht.* Das schließt nicht aus, daß auch sehr „beunruhigende“ Dinge zur Sprache kommen können.

b. Form

Entscheidend ist, daß geistliche Begleitung nicht nur in einer „Fachsprache“ erfolgt. Auf eine *einfache und direkte Sprache* wird Wert gelegt. Technische und ausdrücklich theologische und wissenschaftliche Begriffe zerstören die Atmosphäre und hindern auch die Erfahrung in ihrer Entwicklung. Methodische Anmerkungen, theoretische Erklärungen und Auslegungen scheinen nur dann fruchtbar zu sein, wenn die Situation eine solche kognitive Aufklärung verlangt. Ausnahmen sind hiervon möglich. Wenn Menschen zum Beispiel lernen wollen, auf eine spirituelle Art mit theologischen Begriffen umzugehen, ist eine theologische und methodologische Sprache ab und zu sinnvoll. Aber auch dann will man zurück zu der Sprache, in der man lebt und webt: die der Erfahrung. In ihr muß ja die Theologie ihren Platz und ihre Funktion finden. Theologische Sprache ist ja immer „zweite Sprache“. Menschen legen Wert darauf, nicht „programmiert“ zu werden. Sie wollen zum Ausdruck bringen können, was in diesem Moment für sie wichtig ist, und sie wollen dabei nicht unterbrochen werden, weil zum Beispiel der Begleiter unterbricht, seine eigenen Themen hat oder das Telefon klingelt. Auch den Zeitpunkt zu dem sie ihre Themen anbringen, wollen sie (meistens) selbst bestimmen. Tempo und Art des

Fortgangs sollten von ihnen selbst abhängen. Geistliche Gespräche werden dann hoch eingeschätzt, wenn es in ihnen gelingt, sich wirklich frei zu fühlen und zugleich aber in dieser Freiheit die Begleiterin oder den Begleiter als Gegenüber zu erfahren. Eine praktisch ausgerichtete Begleitung – also eine, die an die sehr konkreten Fragen und Situationen anschließt – wird in besonderem Maße wohltuend und erhellend erlebt.

An diesem Punkt ist jedoch eine differenziertere Betrachtung angebracht. Wenn man zu sehr ausschließlich auf konkrete Fragen und Situationen eingeht, entsteht nachher das Gefühl: „War das nun geistliche Begleitung? Geht sie denn nicht weiter?“ Die Menschen können dann doch nach einer längeren Periode zu dem Schluß kommen, daß sie immer noch nicht wissen, um was es wirklich bei geistlicher Begleitung geht, welche Anliegen und Fragen zum Themenkreis der geistlichen Begleitung gehören. Es macht deutlich, daß man dann die eigene Rolle in der Begegnung nicht zu verstehen gelernt hat und nicht weiß, wie man sich in dieser Begegnung zu verhalten hat. Dies trifft in ähnlicher Weise auch für Begleitungen zu, in denen nur Fragen zur Sprache kommen, die mit dem Beruf zusammenhängen, auf den man sich vorbereitet, zum Beispiel Priestertum, Diakonat, pastorale Mitarbeiterin oder Mitarbeiter in der Ortsgemeinde, im Dekanat usw.

Im Hinblick auf die Form der geistlichen Begleitung ist darauf hinzuweisen, daß in der Gruppenbegleitung die Gruppenmitglieder gegenseitig zum *Modell* werden können. Das wirkliche Teilnehmen an der Art, in der andere in der Gruppe mit dem Geistlichen und den Fragen des Glaubens umgehen, scheint ein außergewöhnlich wirksames Element zu sein. Dabei geht es nicht um „Nachahmung“, sondern um das „Durchschauen“ im Hinblick auf die Bedeutung für das eigene Leben. „Durchschauen“ ist die typische Bedingung, ein Beispiel/Vorbild zu seinem Recht kommen zu lassen.

Regelmäßiger Kontakt scheint von eminenter Wichtigkeit zu sein und stellt eine Voraussetzung dar, während der Zeitabstand unterschiedlich sein kann. Immer wenn man sich nicht an diese Regelmäßigkeit hält, wird dies im nachhinein als eine ernsthafte Erschwernis angesehen. Dies bedingt auch, daß die räumliche Entfernung nicht zu groß sein darf, weil dann die Zeit, die das Kommen und Gehen einnimmt, eine wirkliche Regelmäßigkeit erschwert. Auf der anderen Seite hat ein etwas größerer Abstand den Vorteil, daß die Menschen sich wirklich aus ihrer Beschäftigung lösen und sich einen Freiraum verschaffen, in dem sie sich unterwegs innerlich zu dem Treffen vorbereiten und es dann auch wieder ausklingen lassen können. Es geht hier wirklich nur um eine „Regel“, die das „Maß“ anzeigt.

Ein zu großer Nachdruck auf *konkrete Übungen* wird von vielen Menschen als wenig hilfreich erfahren. Dahin gelangt man „wie von selbst", wenn in der geistlichen Begleitung die Wichtigkeit und das Lebensspendende einer echten Begegnung deutlich wird. Wenn das Verlangen einmal geweckt und auch befriedigt wird, sucht es sich selbst einen Weg. Man sucht dann nach den Übungen, die zur eigenen Art und der eigenen Situation passen, und bespricht deren Formgebung und Gestaltung gern mit dem Begleiter oder der Begleiterin. Wenn Menschen in der geistlichen Begleitung auf der Suche sind, aber die dazu nötige Kreativität noch nicht erlangt haben, sollte die Begleiterin oder der Begleiter eine Hilfe bei der Suche anbieten. Dabei kann vieles dafür als Ausgangspunkt dienen: Vorliebe für Musik, Tanz, Literatur oder Theater; die Nähe zu einer Gruppe, bei der das Geistliche eine echte Rolle spielt; der Ausblick nach einem geistesverwandten Gefährten oder einer Gefährtin; die Liebe zur Natur oder zu bestimmten Jahreszeiten; die Ikonographie; die Auswahl von Büchern, die für jeden Tag etwas anbieten. Bei dieser Suche muß man auch aufmerksam sein für den Zeitpunkt, der im Lebens- und Arbeitsrhythmus eines Mensche n der fruchtbarste ist und der beim einzelnen sehr unterschiedlich sein kann. Dies erfordert eine Analyse von Tagesrhythmen und Terminkalendern, von festen Verpflichtungen und Kontakten. Für manche Menschen scheint die frühe Abendzeit sehr geeignet, andere ziehen den späteren Abend vor. Die „eigene Stunde" kann eine spezielle Quelle der Gnade und Erfahrung werden, wenn sie sorgfältig ausgewählt und mit dem Eigenen dieses Menschen abge stimmt wird.

Es geht bei uns Menschen immer um das Geistliche, weil es zum Menschen gehört. Doch der *geistliche Raum* entsteht nicht von selbst, er setzt bestimmte Bedingungen voraus. Zeitlichkeit, Räumlichkeit und Sinnenhaftigkeit machen einen Teil dieses Geistlichen aus. Sie sind natürlich nicht die einzigen Voraussetzunge n; aber die formalen Aspekte scheinen in der Praxis sehr bestimmend und manchmal ausschlaggebend zu sein. Sie helfen ein „Mehr" möglich zu machen, was als solches über diese Voraussetzungen hinausgeht.

c. Grundthemen geistlicher Erfahrung

Geistliche Begleitung muß eine Hilfe sein, die eigene *„geistliche Quelle"* zu finden. Und nicht nur die Quelle; Menschen erhoffen sich eine wirkliche „Kongruenz" (im Sinne von C. Rogers). Dies bedeutet eine innere Klarheit, bei der das, was sie nach außen hin tun und sagen, wirklich dem entspricht, was in ihrem Inneren lebt. Es geht also um eine Durchwirkung des

Geistlichen ins alltägliche Leben hinein. Das Wirken des Geistlichen wird damit angedeutet: Es dient nicht dazu, *Macht auszuüben* und Menschen in seine Richtung zu zwingen. Es will eine Quelle in Menschen öffnen und geht durch sie hindurch, so wie sie im Laufe ihres Lebens geworden sind. In einem Bild ausgedrückt ist es wie das Wasser, das sich ins Flußbett hineinschmiegt, oder wie das Licht, das durch Glas fällt. Es wird durch unsere Person, durch unsere Psyche, sowie durch unsere Persönlichkeit gefärbt und bestätigt. Darum erscheint es in jedem Menschen anders, nimmt eine mehr weibliche oder männliche Form an, wird durch unsere Entwicklung beeinflußt, durch das Klima, in dem wir leben, durch die Art unserer Leiblichkeit, die zu der unseren geworden ist. In diesem Sinne ist das Geistliche *„organismisch"*, das heißt, daß es durch unsere Leiblichkeit, so wie sich das Leben darin eingegraben hat, gezeichnet ist. Jede geistliche Erfahrung ist auch leiblich.

Immer wieder zeigt sich, daß die geistliche Begleitung eine Hilfe sein muß, die Gottesfrage zu stellen. Dies nicht ein für alle Mal, sondern immer wieder von neuem, so wie die Situation sich ändert und der Lebensweg es erfordert, denn jede Lebensphase stellt ihre eigene Gottesfrage.[1] Diese Frage ist von großer Bedeutung – immer wieder. Viele sehen dies als den Kern dessen an, was von einer geistlichen Begleitung erwartet werden kann. Gute Begleitung hilft Menschen bei der Entdeckung, daß es von ihnen entscheidend abhängig ist, was mit dieser Frage geschieht. In der Sicht des Glaubens geht es um die Entdeckung des „Bundes", um die gegenseitige Beziehung zwischen Gott und Mensch, in der beide aufeinander angewiesen sind und in der die wirkliche Offenbarung auch vom Menschen abhängig ist. Dies berührt das Hauptthema des Glaubens: daß sich eine *Heils- und Unheilsgeschichte* vollzieht, die im individuellen Leben der Menschen und in Gruppen während der geistlichen Begleitung zum Ausdruck und zu einer weiterentwickelten Gestalt kommt. Hiermit hängt unmittelbar der *Widerstand gegen „Fremdbestimmung"* zusammen. Als ob Menschen – abgesehen von einer eventuellen Beziehungsproblematik – genau fühlen, daß geistliche Begleitung nur eine vermittelnde Funktion hat. Sie darf in diesem Bund und in dieser Geschichte nicht eigenmächtig auftreten. Oft empfinden Menschen hinterher ein Unwohlsein, einen „Kater", wenn sie sich während der Begegnung durch den Begleiter oder die Begleiterin zu sehr haben „lenken" lassen. Genauso steht damit das Verlangen in direktem Zusammenhang, daß geistliche Begleitung helfen sollte, den *Alltag* im Lichte des Glaubens sehen zu können.

[1] H. Andriessen, 1993.

d. Die Richtung des geistlichen Weges

Es hat sich eingebürgert, in den verschiedenen Formen von Begleitung von „Lernzielen“ zu sprechen. Dieser Begriff erscheint mir aber problematisch, weil durch ihn suggeriert wird, daß man die Ziele schon im voraus definieren könne. Im Hinblick auf Lernen aus Erfahrung stimmt dies nicht. Wir können über unseren Lebensweg nicht verfügen, schon gar nicht über den geistlichen und glaubensmäßigen Weg. Darum spreche ich nicht von Lernzielen, sondern von der *„Richtung“*. Richtung kann angegeben werden. Das Ziel konkretisiert sich unterwegs, es wird im Gehen gefunden. Im Gespräch über geistliche Begleitung werden verschiedene Richtungen genannt: Menschen wollen die Fähigkeit zur geistlichen Aufmerksamkeit entwickeln. Es ist ein Kernpunkt in der Begleitung, daß allein in solcher *Aufmerksamkeit* die „Wirklichkeit“ sichtbar werden kann, um die es hier geht. Ohne diese „existentielle Aufmerksamkeit“[2] kann diese „Wirklichkeit“ ihre Wirkung nicht entfalten. Dies ist eine Grundvoraussetzung.

Damit ist eng die Erwartung verbunden, das Geistliche und das Göttliche *sehen zu lernen*: in sich selbst, in den anderen, im Alltag, in der Politik oder in der Gesellschaft. Die Erwartung, daß gute geistliche Begleitung dazu beiträgt, diese Erfahrungen auch im Verhalten, der Lebensweise, im Umgang mit den Dingen der persönlichen Umgebung auszudrücken, schließt sich folgerichtig an. Es geht um die Öffnung der Quelle, um echte Wahrnehmung, um Erfahrung und deren Ausdruck. Dafür ist es unverzichtbar, lernen zu wollen, auf sich selbst zu achten, um zu einem *selbständigen Handeln* zu kommen, das vom Geistlichen durchleuchtet ist. Die Betonung liegt auf „sich selbst“ und auf „selbständig“. Implizit wird damit gesagt, daß der Begleiter nicht die eigene Richtung einschlagen und den anderen niemals zur Verlängerung seiner selbst machen darf. Geistliche Begleitung ist im Gegenteil darauf gerichtet zu helfen, den Raum zu schaffen für das, was sich im anderen anmeldet, Hindernisse wegzunehmen und diese eigene *Ursprünglichkeit* zu stärken. Die besondere Art des Geistlichen fordert dies. Menschen berichten davon, daß sie gerade durch die geistliche Begleitung den Weg zu den Sakramenten, zum Gottesdienst und zum persönlichen Gebet wiedergefunden haben. Das heißt, daß diese Themen in der geistlichen Begleitung zur Sprache gebracht werden können. Jeder Begleiter oder jede Begleiterin setzt hier ihre eigenen Akzente. Dies ist ein Zeichen dafür, daß man in der Begleitung wirklich *anwesend* ist, so wie man wirklich ist und lebt. C. Rogers würde hier von „Authentizität“ sprechen. Aber auch dabei bleibt der, den man begleitet, Ausgangspunkt.

[2] S. S. Weil, in Kemp (Hg.) 1990.

e. Gottesbilder

Der Begriff „Gottesbild“ ist ein objektivierender Begriff. Allein im Nachdenken „über“ Beziehungen kommt man zu „Bildern“, die in dieser Beziehung eine Rolle spielen können. Dieser Begriff kann sehr problematisch sein. Er wirkt verfremdend im Blick auf die Erfahrungen, die man in der Beziehung zu Gott macht. Er weckt auch den Eindruck, daß man über diese Beziehung sprechen könnte, indem man das „Bild“ benennt. In jedem Fall darf „Bild“ hier nicht als ein kognitives, bewußtes und abgerundetes Bild verstanden werden, das man „in“ sich trägt und „durch“ das man mit einem anderen Menschen Kontakt aufnimmt. In der kognitiven Psychologie ist oft die Rede vom „Selbstbild“. Auch hier wird suggeriert, daß unser Handeln und unsere Beziehungsbildung sozusagen durch ein „Bild“ „vorweggenommen“ und „geleitet“ würden. Tatsächlich geht es um ein höchst kompliziertes Zusammenspiel von Phantasie, Denken und Handeln. Es gilt als sicher, daß unser Handeln mindestens ebenso sehr auf Phantasie und Denken zurückwirkt und diesen oftmals vorausgeht. Wenn auch im konkreten Dasein immer wieder Bilder mitspielen, so sind diese jedoch jeweils sehr vorläufig, flexibel und ständig beeinflußt durch das aktuelle Geschehen. Wie dem auch sei, von geistlicher Begleitung erhofft man sich, Hilfe dafür zu bekommen, daß man sich des Gottesbildes, das man verinnerlicht hat, bewußt wird. Man kann auch sagen: Man lernt begreifen, wie man aufgrund seiner Geschichte und Entwicklung mit Gott umzugehen gelernt hat. Es besteht kein Zweifel, daß es hier um etwas ganz Wichtiges geht.

Der Gott Jesu Christi ist ein personaler Gott. Was wir das „Geistliche“ nennen, verdichtet sich – menschlich gesprochen – in ihm zu einer Person. Er stellt nicht die Verlängerung dieses Geistlichen im Sinn einer Art letzten Stufe dar; es geht um den „Ganz-Anderen“. Die Weise damit umgehen zu können, ist immer eine symbolische. Symbolischer Umgang mit den Dingen ruft immer Bilder hervor. Es ist von großem Gewicht, dabei im Auge zu behalten, daß wir zu dem Symbol als solchem keine Beziehung haben. Durch das Symbol hindurch unterhalten wir eine Beziehung zu Gott.[3] Das Symbol verweist auf ihn, und im Symbol vergegenwärtigt er sich.[4] Sich bewußt zu werden, welche Symbole in unserer Gottesbeziehung wirklich da sind, in welcher Weise sie durch unsere Lebenserfahrung

[3] Vgl. Augustinus: „Dich selbst liebte ich, nicht ein Bild von Dir“ (Confessiones, VII, 17).

[4] Eine systematische Auseinandersetzung bietet: E. Drewermann 1989. Vgl. auch: H. Andriessen in: K. Baumgartner – W. Müller (Hg.); sowie R: Raab (dort insbesondere die Abschnitte „Seelsorgerliche Beratung und Begleitung in existentiellen Glaubensfragen“ und „Psychologie und Leben aus dem Glauben“).

beeinflußt sind, von welchen Menschen das Symbol im Laufe der Jahre Züge angenommen hat: Dies werden dann wesentliche Themen in der geistlichen Begleitung sein. Symbole können das, was sie darstellen, unterstützen, beschädigen, verzeichnen. Wenn man sich dieser Wirkungen bewußt wird, entsteht Freiraum für Korrekturen. Die „Wirklichkeit" kann sich auf eine bessere Weise zu erkennen geben. Wir verstehen dann auch, daß die Beziehung mit Gott sich bei Menschen ständig entwickelt. Und wir sehen, daß sich in dieser Entwicklung das Paradox meldet, daß Menschen, je mehr sie vertraut werden mit Gott, sich um so mehr bewußt werden, daß Er ganz anders ist. Das führt dazu, daß die sogenannten Gottesbilder sich auflösen und daß auch die Symbole ihre weisunggebende Kraft verlieren, und dies nicht aus Armut, sondern aus einem „Zuviel". „Auf dem Berge ist nichts", bemerkt Johannes vom Kreuz nüchtern. Und wenn Besucher den berühmten Verfasser mystischer Theologie besuchen, finden sie ihn auf der Veranda sitzend, wo er Erbsen puhlt.

Solche Entwicklung kann natürlich in der geistlichen Begleitung nicht wie ein Schema gehandhabt werden. Darum legen Menschen zurecht Nachdruck darauf, sich des eigenen „verinnerlichten Gottesbildes" sowie des Symbols bewußt zu werden, wie diese das eigene Leben und die Beziehung zu Gott bestimmen.

f. Schmerzhafte Entdeckungen

Vor allem in der Beziehung zu Gott scheint die geistliche Begleitung Menschen zu schmerzhaften Entdeckungen in bezug auf sich selbst zu bringen. In unserem Umgang mit dem Geistlichen und mit Gott spielt unser Narzißmus eine unübersehbare, dynamisierende und zugleich beunruhigende Rolle. Jede Beziehungsausformung ist an die Dynamik der eigenen Lebenserwartungen gebunden. Man braucht nicht über allzuviel Selbsterkenntnis zu verfügen, um zu wissen, da ß unsere Erwartungen nicht nur auf Gott gerichtet sind. Die meisten Menschen halten sich selbst für mehr als außerordentlich wichtig. In der Beziehung zu Gott spielen sehr viele sich selbst liebende und egozentrische Beweggründe mit. Und so, wie wir im Laufe unserer Lebensphasen lernen, mehr oder weniger gut in unseren Beziehungen zu anderen zur Selbsterkenntnis zu kommen, so geschieht dies auch in unserer Beziehung zu Gott. Dies ist nicht nur unvermeidbar und sehr schmerzhaft: es ist auch befreiend. In der Beziehung zu Gott kommt außerdem noch dazu, daß ein großer Teil des „religiösen" Idealismus – und das gehört zu dem, was manch einer als das beste seiner selbst ansieht – sich enthüllt als eine verborgene Verpackung der eigenen Wünsche, Unsicherheiten, Ängste und Interessen. Dies trifft in besonderer Weise zu, wenn Menschen durch die Wahl einer Lebensaufgabe alles auf die Karte des Geistlichen gesetzt haben. Vor allem dann kommen solche Entdeckungen sehr hart an.[5] Andererseits wird gerade in der geistlichen Begleitung deutlich, daß der Glaube an den unsichtbaren Gott, dessen Weisung uns dazu anhält, uns keine Bilder von ihm zu machen, uns helfen kann, unsere narzißtischen Strebungen und unseren Egoismus zu entdekken und nicht nur zu entdecken: Er kann auch helfen, damit umzugehen und uns mehr oder weniger davon zu befreien. Ein klassisches Wort für diesen „Weg der eigenen Dummheit" (S. Freud) ist „Läuterung". Durchweg ist diese gepaart mit Schuldgefühlen. In ihnen spricht sich der Narzißmus vielleicht noch am stärksten aus. Denn man entdeckt nicht nur, daß man Gott auf eine egozentrische Weise gedient hat, sondern man entdeckt auch, daß man unnötigerweise und sogar zu Unrecht das eigene Lebensbedürfnis verleugnet hatte.

g. Früchte der geistlichen Begleitung

Sie erwachsen alle aus Erfahrung, und sie sind um so interessanter, weil sie die Auffassung stützen, daß geistliche Begleitung in erster Linie darauf gerichtet ist, Raum zu schaffen für das Wirken des Geistlichen selbst. Zwei dieser Früchte seien ausdrücklich genannt: Geistliche Begleitung hilft, das eigene *„Heiligkeitsideal"* zu relativieren und trägt dazu bei, die *„Angst vor den Grenzüberschreitungen"* beträchtlich zu vermindern. Beide Aspekte lassen sich mühelos miteinander verbinden. Sie beziehen sich beide auf die Beseitigung von Hindernissen, die der Entfaltung der Person im Wege stehen. In der geistlichen Begleitung besitzt diese Entfaltung eine eigene Perspektive. Doch liegt aller menschlichen Entfaltung die Lebenssehnsucht zugrunde. Jeder sehnt sich nach der „vita beata", nach dem glück-seligen Leben, wie Augustinus es beschreibt. Umgekehrt fällt es Ch. Baudoin auf, daß „jedes psychische Datum Sehnsucht ist", und dies schließt ein, daß die psychische Struktur fördernd oder hindernd auch auf die geistliche Entfaltung einwirkt.[6] Geistliche Begleitung kann so durch eine Verstärkung der behindernden Faktoren in der Psyche die Entfaltung des Menschen einschränken, oder aber durch deren Beseitigung diese Entfaltung unterstützen. Man braucht sich ja nur umzublicken – und zwar sowohl innerhalb wie außerhalb der Kirche – um dies feststellen zu können.

[5] Eine psychoanalytische Vertiefung bietet Ch. Odier, 1947.
[6] Ch. Baudoin 1950, 1957.

Als weitere Frucht ist zu nennen, daß geistliche Begleitung eine Sicht auf die *„Entwicklung"* der betreffenden Person freigibt. Das uralte Thema des „Weges", des „Pfades" oder auch des „Fahrzeugs" taucht hier auf. Diese Worte weisen darauf hin, daß sich eine gewisse Regelmäßigkeit und Vorhersehbarkeit in der Reihenfolge und in dem Zusammenhang der Erfahrungen verbirgt, die im Umgang mit dem Geistlichen gemacht werden. Es ereignet sich nicht einfach so. In der Geschichte der christlichen Spiritualität – ebenso in der östlichen – sind anhand von Erfahrungen Modelle entwickelt worden, die diesen Prozeß in ein System bringen. Trotz aller Gefahren, die damit zusammenhängen, weist die Existenz solcher Modelle darauf hin, daß der Aufstieg zum Geistlichen keine Frucht absoluter Freiheit ist. Man muß offensichtlich mit bestimmten „Phasen", „Stationen" oder „Etappen" rechnen. Diese können nicht willkürlich übersprungen werden. Es geht in der geistlichen Begleitung also um ein „Führen und Wachsen-Lassen", um ein „Intervenieren" und „Geschehen-Lassen". Jesus warnt davor, das Unkraut aus dem Acker ausreißen zu wollen. Man kann mit der Psyche nicht willkürlich umgehen. Die Psyche verlangt, daß sie in ihrer eigenen Art, Wirkung und Geschichte gewürdigt wird. Die Geschichte des Ikarus hat dem geistlichen Begleiter oder der geistlichen Begleiterin viel zu sagen.[7]

Eine letzte Frucht, von der in diesem Zusammenhang zu berichten sich lohnt, betrifft das wachsende Gefühl von *Mitverantwortlichkeit* für andere Menschen, für die Gesellschaft und für die Umwelt. Dies weist darauf hin, daß die geistliche Entwicklung – obgleich sie alle Aufmerksamkeit dem Individuum zuwendet – keine individualistische Angelegenheit ist. Es entspricht ihrem Wesen, daß andere teilhaben an dem, was sich auf dem eigenen Weg ereignet. Diese Mitverantwortlichkeit trägt einen deutlich religiösen, gegebenenfalls auch gl aubensmäßigen Charakter. Es gibt Erfahrungen der Bezogenheit zum Ganzen der Dinge, der Menschen und des Kosmos; Erfahrungen, Mitarbeiter und Mitarbeiterin der Vorsehung Gottes zu sein. In dem Sonnengesang des Franz von Assisi und in den Briefen des Paulus ist dieses Hinauswachsen des Geistlichen sehr anschaulich ausgedrückt.

[7] Entwicklungspsychologisch vertieft findet sich das Thema u.a. bei E. H. Erikson, 1953, 1961, 1963, 1964, 1975, 1982; J. Fowler 1981.

h. Die Haltung des geistlichen Begleiters oder der Begleiterin

Die wichtigste Grundhaltung ist die umfassende *Akzeptanz* dessen, der um solche Begleitung anfragt. Immer wieder wird deutlich, daß Störungen auftreten, wenn subtil oder auch ausdrücklich ein Urteil über die Erfahrungen der Menschen gefällt wird, über die Gefühle, die in ihnen hochkommen, über die Dinge, die sie getan oder auch unterlassen haben.

Natürlich weckt dies die Frage, ob geistliche Begleitung denn ausschließlich nur ein *„Mitgehen"* sei, ob nicht auch Konfrontationen möglich sind, ja ob abweichende Meinungen und Standpunkte nicht ab und zu sogar erforderlich erscheinen.

Das erste ist sicher wahr: Geistliche Begleitung ist ein „Mit-Hinaufgehen". Das klassische Bild hierfür ist die Emmaus-Erzählung, in der der Fremde des Wegs daherkommt und den zwei Jüngern die Schrift auslegt. Aber dieses Mitgehen geschieht „auf dem Wege" und es ist der „Weg" selbst, von dem die Konfrontation ausgeht. Dies bedeutet, daß das ehrliche Anschauen der Erfahrungen, die auftreten, in sich schon einen Überfluß an Konfrontation trägt. Die Emmausgeschichte macht dies überdeutlich.

Menschen, die geistliche Begleitung erbitten, tragen Ambivalenzen in sich, die in jedem Menschen leben, wenn es darum geht, aus den Kompromissen aufzubrechen, die man bis jetzt in seinem Leben eingegangen ist. Solche Kompromisse haben ihren Sinn. Niemand schließt Kompromisse aus Vergnügen. Sie drücken immer eine Verbindung aus zwischen unserem Verlangen und unserer Angst. Und es gibt sehr wenige Menschen, die nicht auf die eine oder andere Weise davon wissen. Wenn der Weg nicht nur so ehrlich wie möglich gegangen, sondern auch aufmerksam angeschaut wird, treten diese Kompromisse ganz von selbst ans Licht. „Erfahrung" ist auch *„Wieder-fahren"*. Auf dem Weg selbst geschieht die echte und fruchtbare Konfrontation. Es gibt keine Konfrontation, die uns so real berührt wie die, die aus unserer eigenen Wirklichkeit auf uns zukommt. In der geistlichen Begleitung geht es dann in einer solchen Situation eher darum, die positive Perspektive zu unterstützen, in der die ganze Begleitung steht, als darum, Widerstände aufzurufen. Denn diese wirken sehr wohl. Dennoch, geistliche Begleitung ist nicht nur beruhigend. Wenn es doch der Fall sein sollte, dann lehrt die Erfahrung, daß nach einiger Zeit sich nichts mehr bewegt und die begleitete Person unzufrieden wird. Geistliche Begleitung ist auch *Aufruf und Appell*. Aber dies stellt etwas anderes dar als „Konfrontation"; Konfrontation übrigens im Namen von ... wem? Von den Begleitern wird erwartet, daß sie „wirklich anwesend" sind, und wirklich „aus sich selbst heraus" reden. Dies darf von einem „Wegbegleiter" auch erwartet werden.

Wenn dies nicht geschieht, ergeben sich unnötige Spannungen in der Beziehung zueinander. Wenn solche entstanden sind, müssen sie auch gemeinsam angeschaut werden. Durchweg ist dies für beide sehr fruchtbar. In der Beziehung zwischen dem „Lehrmeister“ und seinem „Schüler“ im Zen ist das Vertrauen des ersteren in den Weg des Schülers ein entscheidender Ausgangspunkt. Bei der Initiation geht der Meister davon aus, daß der Schüler die „Buddha-Natur“ in sich trägt. Genau davon müssen sowohl Schüler wie auch Meister etwas in sich tragen. In Wahrheit ist dies das einzige Kriterium.[8] Geistliche Begleitung kann hier viel lernen: Man kann nämlich davon ausgehen, daß der, der sich zu einer geistlichen Begleitung entscheidet, bereits am Geistlichen Teil hat; es wirkt schon in ihm. So entwickelt das Geistliche eine eigene Dynamik; einmal in Gang gekommen und unterstützt, setzt sie sich aus sich selbst durch. Diese Dynamik macht auch verständlich, daß Menschen hinterher stets ein unangenehmes Gefühl zurückbehalten, wenn sie sich während der Begegnung durch die geistliche Begleiterin oder den Begleiter zu sehr beeinflussen ließen.

Hier sind auch die Gründe dafür zu suchen, daß in der gegenseitigen Kommunikation große Schwierigkeiten auftreten, wenn sich Menschen mehr oder weniger *gezwungenermaßen* geistlicher Begleitung unterziehen müssen und sie selbst damit nicht wirklich in eins sind. Die Begleitung wird dann in der Tat „Herunter-Ziehen“. Wenn eine geistliche Begleiterin oder ein Begleiter sich schon auf diese Voraussetzung einläßt, dann muß auf jeden Fall und vor allem anderen die negative Wirkung dieser Verpflichtung oder sogar des Zwanges ausd rücklich bedacht werden. Ist dies einmal gründlich durchgesprochen, so könnte dann trotzdem eine innere Motivation entstehen; oder der Kontakt kann nicht weitergeführt werden. „Verordnete“ geistliche Begleitung ist durchweg ein Ausdruck anderer Faktoren, und nicht der Ausdruck einer wirklichen Sorge um das geistliche Wohlbefinden des anderen. Begleitung wird dann hoch eingeschätzt werden, wenn auch die, die begleiten, deutlich zu erkennen geben, daß sie *Mit-Gläubige* sind, Gleiche und Gleichgesinnte in einer neuen Freiheit um Go ttes willen. In einer solchen Beziehung gibt es keine „Höheren“ und „Niederen“, nicht „Wissende“ und „Nichtwissende“. Denn niemand hat einen Zugriff auf das Wirken des Geistes, und die Wiedergeborenen gleichen dem Wind in den Bäumen, von dem niemand weiß, woher er kommt und wohin er geht. Das bedeutet nicht, daß in der Beziehung keine *Struktur* vorhanden sein dürfte: Der eine gibt, der andere erbittet geistliche Begleitung. Aber dies schließt ein, daß der Ausgangspunkt und auch der

[8] Vgl. J. Needleman, 1970.

Mittelpunkt bei dem liegt, der geistliche Begleitung erbittet. In dieser Hinsicht sind die Begleiter untergeordnet; sie stehen zu Diensten. In diesem *Dienst* werden zwei Aspekte wirksam: einmal, daß die Begleiterin oder der Begleiter „anders" ist und damit zum Katalysator für neue Einsichten und Erfahrungen werden kann; zum anderen, daß sie – oft – etwas mehr Erfahrung haben. Diese Erfahrung ist immer nur analog und kann die des anderen niemals ersetzen. Aber gerade in dieser Analogie können sie etwas einbringen, das „anders" ist und denen, die solche Begleitung erbitten, eine Hilfe sein. Dabei darf nicht vergessen werden, daß gerade auch die, die begleiten, viel empfangen. Sie können sehr viel vom eigenen Weg im Gespräch über den Weg des oder der anderen entdecken. Schließlich erweisen sie den Dienst des annehmenden, stimulierenden und Antwort gebenden Existierens. Dies ermöglicht es dem anderen, sich der eigenen Geschichte zu nähern. Eine große Authentizität ist hier wesentlich. Man kann es geradezu „riechen", wenn der geistliche Begleiter oder die Begleiterin Dinge sagen, die sie nicht wirklich innerlich kennen.

i. Konflikte

Konflikte spielen in der geistlichen Begleitung eine große Rolle, so wie im ganzen menschlichen Leben. Wenn sie nie eine Rolle spielen und zur Sprache kommen, ist zu vermuten, daß sie „übersehen" werden. Es gibt Menschen, die deshalb von geistlicher Begleitung absehen, weil die Leitung alle Konflikte abwehrt. „Liebe", „Verstehen", „Respekt" vor dem anderen, „christliche Toleranz", „das allgemeine Interesse" und andere Rationalisierungen wehren das Aufkommen oder die Bearbeitung von Konflikten ab. Da dies in keiner Weise der Wirklichkeit des Lebens entspricht, wenden Menschen sich schließlich von einer solchen geistlichen Begleitung ab. Konfliktvermeidung entsteht immer aus Angst. Sie stellt eine große Unterschätzung der Fruchtbarkeit dar, die grundsätzlich in jedem Konflikt liegt. Dessen Vermeidung führt zur Entfremdung von sich selbst, von anderen Menschen und von Gott. Die Vermeidung des Konflikts spielt sich vor allem auf den Gebieten des Geldes, der Aggression und der Erotik ab; auch Alkoholprobleme werden oftmals vermieden. Es ist wichtig zu merken, daß Menschen, die Begleitung erbitten, außerordentlich sensibel sind für die Haltung der Begleiterin oder des Begleiters in diesen Punkten. Unterschätzung der Bedeutung des Konflikts heißt immer auch Unterschätzung unserer Existenz. Dies läuft immer hinaus auf eine schlechte Begleitung und auf Brüche im Weg.

2. Folgerungen

Die bisher genannten Aspekte in der geistlichen Begleitung führen zu einer Reihe von Aspekten, die für sie von allgemeiner Bedeutung sind. Sie bestimmen darum auch den weiteren Aufbau und Inhalt dieses Buches. Es geht dabei um folgende Themen:

1. Wo liegt *das Eigene* der geistlichen Begleitung?
Es geht hier um den Blickpunkt dessen, der begleitet. Dieses Eigene hängt mit dem besonderen Charakter der *geistlichen Erfahrung* selbst zusammen. Auf die Entwicklung dieser Erfahrung muß ja die gemeinsame Arbeit abgestimmt werden.

2. Welche Bedeutung hat die uralte Idee des *Weges*?
Faktisch konkretisiert sich diese in der Innenansicht des *Lebenslaufs*, so wie dieser sich darstellt. Der geistliche Weg ist der rote Faden, der sich durch den ganzen Lebenslauf hindurchzieht. Er wird gesponnen aus den Ereignissen, Begegnungen, Erfahrungen und Verhaltensweisen, die sich in den betreffenden Lebensphasen ereignen und aus dem geistlichen Engagement dieser Person. Die Entwicklung der *Beziehung zu Gott* bildet hier ein Kernthema.

3. Das Thema der „Methodik" fragt nun unsere Aufmerksamkeit.
Es geht nicht nur darum, daß diese in der geistlichen Begleitung oft fehlt. Methdodik steht auch in einer seltsamen Spannung zu dem Umgang mit dem Geistlichen.

4. Wie sieht die *Art der gewünschten gegenseitigen Kommunikation* in Zusammenhang mit dieser „Methodik" aus? Diese Kommunikation ist der Weg, auf dem dann die Begleitung geschehen kann.

5. Welche Bedeutung hat die Ordnung der Zeit?
Sie ist ein Faktor, der die Fruchtbarkeit der geistlichen Begleitung stark beeinflußt.

6. Wie wird in der geistlichen Begleitung mit Konflikten umgegangen?
In Konflikten spielt auch die Schattenwelt von Menschen eine Rolle. Sie ist Teil unserer Existenz und damit auch Teil des geistlichen Weges.

Kapitel IV
Das Eigene der geistlichen Begleitung

„Die Zeit selbst ist erlöst; sie hat eine Mitte erhalten, die die Gegenwart bewahren kann und die Zukunft hineinnimmt."
(Karl Rahner)

1. Lebensbegleitung

Geistliche Begleitung ist eine Form von Lebensbegleitung. Sie zeichnet sich durch eine eigene Perspektive aus, und sie hat auch eine eigene Arbeitsweise. Es gibt viele Formen von Begleitung. Wir können Arbeitsbegleitung, Lernbegleitung und Lebensbegleitung, in deren Bereich oft der Begriff „Wegbegleitung" benutzt wird, unterscheiden. Das Wort „begleiten" ist in unserer Zeit ziemlich abgenutzt; meistens bedeutet es nichts anderes, als „mit jemandem mitgehen". Ursprünglich hatte es einen sehr viel aktiveren Sinn, nämlich „be-gleiten" und „ge-leiten". Der leitende und richtunggebende Aspekt ist in dem ursprünglichen Sinn viel stärker enthalten. In der geistlichen Begleitung taucht dieser zumindest in der Phase wieder auf, in der Menschen lernen, auf die Spur des Geistlichen und ihres eigenen geistlichen Weges zu kommen; das heißt, wenn sie beginnen, ihre Richtung zu suchen. Er kehrt auch wieder in unklaren Situationen, in denen sich neue Durchbrüche vollziehen und unbekannte Gebiete betreten werden. „Richtung" ist ein wesentlicher Begriff für den Lebensweg. Man geht in einer bestimmten Richtung „wegen" der Hauptmotive, die im Leben und in unserem Dasein vor-gegeben sind und die sich darin weiter differenzieren. Man geht auch in eine bestimmte Richtung „wegen" neuer Motive, die sich auf dem Lebensweg anmelden. Wenn man von „Wegbegleitung" spricht, geht es meistens um eine bestimmte Dimension des Lebens, nämlich um das Innere, die personale Dimension. Natürlich durchläuft der Weg dorthin alle konkreten Lebensereignisse, aber im religiösen Sprachgebrauch geht es dabei um die eigene Richtung, die jemand meint gehen zu müssen. Auf dem „Weg" machen die Menschen dann etwas Spezifisches mit ihrem Leben: Sie beziehen alle diese Ereignisse auf ihre geistliche Bestimmung. Sie sehen sie in einer bestimmten Perspektive. Um dieses Eigene geht es hier. Das Bedeutungsfeld „Leben" weist auf etwas hin, was bleibt und Dauer hat. Es ist ein sogenantes „Durativum". Was lebt, ist

„fest-gefügt", aber das „Fest-Gefügte" hat gleichzeitig etwas „Schwebendes" an sich, wodurch es doch nicht völlig festgelegt, und zur Unveränderlichkeit verurteilt ist. Dem „Leben" steht der „Tod" gegenüber. Es stellt eine Weise von „Sein und Haben zusammen" dar. Leben ist es, was uns „ganz zu eigen" ist, und in seinem prägnanten Sinn weist es hin auf „Fülle" und „Überfluß". Schließlich weist dies auch hin auf die Lebens-Zeit und darauf, daß jemand das Leben „erleidet". Alle diese Bedeutungen sind ohne Schwierigkeiten auf die geistliche Dimension des Lebens übertragbar. „Wegbegleitung" ist auf diese Dimensionen des Lebens ausgerichtet. Es ist sehr auffallend, daß Hinweise auf das Sorgenvolle und Problematische in dieser Bedeutungsreihe nicht vorkommen. Auch bei den Worten, die während der Übung in Kapitel I auftauchten, waren diese Richtungen weitaus in der Minderheit. Sicher bringt das Leben Probleme mit sich. Aber von seiner Eigenart her ist es nicht daraufhin orientiert. Wir haben hier – aus den Worten selbst – einen Hinweis, daß, wenn das Leben allzusehr durch Probleme gekennzeichnet ist, es eine Entwicklung genommen hat, die eigentlich nicht stimmt. Leben ist ständige Entfaltung. Es stößt dabei auf Widerstände. Daraus erwachsen Probleme. Aber diese sind nicht primär. Wenn wir von geistlicher Begleitung sprechen, geht es uns um eine Form von Lebensbegleitung, die auf die geistliche Dimension gerichtet ist und sich darin auch vollzieht. In ihr geht es darum, „normale" Erfahrungen auf die Dimensionen der Existenz, des Sinns, des Religiösen und des Glaubens hin zu „durchschauen". Dies führt zu einer fruchtbaren Unterscheidung im Blick auf den Lebenslauf, nämlich auf sein „Außen" (extérieur) und auf sein „Innen" (intérieur).

2. Außenwelt – Innenwelt

Wir greifen hier eine Unterscheidung von W. Kandinsky auf[1] und verstehen unter Außenwelt all das, was in einer mehr objektivierenden Verstehensweise über den menschlichen Lebenslauf gesagt werden kann. Hierunter fallen alle Studien über den Lebenslauf, über bestimmte Zeitabschnitte dabei, über Krisen, ihre Entwicklung und ihre Verarbeitung, über das Durchlaufen bestimmter Linien im Leben (z.B. das Ego, das Lieben, das Arbeiten, das Kommunizieren, das Genießen, die Sorge, die Teilnahme an

[1] Diese Unterscheidung ist übernommen von W. Kandinsky. Für die inspirierenden Gespräche zu diesem Thema will ich Frau A. Gockel (Nijmegen) an dieser Stelle gerne meinen Dank aussprechen.

bestimmten Gruppen oder an gesellschaftlichen Einrichtungen usw.). Auch die Untersuchungen, die versuchen, die innere Entwicklung auf eine mehr objektivierende Art zu systematisieren, fallen hierunter. Kenntnis dieser mehr oder weniger objektiven Daten ist für jeden, der in unserer Kultur geistliche Begleitung anbieten will, unerläßlich. Dies alles entspricht auch dem „Mythos der Tatsachen"[2], der unsere Kultur beherrscht. Unter diese Außenwelt fällt schließlich auch das tatsächliche Geschehen, wie es sich aktuell auf dem Lebensweg ereignet: das konkrete Handeln; verschiedene Situationen, Begegnungen, Gespräche; Ereignisse, das Auftreten anderer Menschen. Meistens beginnt ein Gespräch über geistliche Begleitung mit diesen faktischen Ereignissen. Dennoch betreffen sie weithin dieses Außen. Das je Eigene des jeweils persönlichen Weges wird dadurch nicht berührt. Aber aus ihrem „Eigenen" heraus stimmen Menschen solchen Ereignissen zu, haben Schwierigkeiten damit oder geraten in Konflikt mit ihnen. Hier beginnt die „Innenwelt".

Man kann solche Angaben mit der Landkarte einer Gegend vergleichen, durch die man reisen will. Auf ihr sind viele Wege zu dem Ziel eingezeichnet. Nicht eingezeichnet ist allerdings, welcher Weg für mich der beste ist, wie mein Weg konkret aussieht, in welchen Situationen ich mich befinden werde und was mir dabei widerfahren wird. Das Bild der Pilgerfahrt ist hier sehr brauchbar. Augustinus spricht in seiner 346. Predigt darüber: „Über was anderes gehen wir denn, als über den Weg? Wohin sollten wir denn sonst gehen, als zur Wahrheit und zum Leben?" (vgl. Joh 14,6) Wo dieser Weg beginnt und was er uns bringen wird, ist damit noch nicht gesagt. Information von außen ist nicht zureichend. Ob wir diese nun aus der Psychologie des menschlichen Lebenslaufs gewinnen oder aus mystischen Schriften, aus dem Osten oder aus dem Westen, oder aus dem Mund der geistlichen Begleiterin oder des Begleiters: Der Weg muß gegangen werden, und das meint: Er muß zur persönlichen Erfahrung werden.

Dies führt uns zur „Innenwelt" des Lebenswegs, wie er von jedem Menschen erfahren wird, das heißt, wie er durch Bedeutungen, Gefühle, Entschlüsse, Unsicherheiten, Freuden und Ängste geprägt wird, die für diese Person kennzeichnend sind. Es „lebt" in uns viel mehr als nur das, dessen wir uns bewußt sind. *Genau dieses „Mehr" macht weitere Erfahrung und innere Konstanz möglich.* Konstanz, Dauer ist eins der Hauptmerkmale des Lebens. Soweit es in unser Bewußtsein gelangt, können wir von unserer Erfahrung des Weges berichten. Ein solcher Bericht ist bereits gegangener und sich noch vollziehender Weg. Was wir von unserem Leben

[2] Der Ausdruck stammt von J. Needleman in: D. Anthony u.a. 1986.

wissen wird nicht nur sichtbar in, sondern entwickelt sich auch durch unser Erzählen. Sogar wenn jemand das Thema eines Gesprächs sorgfältig vorbereitet hat, kann doch nicht im voraus gesagt werden, wie dieses Stück des Weges ver-„laufen“ wird. Denn das Ich, das das Zentrum eines jeden Stücks des Lebensberichts ist, ist immer nur vorläufig. Es muß sich hineinbiegen in die Sprache, die es zur Verfügung hat; es ist angewiesen auf die Sprache des anderen; es verändert sich an dieser Sprache; es korrigiert sich selbst im Lauf des Gesprächs; es erhellt sich selbst; es läuft sich auch fest. „Innenwelt“ meint die „Selbst-Werdung“ der Person, und zwar soweit diese sich selbst kennt und sich selbst dem geistlichen Begleiter, Gott und anderen Menschen mitteilt. Die Innenwelt umfaßt also nicht nur all das, was jemand über seine Erfahrungen mitteilen kann, sie umschließt auch die ganze Erfahrung selbst und die Quellen, aus denen diese Erfahrungen entspringen. Oftmals sind diese Quellen unbekannt, und völlig ergründet werden sie niemals. Es geht um die „Innenseite“ des Lebens, zu der man allein durch das Tun, durch das Gehen des Weges Zugang erreicht. So entsteht echte Selbsterkenntnis. An diesem Punkt kann man keine Pläne machen oder Blaupausen anfertigen. Diese Erkenntnis kann nur durch Erfahrung selbst erworben werden, wie sie im Bericht zum Ausdruck kommt. So wie das Ich, so ist auch diese Erkenntnis immer vorläufig. Es geht hierbei stets um den Lebensweg-für-mich. Die Begleiterin oder der Begleiter wird an erster Stelle aus dieser Art der Erkenntnis heraus antworten müssen. Wissen allein reicht dazu nicht aus; es ist sogar gefährlich. Die Gefahr liegt in dem „von-außen-her“, in der objektivierenden Sprache des Lebens. Der Fürst in Saint-Exupérys „Zitadelle“ sagt: „Ich habe die Beziehungen der Menschen mit wirklicher Aufmerksamkeit verfolgt und deutlich die Gefahren einer Klugheit wahrgenommen, die in dem Glauben lebt, daß die Sprache etwas zu erfassen vermöchte. Es gibt kein Wort, um das auszusprechen, was in mir ist. Ich kann es nur in dem Maß bezeichnen, in dem du es schon auf anderen Wegen als durch das Wort verstehst: Etwa durch das Wunder der Liebe; oder weil du mir gleichst, da du von dem selben Gott gezeugt wurdest. Andernfalls mühe ich mich vergeblich, die in mir versunkene Welt ans Licht zu ziehen. Und wie es meine Unbeholfenheit gerade mit sich bringt, zeige ich nur die eine oder die andere ihrer Seiten auf. So zeige ich zum Beispiel einem Berg seine Höhe, während ich eigentlich die Majestät der Nacht meine. wenn es da oben kalt ist unter den Sternen.“[3]

Außenwelt und Innenwelt sind aufeinander angewiesen. Wenn äußerlich

[3] A. Saint-Exupery, S. 147–148.

nichts geschieht, kommt auch das innere Leben nicht in Gang. Wenn alles Wissen fehlt, dann fehlt auch ein erster Referenzrahmen, um die inner en Dinge zu verstehen. Und wenn das Innen uns völlig beherrscht, ist keine Kommunikation möglich. Dann kann auch keine echte Entwicklung geschehen. Darum beginnen die Menschen in der geistlichen Begleitung fast immer mit „Fakten“, und darum muß auch auf diese Fakten eingegangen werden. Darum erwarten die Menschen von geistlicher Begleitung, daß ihre „Fakten“ vertieft und zu einem Teil der inneren Geschichte werden. Dies ist die Richtung der geistlichen Begleitung. Das Geistliche ist sowohl „innerlich“ wie „äußerlich“. Aber es realisiert sich durch das Herz des Menschen hindurch. Dieses „Herz“ ist nicht so vorhanden, wie die Dinge außerhalb von uns vorhanden sind. Das Herz ist kein „Faktum“. Es ist der Träger der „Welt, die in mich versunken“ ist, die sich in der Erfahrung selbst und im Gespräch darüber immer wieder aufs neue und ständig vorläufig ans Licht bringt.

3. Ein Beispiel von Lebensbegleitung

In einem Gespräch berichtete ein Mann über die Erfahrung im letzten Urlaub, den er mit einer Gruppe verbrachte, die sich vorher nicht kannte; sie hatten sich in einem Reisebüro zu dieser Reise angemeldet. Weil nun in der Gruppe Schwierigkeiten auftraten, löste er sich von der Reisegesellschaft, wanderte allein über einen Gletscher und war von dem Eindruck der Naturgewalt, die sich vor ihm auftat, fasziniert. Während er davon erzählte, ließ er das Wort Sakrament fallen.

Er: Ich bekam Erinnerungen an meine Kindheit; damals konnte ich so etwas auch erleben.

Ich: Wenn Du willst, erzähl davon.

Er: Als Kind war ich nicht so mitteilsam. Aber ich hatte ein Aquarium mit Beleuchtung. Stundenlang konnte ich davor sitzen und zuschauen. Als ob du in eine andere Welt hineingingst, eine Welt, in der du nicht zu Hause warst. Und dann später. Es war auch im Urlaub. Wir gingen in eine Tropfsteinhöhle. Wirklich eine andere Welt. Völlig still. In der Grotte warst du wirklich „drin“; bei den Fischen bliebst du ja noch draußen.

Ich: Kannst Du entdecken, wo es Dich da berührte, in Dir selbst?

Er: Als Kind weißt du das ja nicht so. Aber auf dem Gletscher ... es gab ein Gefühl von „wer bin ich“, und zugleich von „wie großartig, daß ich hier stehe“.

Ich: Es ging wirklich um Dich selbst?

Er: Ja, um mich selbst. Aber doch anders als bei meiner Arbeit. Da geht es auch um mich selbst. Hier war Urlaub. Das ist ein großer Unterschied.

Ich: Erzähl mal.

Er: In meiner Arbeit geht es um das, was ich kann; und auch um das, was ich muß. Du wirst dort auf deine Qualifikation hin angesprochen. Viel weiter gucken die da nicht.

Ich: Bei den Fischen, in der Grotte, und nun auf dem Gletscher war das anders …

Er: Ja, ganz anders. Da tauchst du selbst auf. Eine Art großer Raum um dich herum, und von innen ein Verstehen von, ja … von: Ich bin wirklich.

Ich: Hat dies etwas zu tun mit „Sakrament"?

Es geht hier um eine ganz einfache Begebenheit im Leben während des Urlaubs (außen). Die betreffende Person erlebt es als etwas Besonderes (innen), das sie zur Sprache bringt (Bericht). Sie bringt es mit der religiösen Dimension in Verbindung, mit „Sakrament". Ich lasse dies hier vorerst so stehen, weil sie es in Zusammenhang mit ihrer Kindheit bringt, und ermuntere sie zu ihrer Erzählung („erzähl mal…"). Die Erzählung kommt in Gang. Die Erfahrung scheint schon Vorgänger zu haben („Mehr"). Mit der Frage, „wo berührte es Dich?", versuche ich zu klären, auf welcher Existenzebene sich das Geschehen in ihr abspielte (Existenz, Sinn, Religiosität, Glauben), und dies im Hinblick auf die Perspektive der geistlichen Begleitung. Andere Fragen wären möglich gewesen, z.B.: „Wie ging das weiter auf dem Gletscher?"; „findest Du, daß das eine religiöse Erfahrung war?"; „hast Du anderen davon etwas erzählt?"; „wie ist das, wenn Du daran zurückdenkst?". Ich konzentriere die Person vorläufig auf den Platz, an dem die Erfahrung sich abspielt. Dies führt zu der Erkenntnis des geistlichen Raums und zu der der Existenz; Erfahrungen, die beide positiv gefärbt sind.

Dieses Beispiel versucht die Perspektive zu verdeutlichen, in der geistliche Begleitung als Lebensbegleitung sich bewegt. Es wird einem an sich einfachen Geschehen „Aufmerksamkeit" zugewandt. Innerhalb dieser Aufmerksamkeit „entwickelt" das Geschehen sich zu einer deutlichen Selbsterfahrung in der religiösen Sphäre („Sakrament"). Im weiteren Verlauf des Gesprächs – das hier nicht wiedergegeben wird – wird deutlich, daß „Sakrament" für den Betroffenen ein Hinweis auf den Symbolcharakter der Dinge ist (vgl. Übung in Kapitel I). Dies gibt ihm das Gefühl, daß es mehr gibt zwischen Himmel und Erde als seine Arbeit, seine Fähigkeiten und seinen Urlaub. Er erlebt einen Aufr uf, mehr aus seinem Leben zu machen. Dieses Gefühl kommt immer wieder hoch und versackt auch immer wieder. Dies will er so nicht länger, und er betrachtet diese Erfahrung als eine Chance, die ihm nun wieder angeboten wird, die er aber bis jetzt noch nicht richtig greifen kann.

Wenn man der Sprache nachgeht, in der die Innenwelt zum Ausdruck kommt, fallen einige Dinge auf. In erster Linie ist es ein narratives Geschehen, d.h. es *wird etwas erzählt*. Die betreffende Person liefert keine Erörterung des Geschehens. Sie erzählt, was ihr passiert ist. Es ist für diesen Bericht bezeichnend, daß der Erzähler nicht auf Vollständigkeit aus ist. Er erzählt nur das, was jetzt für ihn wichtig ist, und zwar in der Reihenfolge, die jetzt für ihn stimmig ist. Die Erzählung ist, um es mit anderen Worten zu sagen, *selektiv*. Und gerade die Selektion macht es möglich, daß durch den Zuhörer andere, nicht oder noch nicht ausgewählte Aspekte zum Tragen kommen können. In den Untersuchungen über das Unbewußte spielt dieses Zusammenspiel zwischen Selektion und der Ausbreitung des Selektierten eine große Rolle. Darüberhinaus fällt auf, daß der Sprachgebrauch *expressiv* ist. Der Mann teilt nicht nur mit; er drückt auch sich selbst aus; er bringt in seiner Erzählung zum Ausdruck, was ihn jetzt innerlich bewegt. Wer wirklich zuhört, bekommt dann auch sehr viel mehr als nur inhaltliche Informationen. Er begegnet *jemandem*, der in seiner Erzählung *anwesend wird*. In Anfangssituationen wird oft gesagt, daß man „erst noch ankommen muß", das meint, daß man selbst erst noch anwesend werden muß durch das Erzählen seiner Geschichte. Wenn jemand in seiner Geschichte wirklich anwesend wird, ruft diese Geschichte auch die Welt hervor, in der sie sich abspielt. Sie ist *evokativ*. Diese Welt umfaßt immer viel mehr als nur das Geschehen, das gerade berichtet wird. Es besteht ein Zusammenhang mit anderen Ereignissen, in diesem Fall mit dem Aquarium, der Tropfsteinhöhle und der Arbeit. Diese Ereignisse werden denn auch wachgerufen, und eine der Funktionen des Begleiters ist es, gerade dies möglich werden zu lassen („erzähl mal ..."). In dem Maße, in dem diese Ereignisse „lebendiger" werden, wird auch der, der erzählt, lebendiger. Die Erzählung gewinnt an Lebendigkeit. Alte Erfahrungen „kehren wieder", die „temps perdu"[4] kommen wieder hoch und werden wiedergefunden; die Vergangenheit wird wieder wirklich, das heißt, sie wirkt wieder. In einer nur informierenden und konstatierenden Form der Mitteilung geschieht dies nie. Es ist kein Wunder, daß die Evangelien vor allem in der Form von Erzählungen geschrieben sind.

[4] M. Proust 1954.

Dies alles bewirkt nun, daß die Erzählung immer *subjektiv* ist. Sie ist subjektiv nicht nur wegen der Selektion, sondern vor allem, weil die alten oder neuen Bedeutungen aufs neue wirksam werden. Es wird kein Photo abgeliefert. Der Erzähler ist mit Gefühlen, Wünschen, Erinnerungen und seinem Drang zu erzählen von diesem Moment an in seiner Erzählung selbst gegenwärtig. Es geht um sein Innen. Erzählungen in diesem Sinn sind niemals „Beweise"; sie sind Offenbarungen von Menschen, die sich selbst mitteilen, so wie sie jetzt sind. Schließlich ist Erzählen auch eine Form der *„Empfänglichkeit"*. Die Erzählung ist ja nicht von vornherein abgeschlossen, sie ist kein „Faktum". Sie entsteht im Gegenteil erst im Erzählt-Werden. Diese Empfänglichkeit bezieht sich zuallererst auf die Person, die erzählt. Sie muß erst dazu kommen und dann fortfahren, *sich selbst zuzuhören*. Deshalb die Stille, das Zögern, das Suchen nach dem passenden Wort, das innere *„Prüfen"*. Aber die Empfänglichkeit bezieht sich auch auf den Begleiter („kannst Du entdecken, wo es Dich da berührte?"). Diese Interventionen beabsichtigen die Öffnung für weitere Erzählmöglichkeiten, aber sie müssen dann auch so gewählt werden, daß dies auch wirklich geschehen kann. Gleichzeitig entsteht hier auch eine sehr wichtige Möglichkeit, die Erzählung des anderen in eine Perspektive zu setzen, die zur geistlichen Begleitung gehört. Jesu Gespräch mit der Samariterin ist ein glänzendes Beispiel dieser „Umbiegung" in die Richtung ihrer persönlichen Bestimmung. Durch diese Kennzeichen des persönlichen Lebensberichts wird der Begriff „innen" („intérieur") konkret eingefärbt. Wenn ein Bericht diese Kennzeichen nicht hat, ist er kein Ausdruck der persönlichen Erfahrung eines Menschen und für geistliche Begleitung nur sehr begrenzt brauchbar. Hier wird deutlich, daß geistliche Begleitung eine sehr bestimmte Form der Lebensbegleitung ist. Sie betrifft die „Tiefe" des Menschen, das heißt die Dimension, in der jemand seine Existenz, seinen Sinn, seine Religiosität oder seinen Glauben „berührt". Die Lebensgeschichte wird also gesehen und verstanden als ein Ausdruck der individuellen Existenz. In diesem Zusammenhang begegnen wir dem bedeutungsreichen Begriff „Symbol".

4. Symbole

Jede Sprache ist in Beziehung zur geistlichen Dimension symbolisch. Mit dem Symbolisc hen ist es wie mit dem Geistlichen: Es kann nicht konkret ausgedrückt werden, weil es eine Dimension der Dinge und zugleich des Herzens ist. Das Symbol hat auch eine sprachliche Dimension. Wenn in der Erzählung meines Gesprächspartners über die Erfahrung auf dem Gletscher das Wort „Sakrament“ auftaucht, wird damit gesagt, daß er den Gletscher und die ganze Umgebung symbolisch wahrnimmt. Sie bekommen eine Wirkung, die ihnen, wissenschaftlich gesprochen, nicht zu eigen ist. Sie haben diese Wirkung auch nur für die, die sie so wahrnehmen können. Für andere ist der Gletscher eine Gefahr, ein Abenteuer, ein Ort des Kampfes mit der Natur oder das Thema für ein Gemälde. Bei meinem Gesprächspartner entzieht er sich gerade dieser „normalen“ Wirkung und führt ihn in eine „andere“ Welt, die auf etwas in ihm antwortet: auf eine Empfänglichkeit für gerade diese Welt-„sicht“. Diese Empfänglichkeit ist nicht mehr völlig offen: Durch die Wirkung des Aquariums und der Grotte ist sie schon irgendwie geformt, prädisponiert.

Man könnte hier von zwei Hälften sprechen: Die eine stammt aus der „anderen“ Welt, die andere gehört zu der versunkenen Welt in uns selbst. Der Gletscher führt diese beiden Hälften zusammen: Er wird zu einem „Symbol“ (vom Griechischen „sym-ballein“: zusammenbringen). Dies ruft ein altes Wort in Erinnerung, das dem ganzen Geschehen seine Richtung gibt: das Wort „Sakrament“. Die „Wirkung“ des Gletschers besteht genau in dieser Zugangs-, Durchgangs- und Verbindungsfunktion. Dieses Geschehen zeigt große Übereinstimmung mit dem Verhalten eines griechischen Gastgebers, wenn er bei der Abreise seinen Gast hinausbegleitete. Er brach dann sein Siegel in zwei Teile und gab einen davon seinem Gast; die andere Hälfte blieb im „Gast-Haus“. Die zwei Hälften gehörten für immer zusammen. Und wer immer mit dem fortgegebenen Teil an die Tür kam, der wurde hereingelassen, *ob man ihn nun angenehm fand oder nicht.* Im Symbol meldet sich die geistliche Welt. Im Symbol zeigt sich auch ihre Kehrseite, nämlich die Tiefe unserer Existenz. Die Sprache, die in der geistlichen Begleitung verwandt wird, wurzelt in dieser Tiefe und berührt das „andere“, das Geistliche. Sie ist immer eine Grenzsprache, eine symbolische Sprache.

Die geistliche Erfahrung, die in der Begleitung im Mittelpunkt steht, färbt den gesamten Sprachgebrauch des Gesprächspartners. Die Lebensgeschichte gerät dadurch in einen völlig eigenen Kontext. Der Evangelist Lukas gibt uns hierfür ein auffälliges Beispiel, wenn er beschreibt, wie Maria in der Weihnacht mit den vielen Erfahrungen umgeht, die sich um die Geburt dieses Kindes angesiedelt haben. Er berichtet, daß Maria alle diese Worte in sich selbst, zusammenbringend („sum-ballousa“) in ihrem Herzen bewahrte. In der geistlichen Begleitung fallen viele Worte. Sie müssen zum Symbol des Geheimnisses werden, das sich in ihnen enthüllt und es zu gleicher Zeit verhüllt. Der Ort, an dem dies geschieht, ist das

„Herz". „Herz" weist hier hin auf den Kern der Außenwelt, des Psychischen und der geistlichen Existenz.[5] Es gibt keinen besseren Ausdruck für die Perspektive, auf die die geistliche Begleitung sich richtet; für das Bemühen den Sinn der Sprache zu verstehen, und den Zusammenhang zwischen dem Innen und Außen deutlich werden zu lassen, wie er in der geistlichen Begleitung beabsichtigt wird.

5. Geistliche Begleitung und Psychotherapie[6]

Menschen sind bei weitem nicht immer ausschließlich mit dem Geistlichen befaßt, sie erzählen von ihrem Leben. Gerade in den „mystischen Mühlen des Herzens"[7] werden alle diese Erfahrungen „für die eigene Existenz behütet" und in einer geistlichen Perspektive „zusammengebracht". Der Begleiter sollte diese Perspektive im Auge behalten. Das ist der Sinn des „Kontrakts", den man miteinander abgeschlossen hat. Von hier aus wird auch der Unterschied zur Psychotherapie (und der Beratung) verständlich. Psychotherapie richtet sich, wie das Wort es ja sagt, auf die Psyche, das heißt auf unseren seelischen Haushalt. Psychotherapie betrifft die Konstellation unseres Lebensbedürfnisses in seinen Strebungen, Gefühlen, Gedanken, Verhaltensweisen und eventuellen Komplikationen. Sie betrifft auch unser „Herz". Aber „Herz" steht hier nicht in der biblischen Bedeutung dieses Wortes. Es steht hier für das Zentrum der psychischen Dimension. In jeder Psychotherapie wird stillschweigend vorausgesetzt, daß der Mensch mehr ist als nur Psyche. Psychologische Beratung beruht auf der Bereitschaft zur Wahrhaftigkeit dessen, der in diese Beratung kommt, ohne das dies besonders thematisiert wird. Wahrhaftigkeit ist mehr als eine rein psychische Kategorie. Wahrhaftigkeit betrifft die Person, ihre Existenz, ihre Ethik und ihre Verantwortlichkeit.

Ebenso kann auch die geistliche Begleitung nicht von der psychischen Konstellation im Menschen absehen. Die Meister des geistlichen Lebens haben denn auch – wie bereits die Wüstenväter – eine feinsinnige praktische Psychologie erkennen lassen, auch wenn sie sie nie als solche ausge-

[5] W. Bauer unter „Herz"; vgl. R. Guardini, ^{4}1989, S. 66f.

[6] Es geht hier nicht um die genaue Unterscheidung zwischen Psychotherapie und Beratung, sondern eher um deren gemeinsame Abgrenzung gegenüber der geistlichen Begleitung. Vgl. W. Müller, 1987.

[7] „Die mystische Mühle" ist eine geheimnisvolle Darstellung auf einem der Kapitelle in Vézelay. Sie zeigt eine Handmühle, in die jemand Korn wirft, das unten gemahlen in einem Sack aufgefangen wird.

führt haben. Thematisiert wurde von ihnen die geistliche Erfahrung und der „Weg". Geistliche Begleiter werden ihre Arbeit ohne diese Feinfühligk eit für psychische Vorgänge nicht verrichten können. Hier liegt – genau wie in der Psychotherapie – ein gewisser Spielraum, dessen Grenzen zu finden man lernen muß. Entscheidend ist, daß man an der spezifischen Arbeitsrichtung der geistlichen Begleitung festhält.

Folgende Hinweise können aufmerksam machen, wenn diese Grenzen überschritten werden:

- eine Fokusierung vor allem auf den psychischen Ursprung der Gefühle, auf Konflikte und Verhaltensweisen;
- eine Neigung bei den Begleitern sich mit Vorliebe der Biographie der Person, die Begleitung erbittet, zu widmen (anstatt sich mit ihrer aktuellen geistlichen Erfahrung zu befassen);
- die häufige Verwendung von psychologischen und psychohygienischen Begriffen und der häufige Hinweis auf die Literatur aus diesem Fachbereich;
- die Suche vor allem nach psychologischen Lösungen;
- die auffällige Vemeidung von religiösen oder glaubensgemäßen Themen;
- das sich Vertiefen in die aktuelle Erfahrungswelt der Menschen, ohne daß die geistliche Perspektive zur Sprache kommt;
- eine auffallende Neigung, sich mit praktischen Lösungen konkreter Situationen zufriedenzugeben;
- das Angebot von hauptsächlich psychologischen Interpretationen
- eine Frage als „erledigt" anzusehen, wenn deren Wurzeln in der Lebensgeschichte der betreffenden Person sichtbar geworden sind.

Eine Bemerkung

Die gegenseitige Durchdringung von Psychischem und Geistlichem im Menschen – wenn wir hier vom Körperlichen einmal absehen – ist so stark, daß zum Beispiel schon Ignatius von Loyola sehr hohe Anforderungen an deren Integration stellte, wenn er jemanden zu seinen „Dreißig-Tage-Exerzitien" zulassen wollte. So legte er großen Nachdruck darauf, daß die Menschen schon vorher eine gewisse Erfahrung in geistlichen Dingen haben müßten, wenn sie in der zweiten Woche fruchtbar weiterarbeiten wollten. Scham, Angst und zu große soziale Abhängigkeit sind dabei wichtige Signale. Der Zuwachs im „Leben der Erleuchtung" bringt die Gefahr mit sich, daß man den Unterschied zwischen dem, was wirklich gut und was schlecht ist, kaum noch vollziehen kann. Bei diesem Problem spielen psychische Mechanismen eine bedeutende Rolle. Ignatius warnt auch vor übereilten religiösen Bindungen und der Übernahme von Verpflichtungen. Es geht vielmehr darum, „daß der Schöpfer und Herr sich der Seele mitteilt“. Anpassung an das entsprechende Lebensalter, die Entwicklung und die Begabung hält er für wesentlich.[8]

6. Bindung und Tradition

Geistliche Begleitung steht in einer Tradition. In einem Gespräch, in dem J. Needleman über die Bedeutung von Traditionen in der geistlichen Begleitung befragt wird, sagt er: „Wahrheit ist Wahrheit. Das ist klar. Aber die kann so gesagt werden, daß sie nicht mehr ausdrückt als nur eine flache und falsche Ökumene. Zu sagen, daß die gleiche Wahrheit in jedem Ding gegenwärtig ist, daß alles ein und dasselbe ist, daß alle Traditionen von dem gleichen handeln, kann total unnütz und langweilig sein und sinnlos noch dazu. Die Unterschiede sind sehr, sehr wichtig und sie sind nötig.“ Auf die Frage: „Warum?“ antwortet Needleman: „Aus vielen Gründen, aber doch in allerersten Linie, weil jede Tradition in einer kulturellen Umgebung steht; und darauf hin ist sie ausgerichtet. Es ist mit ihr wie mit dem Bild eines Berges. Es führen viele Wege den Berg hinauf, nach oben; sie beginnen auch an sehr verschiedenen Punkten am Fuße des Berges. Kennst Du das Bild?"

Antwort: „Ja, sicher. Die Wege sehen da immer anders aus, als wenn du selbst hochsteigst.“

Needleman: „Sicher, sie sehen anders aus. Aber der Unterschied ist besonders groß, wenn Du zurückblickst zu der Stelle, wo wir jetzt sind. Der eine beginnt am Nordpol, der andere im Urwald und wieder ein anderer in der Wüste. Die Anordnungen für den einen Weg unterscheiden sich total von der für den anderen. Und wenn Du auf dem einen den Anordnungen folgst, die für einen anderen Weg gelten, wirst Du auflaufen. Das Christentum zum Beispiel ist ein Weg, der in der Wüste beginnt. Die Anordnungen lauten: Nimm viel Wasser mit und leichte Kleidung. Die Anweisungen für den Nordpolweg – nehmen wir einmal den Buddhismus – lauten: Zieh e feste Kleidung an. Beide Wege führen zur Spitze. Aber wenn Du den Anweisungen für den einen Weg folgst und gehst den anderen Weg, läufst Du in den Tod. So hat jede Tradition einen einmaligen Kontext; in ihm versucht sie, die Menschen zu der universalen Wahrheit zu führen.“[9]

[8] A. Haas 1985.

Dieses Zitat gibt genau wieder, um was es geht. Die geistliche Begleitung, von der dieses Buch handelt, steht in der christlichen Tradition. Die Tatsache, daß in wachsendem Maße eine Ökumene der Religionen entsteht, und diese auch theologisch, religionsgeschichtlich und psychologisch durchdacht wird, ändert daran nichts. Im Gegenteil, die typischen Möglichkeiten und die typischen Grenzen dieser Traditionen werden so um so deutlicher. Dies eröffnet darüber hinaus eine vielfältigere Sicht auf das Geistliche. Für geistliche Begleiter ist es wichtig zu begreifen, daß sie in einer bestimmten Tradition stehen. Die Art und Weise, wie sie mit der Tradition umgehen wollen, ist selbstverständlich auch abhängig von den Menschen, die zu ihnen mit der Bitte um Begleitung kommen. Zwei Punkte scheinen hier wichtig zu sein: Zum einen können wir von der Tradition lernen. Darüber hinaus ist die Tradition ein „Weg" zur Erfahrung.

Was das erste angeht: Es genügt in unserer Kultur nicht, Traditionen einfach zu wiederholen und sie ohne weiteres für absolute Richtlinien und Gesetze zu halten. Tradition ist Niederschlag von Überzeugungen, Erfahrungen und Praktiken von Menschen aus früheren Zeiten. Sie umfaßt den geistlichen Kern, der für diese Menschen entscheidend gewesen ist, und sie überliefert auch die Wege, auf denen sie sich diesem Kern genähert haben. In Traditionen sind Kern und Wege auf eine sehr bestimmte Weise „verpackt". Es reicht nicht aus, die eigene Tradition zu kennen; wir müssen sie auch „auspacken", um zu sehen, was in ihr enthalten ist. Nur so kann wirklich von der Tradition gelernt werden. Es genügt zum Beispiel nicht, etwa die Sprüche der Wüstenväter zu sammeln und sie einfach so den Menschen vorzulegen, als ob sie als solche schon die gültige Wahrheit ausdrückten. Es geht darum herauszufinden, auf welche gültige Wahrheit sie *heute* hinweisen. Und es geht darum, herausfinden zu helfen, was diese noch verborgene Wahrheit heute für uns *bedeuten* kann.

Zum Zweiten: Tradition ist eine „An-Leitung" im wörtlichen Sinn des Wortes. Sie ist eine Hinführung zu einer geistlichen Wahrheit, die einmal für die Menschen lebendig war, es aber für uns noch werden muß. In dem Sinn ist sie mit den Anordnungen für einen bestimmten Weg zum Berggipfel zu vergleichen. Aber sie ist weder der Weg noch der Gipfel. Weg und Gipfel müssen, wie gesagt, von der Person selbst begangen und erreicht werden. Unsere Tradition bietet eine bedeutsame Menge von Erfahrungen, Situationen, Rollen, Ideen, Krisen, Konflikten, Lösungen und Erfüllungen an, die sich alle auf dem Weg des Geistlichen und des Glaubens bei Menschen ereignet haben, die in ihrem Lebenslauf einen Platz für das

[9] In D. Anthony u.a. 1987, S. 335–336.

Wirken des Geistlichen und für die Begegnung mit Gott einräumen wollen. In diesem Sinn „leiten sie uns an", bringen sie uns in *seine* Nähe. Aber mehr können sie nicht leisten. Den Rest müssen wir selber gehen und uns von *Ihm* leiten lassen.[10]

[10] Zu dieser Thematik vgl. vor allem die Werke von H. Hollweger, G. Baudler, E. Drewermann. Zu der Frage, wie diese Weise des Umgangs mit der Tradition sozialpsychologisch verantwortet werden kann, vgl. H. Sunden, 1966, 1972, H. Andriessen – N. Derksen ^{2}1991.

Kapitel V
Geistliche Begleitung und Lebenslauf

„Daß sie am Sinai die Thora empfingen, war das Zeichen, daß sie nunmehr aus Äypten herausgekommen waren. Bis dahin steckten sie noch drin."
(Jizchak Meir von Ger)

Der menschliche Lebenslauf kann aus verschiedenen Blickwinkeln betrachtet werden. Man kann den Schwerpunkt zum Beispiel auf den Einfluß der Gesellschaft legen; auf die verschiedenen Phasen des Lebenslaufs; auf die innere Entwicklung, die durch die mitgegebene Vitalität gestützt wird; auf den Einfluß dessen, was ein Mensch im Laufe seines Lebens über sich selbst erfahren hat; auf die Entwicklung bestimmter Hauptbegriffe wie Arbeit, Liebe, Teilnahme an Gruppen, Freizeit, religiöse Entwicklung usw. In einer Reihe von Arbeiten wird auch der Unterschied zwischen der ersten und der zweiten Lebenshälfte betont. In wieder anderen wird vor allem über den Einfluß der menschlichen Biologie und des Leiblichen geredet. Innerhalb der geistlichen Entwicklung kann man die Aufmerksamkeit vor allem auf die verschiedenen „Stadien" oder „Etappen" richten, die sich auf dem Weg zeigen.[1] Hier wird von drei Grundideen ausgegangen. Die erste ist, daß der menschliche Lebenslauf durch eine ursprüngliche „Grundbewegung" beeinflußt wird, die darauf aus ist, sich in allen Lebensumständen durchzusetzen. Die zweite Idee ist,daß auf diese Weise sich das Geheimnis Gottes mit dem Menschen im menschlichen Lebenslauf entfaltet oder darin gerade gehindert und gestört wird. Die dritte Grundidee ist, daß die Art, in der die Person selbst ihren eigenen Lebenslauf erfährt, in der Entwicklung eine höchst folgenreiche Rolle spielt. Hiermit hängt das Gewicht der Erinnerung eng zusammen.

[1] Eine Übersicht über die Literatur zum Thema „menschlicher Lebenslauf", in der auch die deutsche Literatur verarbeitet ist, bietet: H. Andriessen ^{2}1991.

1. Lebenslauf und die Entwicklung des Geheimnisses menschlichen Lebens

Der Ausdruck „Grundbewegung" unserer Existenz ist der Arbeit von M. Merleau Ponty entnommen.[2] Er gebraucht ihn im Rahmen seiner Theorie über die Beziehung zwischen Mensch und Welt. In unserem Kontext ist damit vor allem die ursprüngliche Lebensdynamik gemeint, durch die das Leben „bleibt" und aus der sich seine Konstanz herleitet. In besonderer Weise ist damit die Dimension gemeint, in der diese Lebensdynamik für das Geistliche faßbar ist und durch das Göttliche angesprochen werden kann. Das am stärksten Kennzeichnende der Grundbewegung unserer Existenz ist, daß wir über sie nicht verfügen können. Es ist hier nicht der Raum zu einer umfassenden Auseinandersetzung mit dem Begriff „Existenz", sofern er sich von „Leben" unterscheidet. Wohl ist es aber wichtig, deutlich zu machen, welch spezieller psychischer Raum in jedem Abschnitt des Lebenslaufes entsteht und bereit ist, um durch das Geistliche gefüllt zu werden. Hauptthema dabei ist, daß sich innerhalb dieses Raumes das Geheimnis Gottes Schritt für Schritt auf dem Lebensweg entfalten kann. Die Entfaltung vollzieht sich in den verschiedenen Phasen dieses Weges. Jede Phase enthält in sich spezielle Möglichkeiten. Für geistliche Begleiter und Begleiterinnen ist es von Bedeutung, über diese Zusammenhänge entsprechende Kenntnisse zu haben. Die Beschreibung, die wir hier geben, geht von einem aktuellen Kontakt aus. Die Lebensalter in sich und ihren gegenseitigen Zusammenhang habe ich an anderer Stelle ausführlich dargestellt.[3]

a. Kindheit

Bei sehr jungen Kindern ist alles, was mit dem Geheimnis Gottes zusammenhängt, sehr willkommen, wenn es ihnen durch Menschen dargeboten wird, die sie lieben, und wenn es in ihrer Lebensumgebung auch wirklich seinen Platz hat. Sie sind zum Glauben bereit. Verwunderung über das Geheimnis des Lebens ist ihre erste Existenzkategorie. Vertrauensvoll stellen sie Fragen. Die Antworten erwecken in ihnen 1 ebendige Vorstellungen. Ihr Leben ist voll von Geist, und zwar sehr konkret und mit dem eigenen Ich als Mittelpunkt. Sie gehen au ch kreativ damit um und beziehen

[2] „Mouvement d'existence" bei M. Merleau Ponty 1945. Man könnte auch an Bergsons „élan vital" oder an das „désir" von Vergote denken; vgl. A. Vergote 1968, 1978, 1982, 1984.
[3] H. Andriessen 1993.

andere in diese Kreativität mit ein. Der wichtigste Zugang ist die Beziehung zu den Menschen, die für sie bedeutsam sind. Und wenn das Geistliche und Göttliche in ihrem Leben einmal einen Platz bekommt, gehen sie auch aus ihrer eigenen Seinsbewegung weiter darauf ein. Dann kann das Geistliche für sie eine Macht werden, der sie sich nicht entziehen können. Dies ist vor allem dann der Fall, wenn ihre natürliche Veranlagung stark ist. Kontakt, Sicherheit, Ordnung, Klarheit und eine präzise Hilfe, den eigenen Standpunkt zu spüren, sind wesentlich. Es muß vermieden werden, ein „geschlossenes System" anzubieten. Denn dies liegt im Widerstreit mit dem Wesen des Geistlichen und mit der Offenbarung Gottes. Später treten kritische und prüfende Fragen auf. Offenheit für das Wunderbare und Offenheit für das konkret Sichtbare und Fühlbare geraten miteinander in Streit. Eine Zeitlang können sie nebeneinander bestehen. Dann kommt es zur Auseinandersetzung.

b. Jugend

Hervorstechendes Kennzeichen für die Jugendjahre ist die Entdeckung, daß der Mensch eine „Innenwelt" hat. Diese Innenwelt ist nicht eine Art Innenraum. Sie ist die Möglichkeit sich selbst als von allen anderen Menschen unterschieden zu erfahren; ein Zentrum von Erfahrungen, Gefühlen und Gedanken, die mir „eigen" sind und die das Ich charakterisieren. Über diese Innenwelt, diese Erfahrungen, Gefühle und Gedanken kann nachgedacht werden; man kann eine Meinung darüber entwickeln; man kann sich mit anderen vergleichen. Es entsteht ein erster Beginn von „persönlicher Geschichte". Man kann sich selbst als ein Selbst erfahren. Die Einwirkung des göttlichen Geheimnises löst sich dadurch von dem großen Ganzen der spontanen Erfahrung. Es kann als eine eigene Dimension erfahren werden. Man kann nun ihm gegenüber auch Stellung beziehen. Dabei ist es bei diesem letzteren wichtig, daß die Gründe dieser Stellungnahme noch nicht echt durchschaut werden können. Wenn das Geistliche kräftig am Werke ist – in welcher Form auch immer – dann sind die Jugendlichen ihm ausgeliefert. Das „Numinose" ist nicht nur anziehend; es löst auch Furcht aus.

c. Identitätsbildung

In den vorangegangenen Jahren ist durch den Kontakt mit konkreten Personen ein ganzes Feld von Identifikations-Möglichkeiten entstanden. In den Jahren der Identitätsbildung geschieht eine Selektion, und so kommt eine eigene Form zustande. Aus den vielen Möglichkeiten, die angeboten werden, „wählt" man für sich selbst all das aus, was man für die eigene Existenz als gültig ansehen kann. Es gibt Vorzugswahlen und Zurückweisungen. Menschen, die das Geistliche und Göttliche repräsentieren, werden vom eigenen Lebensgefühl her kritisch betrachtet. Bei einigen wird deutlich, daß gerade diese Wahl nicht von diesen Menschen abhängig sein kann. Andere dagegen erweisen sich als sehr abhängig. In dieser ganzen Positionsbestimmung spielt oft das scharfe Bewußtsein eine Rolle, das in der geistlichen Welt noch sehr viel mehr „zu erwerben" ist als das, in dem man bisher aufgewachsen ist. Bewußter Anschluß wird nun eine persönliche Wahl. Wo das Geistliche eine Chance bekommt, hat es auf junge Menschen einen deutlich individualisierenden Einfluß. Andererseits entsteht leicht ein soziales Schamgefühl, um gerade dem entkommen zu können: Die Identität ist noch nicht tief genug verwurzelt, und es besteht noch die Abhängigkeit von der Anerkennung durch die anderen. In diesen Kontext hinein paßt es, daß der „Tradition" oft eine sehr persönliche Interpretation gegeben wird. Auch die Symbole, die im Zusammenhang mit dem Göttlichen überliefert worden sind, unterliegen dieser persönlichen Klärung.

d. Junges Erwachsenen-Alter

Im jungen Erwachsenen-Alter entsteht meistens eine deutlichere Lebensstruktur. Diese entwickelt sic h durch Entscheidungen, die Menschen im Hinblick auf die Hauptdimensionen ihres Lebens vollziehen: Arbeit, Beruf, Beziehungsentscheidung, Wohnung, Freizeit, Gesellschaft, Politik, Religion oder Lebensanschauung. Das Geheimnis muß in alldem nicht nur einen Platz finden, sondern die Weise, in der es erfahren wird, wird durch diese Entscheidungen mitgefärbt. Geistliche Begleitung hat diese Entscheidungen und ihre weiteren Ausformungen dann auch oft zum Thema. Deutlich wird erfahren, daß das Geheimnis nicht „unverbindlich" ist, sondern Konsequenzen hat für Lebensstil und Lebensführung. Andererseits hat man das Leben nun „in die eigene Hand" genommen. Das Geheimnis wird sich auch da hineinfügen müssen. Autonomie steht im Vordergrund. Man läßt sich nicht me hr alles vorgeben; es muß zu der Gestalt passen, die das Leben annimmt.

e. Verantwortung und Generativität

In den dreißiger Jahren bekommt das Leben seine feste Form und verlangt eine ständige Verantwortlichkeit. Darunter fällt auch die Weitergabe des

Geistlichen an die nächste Generation, die ihre Identität erst noch finden muß. R. Guardini spricht von diesen Jahren als die Zeit des „mündigen Menschen“. Dies macht eine vollwertige und ebenbürtige Beziehung mit dem göttlichen Geheimnis möglich. Zu gleicher Zeit zeigt sich bei vielen Frauen und Männern ein Gefühl, daß Verantwortung und Sorge nicht das Ganze sein kann: Existenz und Person umfassen mehr. Sie scheinen auch komplizierter zu sein, als sie es von sich selbst bisher wußten: Es gibt in jedem Menschen ein unbekanntes Feld, das man zwar vermutet hatte, das aber noch kein Profil besaß. Es tritt Selbstrelativierung auf. Auch die „Lehre“ im Blick auf das Göttliche, das Religiöse, die Kirche und das Geheimnis werden relativiert. In diesen Erfahrungen wird Raum geschaffen für eine neue, mehr persönliche „Offenbarung“ des Geheimnisses. Andererseits verlangen Leben und Fürsorge noch sehr viel Aufmerksamkeit. Diese schränken den „Offenbarungsraum“ wiederum ein.

f. Lebenswende

Wenn diese eintritt – und dies ist viel häufiger der Fall, als oft vermutet wird – ereignet sich ein krisenartiger Durchbruch auf eine völlig neue Innenwelt hin. Es wird die eigene Person als ein noch unbekanntes Geheimnis entdeckt. Es geht hier um eine neue Dimension. Die alte Struktur des Lebens paßt nicht mehr, und eine neue hat sich noch nicht gebildet. Dieses Geschehen kann man mit dem vergleichen, was sich in den Jugendjahren abgespielt hat. Das Gottes„bild“ unterliegt den gleichen Veränderungen. Das Geheimnis meldet sich auf eine ursprüngliche Weise aus der Existenz selbst. Äußere Autorität wird bedeutungslos, da nun die eigene Grundbewegung ausdrücklich auf das Geheimnis stößt. Verlassenheit, Zorn, Schuld, Isolierung, Todesgedanken, Sinnlosigkeit können in den Vordergrund treten. Zynismus kann zu einer wichtigen Art werden, mit sich selbst umzugehen. Aber es entsteht auch ein plötzliches neues Erstaunen, eine Existenzfreude und ein neuer Friede. Viele der großen Krisen, die von den Mystikern beschrieben worden sind, gehören hierher. Mit dem Fortschreiten der Jahre entsteht ein Gefühl für die Paradoxie zwischen der „Wirklichkeit“ und der eigenen „Existenz“ sowie für Gott als den „Ganz-Anderen“. Traditionen können nun auf eine neue Weise wichtig werden. Sie sind nicht nur eine Klammer. Die Entdeckung der eigenen Person führt zu dem Verständnis, daß man gerade als Mensch einen Teil des größeren Ganzen bildet und ein Glied in der Kette der Geschichte ist. Diese Themen werden in der zweiten Lebenshälfte weiter ausgearbeitet, in ihnen nimmt die geistliche Leitung dann auch einen sehr gewichtigen Platz ein.

g. Bilanzziehen

Wenn das Geheimnis in dieser Krise einen neuen Platz in der Person gefunden hat, entsteht eine viel größere Empfindsamkeit für geistliche Werte. Und die eigenen geistlichen Impulse werden feiner wahrgenommen. Ebenso wird das Wirken Gottes in der eigenen Existenz tiefer und umfassender empfunden. Eine neue geistliche Kreativität entsteht, und diese verlangt nach neuen Formen und einer eigenen Gestaltung. Geistlich zu leben, wird nicht nur ausdrücklicher in die eigene Verantwortung übernommen; es besteht auch eine Bereitschaft, auf die anderen hörend zu achten. Die eigene Form, die sich daraus entwickelt, kann wesentlich von dem abweichen, was in kleineren oder größeren Gemeinschaften gebräuchlich ist. So können kräftige Spannungen entstehen. Auch in die geistliche Begleitung wirkt dies hinein. Der eigene geistliche Weg drängt viel ausdrücklicher hervor. Dies bedeutet, daß der Begleiter sehr sorgfältig auf das Eigene und Individuelle dieser Person aufmerksam hören muß. Unter dem Einfluß dieser Momente wird der Weg, so wie er bis jetzt zurückgelegt worde n ist, durch viele Menschen beurteilt. Man lernt die eigenen Grenzen, aber auch die sehr persönlichen eigenen Möglichkeiten kennen. Hierdurch entsteht eine echte personale Freiheit. R. Guardini spricht hier von einer „Ernüchterung"; aber das ist nur die eine Seite dieser Sache. Gerade in dieser Ernüchterung, in der die Selbsteinschätzung sich auf einem viel tieferen Niveau vollzieht, können völlig neue geistliche Motive hochkommen und eine Rolle zu spielen beginnen. Dies führt dann wohl auch leicht zu einer Besinnung darüber, wie man das Leben nun weiter führen will. Der Raum, den man für das Geistliche offenhalten will, wird bei den Lebensentscheidungen manchmal zu einem wichtigen Kriterium. Gehorsam gegenüber der inneren Stimme wiegt schwerer als der gegenüber äußerer Autorität. Manchmal muß sehr mühsam entschieden werden, ob man sich stärker dem Zusammenleben oder dem eigenen inneren Leben zuwenden soll (Augustinus, Franz von Assisi). So wächst eine zweite Lebensstruktur; diese wird stärker durch das Geistliche gezeichnet. Dieses ganze Geschehen stellt sich analog dem im jungen Erwachsenenalter dar. Es fällt zusammen mit einem tiefen Verständnis dafür, daß es viele andere Möglichkeiten gibt, und diese müssen zueinander nicht in Konkurrenz stehen. Dies führt dann zu einer fruchtbaren Toleranz.

h. Das Alter

Normalerweise werden hier die Hauptthemen, die sich in den vorhergehenden Phasen entwickelt haben, weiter ausgebaut. Entsprechend der Forderung des Lebens tritt ein neues Motiv hervor: Man steht in einer Endphase. Das gesamte vorhergegangene Leben spielt hier natürlich eine wichtige Rolle. Wenn das Geheimnis seine Wirkung am Menschen wirklich vollenden kann, wird deutlich, wie individualisiernd es wirkt (sogar in Gemeinschaften, die eine beträchtlich kollektive Lebensform haben). Niemals besitzt geistliches Leben ein so sehr persönliches und individuelles Innen, wie auf diesem Abschnitt des Weges. Es entwickelt sich eine große geistliche Freiheit, die das andere und das Abweichende des anderen Menschen respektiert und zugleich doch an der eigenen Lebensform unverkürzt festhält. Und dies zeigt sich vor allem in konkreten Situationen. Ein sprechendes Beispiel dafür ist in dem Gebet einer englischen Ordensfrau aus dem 17. Jahrhundert zu finden:

„Herr, du weißt besser als ich, daß ich älter werde und daß ich eines Tages alt sein werde. Behüte mich vor der tödlichen Gewohnheit, zu denken, daß ich über jedes Ding und bei jeder Gelegenheit etwas sagen zu müssen meine. Befreie mich von dem Verlangen, jedermanns Probleme lösen zu wollen. Mach mich nachdenklich, aber nicht launisch; hilfreich, aber nicht herrisch. Ich habe so viel Weisheit gefunden, daß es wohl schade ist, diese nicht ganz und gar anwenden zu können. Aber du, Herr, weißt, daß ich schließlich nur wenige Freunde und Freundinnen brauche. Halte meinen Geist frei, daß ich mich nicht endlos in Kleinigkeiten verliere. Gib mir Flügel für das, um was es wirklich geht. Versiegle meine Lippen, wenn es um meinen Schmerz und um mein Leid geht. Diese nehmen zu, und von Jahr zu Jahr könnte ich immer mehr darüber reden. Ich wage dich nicht zu bitten, mir so viel Gnade zu geben, daß ich froh darüber sein kann, den Bericht über den Schmerz anderer Leute zu hören. Aber hilf mir, dies mit Geduld zu ertragen. Ich wage dich nicht zu bitten, daß mein Gedächtnis besser wird; aber wohl, daß meine Bescheidenheit wächst und meine Eigensinnigkeit abnimmt, wenn meine Erinnerungen nicht übereinstimmen mit den Erinnerungen der anderen. Lehre mich die großartige Kunst, mich – wenigstens ab und zu – irren zu können. Sorge dafür, daß ich freundlich bleibe. Ich will kein Heiliger sein – manche Heiligen sind zu schwierig, um mit ihnen zusammen wohnen zu können – aber ach, ein versäuerter Mensch ist eine Perle in der Krone des Teufels. Gib mir die Fähigkeit, gute Dinge zu sehen an den Orten, an denen ich sie nicht erwarte und Talente bei den Menschen, bei denen ich es nicht für möglich gehalten habe. Und gib mir die Gnade, o Herr, ihnen das dann auch sagen zu können."

Was kann ein geistlicher Begleiter oder eine Begleiterin hier noch tun? Dies an erster Stelle: viel lernen und in Dankbarkeit teilnehmen. Und an zweiter Stelle: hören und helfen zu verfeinern. Und an dritter Stelle: unterstützen, daß der Weg offenbleibt für das weitere Wirken des Geheimnis.[4]

2. Die Bedeutung der Erinnerung

In den biblischen Erzählungen wird ständig darauf gedrungen, daß Menschen sich an das erinnern, was im Laufe ihrer Geschichte zum Guten und zum Bösen mit ihnen geschehen ist. Dem liegt das Wissen zugrunde, daß es dem Menschen nicht gut tut, wenn er seine Vergangenheit nicht mitnimmt. Leben fordert ständig das Zurückdenken und das Wiedererinnern. Bei dem echten Sich-Erinnern geht es nicht um irgendetwas aus der Vergangenheit, sondern um etwas Aktuelles. Die Vergangenheit ist gegenwärtig. Sie ist gegenwärtig gerade als Fundament unseres Innen, d.h. für die Art, in der wir unsere Geschichte erfahren und in unserer Erzählung ausdrücken. Dies ist die Kerneinsicht des psychoanalytischen Verstehens.[5] Was wir jetzt erfahren und erleben, ist auch abhängig von der Vergangenheit, so wie sie sich in uns festgesetzt hat und sich in unserem Inneren „niedergeschl agen" hat. Frühere Erfahrungen sprechen in der Art mit, wie wir die Schrift lesen, was wir von der geistlichen Begleitung erwarten und was wir dabei anbieten. Sie spielen auch in der Art mit, wie wir versuchen, unsere eigene geistliche Lebensschrift zu entziffern. Unsere Erinnerung ist also nicht nur eine mentale Aktivität, die sich auf die historische Vergangenheit richtet. Sie ist *gelebte und verinnerlichte Zeit, in der wir und aus der heraus wir jetzt bestehen. Darum ist sie immer aktuell.* Aber es ist eine verborgene Aktualität. Unsere Erinnerung ist eine immer gegenwärtige Möglichkeit. Diese Möglichkeit wird aktiv aus zwei Quellen: Aus der Situation, in der wir uns befinden (Außenwelt), und unserer subjektiven Frage, die wir von unserer Seinsbewegung her an die Situation stellen (die Innenwelt). Unsere Erinnerung ist – mit anderen Worten – *kreativ* und

[4] Näheres zum Lebenslauf in geistlicher Hinsicht bieten: G.W. Allport ^{3}1961, H. Dieckmann 1968, M. Furlong 1982, R. Guardini ^{7}1967, 31980, A. Sborowitz 1975, D. Funke 1986, A. Vetter 1961, J. Weilner 1961, A. Grün 1980, R. Studinsky 1943, G. Fuchs 1989.
[5] A. Vergote 1978, S. 43.

relational. Sie ist kreativ von den Fragen her, die wir jetzt stellen; sie ist relational aufgrund unseres Kontaktes mit der Situation.

Der Begleiter oder die Begleiterin hat die Aufgabe, die Erinnerung wieder aufleben zu lassen und darin die glaubensmäßige Grundbewegung. In seiner berühmten Predigt über die Auferstehung von den Toten treibt Augustinus seine Gläubigen an, den schlummernden Glauben aufzuwekken: „Was ist ein schlummernder Glaube? Er wird schläfrig. Was ist schläfrig? Du hast es vergessen. Was bedeutet Christus aufwecken? Deinen Glauben aufwecken! Sich erinnern, woran du geglaubt hast![6] An anderer Stelle sagt er, daß unsere Erinnerung nicht nur das umfaßt, an das wir uns „erinnern; die Erinnerung erinnert sich selbst“.[7] Unsere Erinnerung schafft auf diese Weise eine Art von Allgegenwärtigkeit unserer selbst. Durch die Erinnerung haben wir sowohl die Vergangenheit wie auch das Heute vergegenwärtigt, und richten wir uns auf eine konkrete Zukunft hin aus. In der geistlichen Begleitung richtet sich die Aufmerksamkeit dabei vor allem auf die „Heilstatsachen“ und die „Unheilstatsachen“, die sich im Laufe des Lebens ereignet haben; auf die heiligen Erwartungen, die wir an das Leben haben. Dies geschieht, damit die persönliche und individuelle Glaubensgeschichte sich fortsetzen und damit Verbindung und Kontinuität entstehen können. In diesem Sinn ruht in unserem Erinnern die Basis der Zukunft. In der großen Heilsgeschichte sehen wir denn auch, daß die Propheten dort fortwährend auf die Vergangenheit zurückgreifen, um der Gegenwart Zukunft zu ermöglichen. Nicht so, als ob diese Zukunft bereits in der Vergangenheit eingeschlossen wäre. Vielmehr kommt Gottes Zukunft auf das Volk zu, so wie dies Wort es sagt. Aber dies kann nur dann geschehen, wenn es sich auf eine Weise verhält, die eine Antwort auf die durch Gott gelenkte Vergangenheit ist. So gesehen „leben“ Heil und Unheil – aus unserer Vergangenheit – noch immer in einer verborgenen Weise in unserer Gegenwart. Wenn Zukunft entstehen soll, dann muß jetzt zu dieser Vergangenheit der Kontakt bewahrt bleiben, der nach der Vorstellung von Augustinus „aufgeweckt“ werden muß.

[6] A. Augustinus, Sermo 361, VII.

[7] A. Augustinus: de libero arbitrio, Kap. 19; vgl. Confessiones, Kap. 10.

3. Die geistliche Autobiographie

Eine Art, diese Elemente in der geistlichen Begleitung fruchtbar zu machen, ist die Lebensbeschreibung. Diese wird von der betreffenden Person aus ihrer eigenen Erinnerung heraus gegeben, und zwar von dem Punkt her, an dem sie jetzt steht und von der Frage her, mit der sie jetzt in die geistliche Begleitung kommt. Es ist also ein Rückblick. Die Arbeitsrichtung wird dabei vor allem von positiven und negativen Erfahrungen vorgegeben, an die sie sich erinnert. Es ist sehr nützlich, bei diesen Erinnerungen zwischen den Erfahrungen, von denen man „weiß", daß sie sich ereignet haben, und den Erfahrungen, bei denen man „fühlt", daß sie noch immer in der Gegenwart wirksam sind, zu unter scheiden. Es ist ratsam, diese Reflexion auf die Vergangenheit schriftlich vornehmen zu lassen. Darüber hinaus dient es der Begleitung sehr, wenn ausdrücklich die Aufmerksamkeit darauf gelenkt wird, wie diese Erinnerungen den Menschen jetzt beeinflußen, wie und wo sie ihn berühren. Es wird nämlich deutlich, daß viele Gefühle auftreten können: von Dankbarkeit bis hin zum Zynismus. Der Rückblick kann anhand folgender Kriterien geordnet werden: erste Erinnerungen – Kontinuität oder Diskontinuität – Art und Qualität der Erinnerungen – Situationen, in denen diese Erfahrungen sich ereigneten – Personen und Orte, durch die diese Erfahrungen ver mittelt oder gebrochen wurden – Personen oder Situationen, die einen tiefen positiven oder negativen Eindruck hinterlassen haben – wichtige stärker offizielle und ritualisierte religiöse Ereignisse – Vorliebe für oder Abweisung von Gebräuchen, Gebeten oder anderen Formen religiösen Verhaltens – Texte, die einen großen Einfluß ausübten – Vorlieben für Ikonographie, Kunst oder Schriftsteller.

Wenn die betreffende Person diese Erinnerungen niedergeschrieben hat, wird sie aufgefordert, über die Teile der Autobiographie nachzudenken, die jetzt als Schwerpunkte, als Wendepunkte oder auch als weniger wichtig angesehen werden. Vielleicht auch, ob sich dabei womöglich Verschiebungen ereignet haben. Auf diese Weise kann ein gewisses Profil in die Landschaft des eigenen Lebens eingezeichnet werden. Mit diesem Material kann dann in gemeinsamer Überlegung ein guter Ausgangspunkt für die geistliche Begleitung gefunden werden. In Gruppen können dann anhand solcher Biographien sehr wichtige Ansätze für den Weg gefunden werden, den man gemeinsam gehen will. Im Fortgang der Begleitung können bestimmte Teile der Autobiographie wieder aufgenommen, erhellt und möglicherweise für die Zukunft fruchtbar gemacht werden. Diese Form der Erinnerung ist darüber hinaus ein erster Schritt zu lernen, in die eigene

Geschichte Einblick zu nehmen. Es kann ein roter Faden sichtbar werden, es kann etwas von dem eigenen geistlichen „Weg“ und „Stil“ deutlich werden. Und es ist sehr wichtig, daß so das Gefühl der „Richtung“ entstehen kann. Darin wird die Existenzorientierung auf dem Gebiet von Sinn, Religion und Glauben deutlich. Meistens wirkt dies sehr positiv auf den Menschen zurück, um den es geht. Dies liefert zudem auch Anknüpfungspunkte für den weiteren Fortgang.

Es folgen nun eine Anzahl von Themen, welche in der Besprechung solcher Autobiographien zur Sprache kommen:

- Wenn die religiöse Lebensgeschichte ausdrücklich zur Sprache kommt, wirkt sie wie ein Mosaik. Sie scheint aus sehr vielen kleinen, augenscheinlich oft unwichtigen Erfahrungen zusammengestellt zu sein. Aber es wird klar, daß jede Erfahrung ihre Wirkung hat und das Ganze mitbestimmt.
- Es wird auch deutlich, daß feste Muster entstehen, durch die man mit auftretenden Erfahrungen immer wieder auf die gleiche Weise umgeht. Diese Muster sind bei weitem nicht immer fruchtbar: Menschen stellen fest, daß sie einseitig Nachdruck auf negative Erfahrungen legen; daß sie sich regelmäßig zurückziehen, wenn sie auf tiefgehende Erfahrungen angesprochen werden; schließlich auch, daß sie auf eine typische Art positive Erfahrungen mit guten Vorsätzen verbinden (ohne wirkliches Ergebnis).
- Es ist oft eine wichtige Entdeckung, daß es auch negative religiöse Erfahrungen gibt, die eine weitere Entwicklung verhindern. Aber das ständige Wiederkehren solcher negativer religiöser Erfahrungen kann auch zu der Einsicht führen: „Dies gehört offensichtlich zu mir!“
- Enttäuscht wird bei der Besprechung der Biographie festgestellt, daß im Laufe der Jahre sich eigentlich nichts verändert hat.
- Es scheint auch eine Art Spirale am Werk zu sein, durch die im Laufe des Lebens die gleichen Themen in einem anderen Kontext und oft auf einem persönlicheren Niveau wiederkehren.
- Es treten Fragen hervor: „Wo sind konkret meine geistlichen Quellen? Wo lagen sie früher? Wann sind sie ausgetrocknet und durch welche Ereignisse?“
- Manchmal scheint es so, als ob in der spontanen Selbstbeschreibung Symbole völlig ausfallen. Das kann dann ein Anlaß sein, der „Symbolgeschichte“ eines Menschen genauer nachzugehen; es wird dann deutlich, daß bestimmte Ereignisse, die gerade im Zusammenhang mit wichtigen Symbolen auftraten, einen Bruch verursacht haben: Dieser Mensch wurde dadurch skeptisch und mißtrauisch.

- Es fällt Menschen auf, daß sie während des Schreibens eine weiche Rührung oder auch Wut hochkommen fühlen. Beim nochmaligen Lesen und in der Besprechung war das dann nicht mehr der Fall. Das Gespräch über die Gründe dieses Unterschieds führt zu neuen Einsichten im Blick auf die Entwicklung in der Zeit zwischen dem Niederschreiben und dem späteren neuen Lesen.
- Es fällt Menschen auf, daß sie auf bestimmte Sachen einen größeren Nachdruck legen als auf andere. Manchmal wird festgestellt, daß man mit einem sehr großen Nachdruck auf strukurelle Dinge in der Kirche anfängt, während sich dann allmählich das Gewicht stärker auf die Frage der Beziehung zur Kirche und auf ihre Funktion verlagert.
- Die Rolle der Leiblichkeit in der geistlichen Entwicklung ist bei einigen Menschen sehr groß; bei anderen fällt sie völlig aus.
- Der Unterschied zwischen „belehren" und „erfahren" wird sehr oft hervorgehoben. Es kann sorgfältiger festgestellt werden, wann zum Beispiel das erstere gut und hilfreich war oder gerade nicht hätte geschehen sollen.
- Der Mangel eines deutlichen religiösen Rahmens kommt in den Gesprächen oft zum Vorschein. Folgende Fragen werden dann damit verbunden: „Wie verhalten sich Belehrung und Erfahrung in meinem Leben?" In diesem Zusammenhang stellen Menschen auch fest, wie viel sie „im Kopf haben".
- Die Besprechung der eigenen Lebensgeschichte macht oft traurig: „Alles stimmt, aber nichts läuft wirklich ..." Manchmal wird festgestellt, daß die Person einen großen Bedarf an Sicherheit und Verläßlichkeit hat. Damit kann dann die Frage verbunden werden: „Wo bleibt das echte Abenteuer mit Gott?" Oder es gibt einen Spruch wie: „Ich will immer eine Gideonshaut haben: Sage mir, was ich tun soll." Andere gehen aber auch diese Frage an: „Wage ich es mal, mich festzulegen? Vermeide ich nicht gerade alles Festlegen?"
- Es kommt auch vor, daß Menschen es ganz und gar nicht wagen hinzuschauen, „aus Angst zu erstarren, wie Lots Frau".

Wenn zu dem Zeitpunkt, wo die Biographie besprochen wird, ein Symbol vorhanden ist, das für die betreffende Person wichtig ist, dann ist es sehr fruchtbar, die Besprechung anhand dieses Symbols verlaufen zu lassen; zum Beispiel anhand des „Samenkorns", des „Seils" oder der „Leiter". Die Lebensgeschichte gewinnt dadurch an Zusammenhang und Konzentration. Aus solchem Anlaß bemerkte einmal jemand: „Alles ist vom Geist durchdrungen; aber ich habe es nicht gesehen. Auf die eine oder andere Weise ist meine Wahrnehmung nicht in Ordnung."

Kapitel VI
Arbeit mit geistlicher und gläubiger Erfahrung

Auf allen Wegen habe ich es mit dem Wissen versucht. Ich habe gesagt: Ich will lernen und dadurch gebildet werden. Aber das Wissen blieb für mich in der Ferne.
Fern ist alles, was geschehen ist, und tief, tief versunken.
(Koh. 7, 23–24).

In der Begleitung konzentriert sich die konkrete Arbeit auf die Glaubenserfahrung und die geistliche Erfahrung. Nun ist es für alle persönliche Erfahrung bezeichnend, daß diese sich „meldet". Erfahrung unterscheidet sich von speziellen Wahrnehmungen wie z.B. dem Sehen eines Baumes oder dem Riechen eines Geruchs. Echte Erfahrung betrifft mich in meiner Totalität. Ich bin durch sie ganz und gar betroffen. Dies ist auch bei der geistlichen Erfahrung der Fall. Aber wenn die geistliche Begleitung sich in der Sphäre des Glaubens abspielt, geschieht mehr als der Vollzug eines geistlichen Schicksals. Diese Begleitung erfordert, daß man etwas von dem Religiösen weiß und auch davon, worauf das Religiöse sich ursprünglich bezieht. Fehlt dies, dann wird es nicht möglich sein, mit all dem, was der „Weg" an Krisen und Erwartungen heraufführt, so umzugehen, daß der wirkliche Sinn der Begleitung erfüllt wird. Begleitung aus dem Glauben setzt voraus, daß man mit dem Christlichen in Kontakt ist, mit Glauben und Offenbarung, die über das Religiöse und die Existenz hinausgehen. Die Begleitung „muß von der Vielheit der Daseinsschichtungen wissen; auch sehen können wie dieses Leben sich in verschiedenen Strängen und auf verschiedenen Ebenen zugleich vollzieht, die bis zu einem überraschenden Grade voneinander abhängig sind, ja einander entgegenwirken können und doch einen letzten Sinn verwirklichen".[1] Die Dimensionen der Existenz, des Sinns und der Religion sind zweifellos geistlicher Art. Sie unterscheiden sich dennoch von der Erfahrung, die innerhalb des christlichen Glaubens auftritt. Jede echte Erfahrung hat etwas von einem Bekenntnis an sich. Wenn sie einen Menschen total betrifft, dann kann sie nicht mehr wie ein naturwissenschaftliches oder psychologisches Experiment verifiziert wer-

[1] R. Guardini ^{4}1989, S. 11.

den. Existenz- und Sinnerfahrung, religiöse und Glaubenserfahrungen werden „bekannt". Aber das Bekenntnis des Glaubens an den Gott des Alten und Neuen Testaments unterscheidet sich als Existenzerfahrung von anderen Existenzerfahrungen und dies deshalb, weil sie eben diesen Gott betreffen. Mein Gott wird unter Ausschluß aller anderen als der einzige bekannt. Existenzerfahrungen, Sinndeutungen und religiöse Erfahrungen werden in diesem Bekenntnis in einer letztendlichen Beziehung vereinigt. Hier erst kommen sie wirklich zu ihrem „Recht", zu ihrem „Sinn" und ihrer „Wärme". In diesem Sinn ist der Gott Jesu Christi – nach einem Wort von F. Stier – „der militanteste Atheist".[2] Offenbarung und Glaube geben durch ihren eigenen Kontext der Existenz einen völlig neuen Sinn.

Dieser Unterschied ist für eine auf den Glauben bezogene geistliche Begleitung wesentlich. Er bedeutet nämlich, daß darin immer ein Raum für die Menschenliebe und Freiheit Gottes ausgespart bleibt. Die ganze Frage der sogenannten Unterscheidung („das Eigentliche") hängt hiermit direkt zusammen. Dies macht auch deutlich, wie sehr diese Begleitung sich – wenn es darauf ankommt – auf „Messers Schneide" vollzieht. Dies macht das Paradoxale dabei nur um so deutlicher. Einerseits ist es dieser Gott, an dessen Wirken geglaubt wird; andererseits sind wir selbst es, die mit dieser Glaubenserfahrung leben und arbeiten. Diese Begleitung ist auch unmöglich ohne Gebet. Sie geschieht „vor seinem Angesicht". An diesem Punkt stimmt die geistliche Begleitung, die auf den Glauben bezogen ist, mit dem überein, was Augustinus in seinen „Bekenntnissen" ausspricht: Menschen versuchen ihr Leben so zu verstehen, daß es einen Teil der Heilsgeschichte ausmacht, die von Gott in Gang gesetzt ist. Ihre Existenz- und Sinnerfahrungen sowie ihre religiösen Erfahrungen werden stets als eine „immer offene Möglichkeit christlichen Daseins" aufgefasst.[3] Hierbei geht es immer um das Innere der Person.

1. Die Innerlichkeit als Geschichten von Menschen

In der geistlichen Begleitung erzählen Menschen Geschichten, Geschichten über die Wirklichkeit in ihrem Leben. Sie existieren in diesen Erzählungen. Sie verdolmetschen die Wirklichkeit, so wie sie diese er-leben. Dies ist ihre „Innenwelt" (intérieur). Ihre Wirklichkeit ist in diesen Geschichten nicht einfac h fix und fertig gegeben. Indem sie anfangen zu erzählen und

[2] F. Stier [2]1981, S. 200.
[3] R. Guardini [4]1989, S.14.

dabei Erwiderung erfahren, entdecken sie gerade ihre Wirklichkeit. Sie „empfangen" und „machen" diese Wirklichkeit in ihren und durch ihre Geschichten. In ihm erscheinen die tieferen Gründe ihres Glücks, ihrer Angst, ihrer Enttäuschung, ihrer Liebe und ihrer Einsamkeit. Dies geschieht in jedem geistlichen Gespräch. Da entdeckt zum Beispiel eine Frau, daß sie eigentlich keine Alkoholikerin ist; aber in ihrem Suchen nach dem wahren und persönlichen Sinn ihres Glaubens wird sie nicht verstanden. Und mehr: Sie entdeckt, daß sie ihr eigenes gläubiges Verlangen nicht kannte. Ein anderer kommt in dem Gespräch zu der Erfahrung, daß er sich selbst bis jetzt ausschließlich psychologisch wahrgenommen hat. Und mehr: daß dies eine subtile Weise war, sein eigenes Glaubensverlangen zu unterdrücken. Anders ausgedrückt: Im Glaubensgespräch – und das ist etwas anderes als ein Gespräch über die Dinge des Glaubens – entsteht eine neue Wirklichkeit. Die Glaubenswirklichkeit wird vertieft und verbreitert; Sünde wird „angeschaut". Ob dies geschehen kann, hängt allerdings sehr stark von der Weise ab, in der mit den Geschichten umgegangen wird. Und diese wird in allererster Linie durch die „Innenwelt" bestimmt, aus dem heraus die Begleiterin oder der Begleiter spricht, nämlich aus der eigenen Glaubensgeschichte. Denn auch die eigene Glaubensgeschichte des Begleiters, findet seine Fortsetzung im Kontakt mit den Erzählungen der Begleiteten. Selbstverständlich wirken dabei Erfahrungen und Auffassungen im Hinblick auf die Existenz, den Lebenssinn und das Religiöse weiter. Aber auch in dem, der begleitet, sind diese Erfahrungen und Auffassungen offen für den Glaubenssinn. Oder sie werden darin mehr oder weniger zu einer Einheit gebracht. Glauben bringt nämlich Einheit in alle anderen geistlichen Erfahrungen. Es ist gleichsam so, als wenn die Sonne durch die Fensterscheibe scheint. Ohne dieses Licht hat das Fenster seine vielen verschiedenen Farben. Aber die Einheit entsteht erst durch das Licht, das hindurchfällt. Dies führt uns von selbst zu der „Innenwelt" all derer, die an der geistlichen Begleitung teilnehmen. Die Innenwelt der Person, die Begleitung sucht, spricht sich in ihrem Bericht aus. Die Innenwelt dessen, der begleitet, erscheint in den Erwiderungen darauf. F. Buytendijk bringt in seinem Tagebuch die Bemerkung, daß die „Innenwelt" dort entsteht, „wo wir uns selbst entwerfen".[4] Damit meint er, daß, wenn wir unsere Aufmerksamkeit auf unser eigenes Denken, Fühlen, Erinnern und Erfahren richten, wir uns selbst sozusagen verdoppeln und eine Welt erschaffen, die allein für uns selbst existiert. Diese Welt wird durch all das gebildet, was in diesem Augenblick unsere Aufmerksamkeit auf sich lenkt und auf was wir

[4] F. Buytendijk 1958, 1962, 1980.

unsere Aufmerksamkeit richten. Augustinus beschreibt in seinen „Bekenntnissen“ auf ergreifende Weise, was alles in ihm umherging, als er noch ein Kind war, und er anfing zu begreifen, daß dies in ihm umging (d.h. Entwerfen von Innerlichkeit; H.A.), aber daß er dies den anderen nicht mit-teilen konnte: „Weil jene drinnen waren, diese aber draußen und mit keinem ihrer Sinne in meine Seele einzudringen vermochten.“[5] Mit unserer Innerlichkeit sind wir allein; es sei denn, daß wir davon etwas mit-teilen. Diese Mitteilung ist unser Erzählen. Dies alles gilt auch für unsere Glaubenserfahrung, wenn diese unsere Aufmerksamkeit auf sich zieht oder wir unsere Aufmerksamkeit auf sie richten. Diese Form der Aufmerksamkeit ist in sich selbst schon eine ganz besondere geistliche Aktivität. Geschichte entsteht „unter dieser Aufmerksamkeit“ und unter der des Begleiters oder der Begleiterin, die ihrerseits ihre Aufmerksamkeit hierauf richten. Für diese Aufmerksamkeit ist es bezeichnend, daß sie auf *den Glauben* bezogen ist. Dies führt zu einer weiteren Umschreibung von Innerlichkeit, nämlich zu der einer *glaubenden Innerlichkeit.* Diese ist die eigentliche Quelle der Geschichten, die in der geistlichen Begleitung zur Sprache kommen sollen. An diese Innerlichkeit wird *geglaubt.* Was wird geglaubt? Daß diese Innerlichkeit von Gott mit „entworfen“ wird. Wenn wir uns in glaubender Aufmerksamkeit über die Entfaltung des göttlichen Geheimnisses in unserem Leben beugen, befinden wir uns in der Anwesenheit Gottes. Dies ist der „Raum“, in dem geistliche Begleitung sich ereignet, in dem Berichte erzählt und gehört werden und in dem alle Teilnehmer und Teilnehmerinnen existieren. Es ist überflüssig anzumerken, daß gläubige Aufmerksamkeit und psychologische Aufmerksamkeit sich gegenseitig nicht ausschließen. Aber dann geht es wohl um eine Psychologie, die auch noch für andere Kräfte offen ist als allein für die des „psychischen Apparates“. Man kann hier an das tiefsinnige Wort von Augustinus denken, wenn er seinen Gläubigen die Allgegenwart des „Wortes“ auslegen will: „Gott umfaßt durch das Anwesend-Sein, aber er selbst wird nicht umfaßt.“[6] Soweit das glaubende Innere sich öffnet, hat die geistliche Begleitung ihren Ort in der Anwesenheit Gottes. Diese umfaßt die Anwesenden; er selbst aber wird nicht von ihnen umfaßt. Das ist der Sinn des Jesus-Wortes: „Wo zwei oder drei in meinem Namen versammelt sind, da bin ich mitten unter ihnen.“ (Mt 18,20)

[5] A. Augustinus: Confessiones, Kap. 1.

[6] „Habitando continet, non continetur“ (Sermo 342); Vgl. F. Stier: „In diesem Sinne bringt sich mir eine Bewußtseinsumkehr zur Sprache, die der Erfahrung entspricht, daß das Nicht zu Fassende das Fassende ist“ (F. Stier ^{2}1981, S. 222).

2. Erfahrung in Geschichten

Die Innerlichkeit, von der hier die Rede ist, wird in der Erzählung nicht „expliziert", so als ob sie schon fix und fertig gegeben wäre und jetzt nur „nach außen gebracht" würde. Das Innere des berichtenden Menschen entwickelt sich in seinem Erzählen. Vom Glauben her gesagt: Es ist eine „Frucht des heiligen Geistes", die da aufwächst. Dies wird leichter begreiflich, wenn wir aufmerksam betrachten, was da erfahren worden ist. Dies ist für die geistliche Begleitung außerordentlich wichtig und zwar aus zwei Gründen:

Der erste ist, daß der Begleiter ganz dicht an die Erfahrungen anschließen muß, die sich während des Erzählens ergeb en. Der zweite Grund ist, daß alle Interventionen die Lebensgeschichten des anderen unterstützen oder hemmen und also durch ihre Wirkung mit in das Erzählen hineingehören. Geistliche Begleitung ist so immer eine gemeinsame Geschichte.

Erfahrung kann nun im Anschluß an das Bild des griechischen Gastgebers, wie es bei der Besprechung des Symbols deutlich wurde, beschrieben werden. Jede echte Erfahrung hat sozusagen zwei Hälften. Die eine Hälfte gehört zu unserem Inneren und kann als das *„Erfahren"* umschrieben werden. Dieses Erfahren lebt in uns; man kann es auch wahrnehmen, wenn man ihm Aufmerksamkeit „schenkt". Ein gutes Beispiel dafür ist das „Kennen" einer bestimmten Melodie, während man gleichzeitig nicht auf den Namen des Komponisten kommen kann. Dabei fallen zwei Dinge auf. Das erste ist, daß man zweifellos weiß, um welchen Namen es sich nicht handelt. Auf alle möglichen Namen, die andere vielleicht anführen, wird zumeist mit einem kräftigen „Nein" geantwortet. Das zweite, das sich daraus ergibt, ist, daß man den Namen irgendwie, so oder so, durchaus kennt, aber man kann ihn nicht „finden". Wird der Name dann doch gefunden, dann entwickelt sich das vage und doch zielgerichtete Erfahren zu einer konkreten *„Erfahrung"*. Es kommt zu einem unmittelbaren Wiedererkennen. Das unruhige und unbefriedigte Gefühl kommt zur Ruhe. Es kommt zur Ruhe durch etwas, was aus dem Außen kommt nämlich durch den Namen des Liedes oder des Komponisten. In diesem Beispiel geht es um etwas sehr harmloses. Aber man kann sich vorstellen, daß es um etwas sehr wichtiges geht, wenn man an das Auftreten, das Unterstützen oder das Verhindern von Glaubenserfahrungen in der geistlichen Begleitung denkt. Ein noch nicht so deutliches und für verschiedene „Ausfüllungen" bereitstehendes Erfahren wird in den Geschichten zur Sprache gebracht. In diesen Geschichten geht es dann meistens schon um Erfahrungen, die mehr oder weniger deutlich, aber noch unabgeschlossen sind. Gerade weil sie so unabgeschlossen sind, werden sie jetzt zur Sprache gebracht. Eine äußerst wichtige Funktion des Gesprächs besteht nun darin, daß die „zweite Hälfte" gefunden wird, die zum Verlauf paßt. Wenn dies geschieht, kann die glaubende Erfahrung in und durch die gemeinsame Erzählung sich weiter entfalten. Es entsteht dann eine neue Erfahrung. Auch diese ist natürlich nicht fertig. Sie ruft ein neues Erfahren hervor, das nach einer neuen Füllung verlangt. Und so fort. Für sich selbst genommen, kann dieser Prozeß sich endlos fortsetzen. Aber zu einem gegebenen Moment kommt er zu einer (vorläufigen) Ruhe. Es wird deutlich geworden sein, daß nicht nur Worte als „zweite Hälfte" fungieren können. Es könnte sich ebensogut um ein Verhalten, um Handlungen, Schrifttexte, Bilder, Musik usw. handeln.

Eine Auflistung dessen, was „Erfahren" nicht ist, soll dies verdeutlichen:

- Es ist nicht der Inhalt der Dinge, die zur Sprache kommen. Es ist die innere Bewegung, die diesem Inhalt zugrunde liegt und der auf viele Weisen angefüllt werden kann, vorausgesetzt allerdings, daß diese konkret und präzise sind. Konkretheit und Präzision werden beim und durch das Erzählen gefunden. Das ständige Prüfen des Inhalts an dem Erfahren ermöglicht gerade den Fortgang des Gesprächs.
- Das Erfahren besteht auch nicht in konkreten Gefühlen, die sich einstellen. Diese bilden selbst schon ein Ganzes von Erfahrungen, in dem die Gesprächspartner gemeinsam existieren.
- Ebensowenig besteht das Erfahren in den Symbolen, den Texten, in den biblischen Situationen oder auch anderen Gegebenheiten, die zur Sprache kommen. Diese bilden schon einen „vollendeten Sinn"; oder sie wirken als die „zweite Hälfte" von außen her auf das Erfahren ein; sie rufen es wach, geben ihm eine bestimmte Richtung oder geraten damit gerade in Konflikt. Dies letztere ist sehr wichtig. Denn es macht deutlich, daß der Begleiter oder die Begleiterin, „auf einer falschen Spur sitzt". Dies ist deshalb fruchtbar, weil man dann weiß, daß der andere nicht dort ist, wo der Begleiter es vermutete.
- Schließlich muß das Erfahren in Absichten, Plänen und Verabredungen zum Ausdruck kommen. Nach einem Erfahrungsgespräch wird oft ein plötzlicher Übergang zu einer viel sachlicheren „Planung" des Kommenden gemacht. Dies aber ist gerade die Kunst, Absichten und Pläne aus dem Erfahren selbst herausfließen zu lassen. Bezeichnend für das Erfahren ist, daß es eine bestimmte Richtung hat. Man kann in einem Gespräch nicht „in alle Richtungen" gehen. Die Richtung wird durch die betreffende Person nicht „gemacht"; sie meldet sich und sie wird gefunden. Natürlich muß dann noch geschaut werden, ob diese Richtung auch als

die „richtige“ angesehen werden kann; aber auch dies geschieht anhand des Erfahrens. Pläne, Absichten und Absprachen brauchen also nicht von außen einge bracht zu werden. „Außenlenkung“ hat in der geistlichen Begleitung – wenn es echte Begleitung ist – keinen Platz.

3. Erfahrung und Tradition

Glaubenserfahrung hängt immer mit einer Tradition zusammen. Die Arbeit mit der Tradition st ellt eine der Voraussetzungen für die Entwicklung von Glaubenserfahrung dar. Unsere Tradition ist auf vielerlei Weise anwesend. Sie ist niedergelegt in der Heiligen Schrift, in Legenden, in liturgischen Texten und Ritualen, in der Hinterlassenschaft von Kirchenvätern und Theologen. Sie enthalten eine Fülle von Ideen, Situationen, Gestalten, Krisen, Anregungen, Arbeitsweisen und „Methoden“. Die Tradition hat sich auch in religiösen Gewohnheiten und Gebräuchen niedergeschlagen, wie sie in Familien, Gruppen, Gemeinden und Gemeinschaften gepflegt werden. Einige dieser Gebräuche sind dabei kennzeichnend für bestimmte Entwicklungen in Familien oder Gruppen. Dadurch ist der Glaubensbezug bei vielen Menschen von Kindesbeinen an geformt worden. Wo überhaupt keine Tradition vertreten wird, kann gläubiges Verlangen sich nicht entfalten. Darauf ist es angewiesen. Beim Erwachen des Selbstbewußtseins spielt die Bindung an Personen in der Entfaltung dieses Verlangens eine sehr wichtige Rolle. Tradition und Personen gehören zur „Außenwelt“. Durch sie sucht das Lebensverlangen eine durch den Glauben bezogene Richtung und wendet sich den Symbolen des Glaubens zu. Tradition und Personen stellen also einen Bezugsrahmen dar, der konkrete Erfahrungen möglich macht und darüber hinaus ein inneres Erfahren hervorruft. Es verhält sich hier ähnlich wie mit den Erfahrungen, die zum Beispiel in der Berufswelt auftreten. Jeder Beruf hat seine eigenen Traditionen, Fachkenntnisse, die in ihm weitergereicht werden. Der Lehrling, der sich seinen Beruf zu eigen machen will, wird in diese Tradition eingeführt; aber der Sinn dieser Unterweisung ist, daß er selbst lernt, die Erfahrungen zu machen, die zu diesem Beruf gehören. Mit anderen Worten: Erfahrung wird gelernt! Genau hier liegt die Bedeutung einer Glaubens-Kultur. Wo eine solche wegfällt, ist das Lebensverlangen auf sich selbst angewiesen, und man wird – um glauben zu können – die Glaubenserfahrung sozusagen aufs Neue entdekken müssen. Wie schwer dies ist, zeigt unser heutiges Zusammenleben. Für die geistliche Begleitung hat dies wichtige Konsequenzen. In erster Linie muß die Glaubenserfahrung erlernt werden. Im Augenblick erleben wir an diesem Punkt ein großes Vakuum. Der Wunsch nach einer Spiritualität, die dem Glauben gemäß ist, lebt sehr stark, aber die Orte, an denen diese gelernt werden kann, sind für viele Menschen unerreichbar. Auch wird ein beharrliches glaubensbezogenes Lernen durch die konkreten Lebensumstände, in denen Menschen sich befinden, sehr erschwert. Es wird ein wichtiger Teil von geistlicher Begleitung sein, Menschen für diese Art des Lernens empfindsam zu machen und ihnen zu helfen, auf Glaubenserfahrung zuzugehen. Dies kann bedeuten, daß durch die geistliche Begleitung auch ansatzweise bestimmte Lernmuster angeboten werden müssen. Sie bilden dann das „Lernfeld", auf dem das Vorhandensein eines geistlichen Weges überhaupt erst entdeckt werden kann. Aber auch dann bleibt doch gültig, daß alles, was geschieht, sich an die Erfahrungen dieser betreffenden Person oder Gruppe anschließen können muß.

An zweiter Stelle ist das Anbieten von Traditionen als Bezugsrahmen nicht ausreichend. Es geht vielmehr darum, daß Menschen lernen, mit Hilfe dieser Tradition ihre eigenen, persönlichen Erfahrungen zu machen. Konkret bedeutet dies, daß Begleiterinnen und Begleiter prüfen müssen, wie die angebotene Tradition auf Menschen heute wirkt, d.h. ob und wie sie als die „zweite Hälfte" auf ihre Erfahrung einwirkt. Gerade in dieser Einwirkung vollzieht sich der eigene Erfahrungsprozeß dessen, der begleitet wird. Zustimmung, Widerstand, Erstaunen, Verwirrung, Befreiung ereignen sich. Die Begleitung dieser Erfahrungen gehört zum Auftrag. Die Richtung, in der das Erfahren sich bewegt, und die Reihenfolge, die sich daraus ergibt, sind für die Begleitung wichtige Punkte der Aufmerksamkeit.

In einem dritten Schritt muß dem nachgegangen werden, welche Situationen, Personen, Ideen, Texte usw. für jemanden den fruchtbarsten Bezugsrahmen bilden, um Glaubenserfahrung weiterzuentwickeln. Man spricht hier wohl von „Identifikation". Im eigentlichen Sinne ist dies zu einseitig. Zweifellos geht von der betreffenden Person eine spontane Neigung aus, sich stärker mit einer biblischen Person oder Textstelle gleichzusetzen als mit einer anderen. Aber andererseits geschieht dies, weil gerade von dieser Person oder Textstelle eine starke Wirkung ausgeht. Es ist also nicht nur eine Identifikation, sondern ebensosehr ein „identificatum", das da wirkt.

Schließlich wirft der Gedankengang ein Licht auf den Begriff Erfahrung selbst. Erfahrung ist niemals einfach klar und deutlich gegeben. Sie hat eine sehr komplizierte Struktur und sie ist dynamisch. Erfahrung hat eine lange Vorgeschichte, kennt viele Komponenten und ist ständig in Entwicklung. Bei der Glaubenserfahrung kommt noch dazu, daß an all das, was erfahren wird, Glauben „gebunden" wird. Glaubenserfahrung wird auf diese Weise durch eine merkwürdige innere Spannung charakterisiert. *Diese Spannung gibt genau die eigene Dynamik dieser Erfahrung* wieder und ist auch der Grund ihrer spezifischen Problematik. Das Wort „Glaubenserfahrung" wird von manchen so einfach in den Mund genommen, weil man sich dieser Spannung nicht genügend bewußt wird. In dem Maß, in dem Menschen auf diesem Weg vora nschreiten, wird diese Spannung intensiver. Immer deutlicher wird dann, daß der Gott der Offenbarung wirklich der Völlig-Andere ist, der sich als solcher zwar in die Erfahrung einbringt, aber in keiner Erfahrung umfaßt wird. „Durch das Anwesend-Sein umfaßt er; aber er selbst wird nicht umfaßt" (Augustinus). Im Alltagsleben gilt Erfahrung als sicherer Zugriff zur Wirklichkeit. In der Glaubenserfahrung ist das Gegenteil der Fall. In dem Maß, in dem die Erfahrung reiner und klarer wird, wird auch dies deutlicher *erfahren*. In dem Maß, in dem der Weg weiter beschritten wird, begreift man, daß „alles Gnade" ist (Theresia von Lisieux).

4. Die Arbeit mit der Beziehung

Der „Platz", an dem geistliche Begleitung geschieht, ist die Beziehung.[7] Hier ereignen sich die gegenseitigen Erfahrungen, aus denen sie wächst. Innerhalb der Beziehung sind die TeilnehmerInnen konkret aufeinander bezogen, und dort arbeiten sie mit ihren eigenen Erfahrungen und mit den Erfahrungen, die sie miteinander machen. Beide Arten der Erfahrung sind wichtig. Es geht um viel mehr als nur allein um Worte, Gedanken und Ideen. Geistliche Begleitung *ereignet sich*. Oft wird erst hinterher wirklich deutlich, was geschehen ist, zum Guten oder zum Bösen. Worte bleiben hängen, wirken weiter, offenbaren erst später, was sie wirklich bedeuteten; Augenaufschlag, Gesten, Tonfall, Haltung und Ausdruck haben eine Wirkung, die einem durchaus nicht immer sofort bewußt wird. Was uns wirklich widerfährt, „wissen" wir oft nur sehr begrenzt. Es wirkt viel mehr auf uns ein, als wir im Moment in Worte fassen könnten, als von uns bewußt wird. Der Grund dafür ist, daß jede Erfahrung aus einem „Mehr"[8] entspringt, welches der Erfahrung ihre echte Dynamik verleiht. Dieses „Mehr" ist nicht nur immer wieder aufs Neue die Quelle der Fragen; aus diesem „Mehr" entwickelt sich die gemachte Erfahrung weiter; erst allmählich gibt sie ihren wirklichen Inhalt preis, und es wird klar, was sie bewirkt. Dies

[7] P. Watzlawik u.a.: Menschliche Kommunikation, Bern ^{4}1974. Diese Theorie hat ihre Grenzen, aber sie ist dennoch sehr reizvoll und lädt zur Anwendung in der geistlichen Begleitung ein.
[8] Zu diesem „Mehr" in der Erfahrung s. H. Andriessen – R. Miethner ^{3}1993.

gilt auch für den, der begleitet. In Supervisionsgesprächen wird immer wieder deutlich, wieviel „mehr“ jemand erfahren hat als er sich in diesem Moment, in dem das Gespräch stattfindet, bewußt ist. Erfahrung umfaßt also immer mehr als das, was in einem bestimmten Augenblick in der Beziehung im Vordergrund steht. Auf diese Weise berühren sich die Menschen gegenseitig viel stärker (oder viel weniger), als sie im Augenblick selbst begreifen. Das bedeutet auch, daß in der geistlichen Begleitung viel mehr Einflüsse wirken, als Begleiter oder Begleiterin sich dessen bewußt sind. Dieser Zusammenhang ist auch die Ursache für so manche sehr angenehmen oder auch unangenehmen Überraschungen.

5. Bezugsrahmen

Dies soll nicht bedeuten, daß die gegenseitige Erfahrung ein völlig willkürliches Geschehen sei. Die Gesprächsteilnehmer blicken und bewegen sich in einer bestimmten *Richtung*. In diesem Sinn „arbeiten“ sie gerichtet mit den Erfahrungen, die eingebracht werden und die sich während des Gesprächs ereignen. Das Geschehen läßt sich gut mit den Abbildungen in der Kunst vergleichen. Oft haben diese einen Titel oder eine Motivangabe, die die Aufmerksamkeit lenken; sie haben Einfluß auf die Art, in der wir das Bild wahrnehmen und bestimmen so die Erfahrung mit, die wir dabei machen. Man spricht hier von „Referenz“, bzw. von „Bezugsrahmen“. Wenn man Giottos „Flucht nach Ägypten“ in Padua sieht, ist es für das Verständnis dieses Kunstwerks nicht unwichtig, daß man etwas von den Erzählungen rund um die Geburt Jesu weiß und über die Bedeutung des Jesus selbst innerhalb der Kultur, in der dieses Bild entstand. Auch ohne diesen Bezugsrahmen ist das Fresko ein sehr großes Kunstwerk, aber durch den Bezugsrahmen des Evangelienberichts wird unsere Erfahrung mit dem Bild auf eine bestimmte S pur gesetzt.[9] Etwas ähnliches geschieht auch mit den Erfahrungen, die sich während der geistlichen Begleitung ereignen; sie fließen von beiden Seiten, aber sie fließen nicht willkürlich. Sie ereignen sich an einem bestimmten Punkt auf dem Weg. Sie weisen auf Situationen hin, die man schon hinter sich hat oder die noch kommen werden. Derjenige, der begleitet, hat den Auftrag, diese Erfahrungen zu „geistlicher Begleitung“ zu machen; auch derjenige, der die Begleitung erwartet, blickt in die gleiche Richtung. Darüber hinaus haben die, die in dieser Beziehung stehen, im Laufe ihres Lebens schon eine ganze Reihe von „Erfahrungen“

[9] M. v. Imdahl, Giotto. Arenafresken, Fink, München 1988.

mit Erfahrungen gemacht. Sie haben in einer Anzahl von Punkten ausdrückliche Überzeugungen; sie stehen in einer bestimmte n Tradition; sie haben auch eine eigene Lebenshaltung entwickelt. Dies alles hat Einfluß auf die Richtung, die der Erfahrung gegeben wird. Dies wirkt – oftmals unausgesprochen – als „Referenz". Für den, der begleitet, ist die zentrale Richtfrage: Wie kann mit dem, was jetzt besprochen wird und was zwischen uns geschieht, so umgegangen werden, daß es für den *geistlichen* Weg des anderen hilfreich wird; und dies in der Situation, in der er sich jetzt gerade befindet. Dies ist die primäre Referenz. Unter dem Druck der Umstände kann es wohl geschehen, daß der andere diesen Hauptaspekt „vergißt". Vor allem bei tiefgehenden Konflikten ist dies oft der Fall. Man muß in der geistlichen Begleitung damit rechnen (sekundäre Referenz), aber auch dann bleibt es die Aufgabe des Begleiters, an der primären Referenz festzuhalten und zu helfen, die Erfahrung so stark wie möglich auf den geistlichen Weg des anderen zu richten. D ie folgende Situation gibt hierfür ein gutes Beispiel: Ein Mensch redet aus einem sehr gedrückten, beinahe panikartigen Gemütszustand. Da ist Unruhe, Gejagtsein, Stottern, Emotion, Suchen nach Worten, lange Stille, Äußerungen von großer Unsicherheit. Es ist Karsamstag. Im Gespräch wird deutlich, daß in diesem Gemütszustand sich eigentlich Schuldgefühle regen, die sich bis jetzt nicht artikulieren ließen (das „Mehr" der Erfahrung). Weil es der Karsamstag ist, liegen Assoziationen mit der Ostergeschichte auf der Hand (Erfahrung der geistlichen Begleiterin). Es scheint sehr gut möglich zu sein, die nun besser artikulierten Schuldgefühle mit dem Stein auf dem Grab zu verbinden. Die Situation der betreffenden Person kann in der Frage der Frauen zusammengefaßt werden: „Wer wird uns den Stein wegrollen?" (das Richten der Erfahrung). Hierdurch wird die ganze Situation in den „großen Bericht" (die Tradition) aufgenommen. Zudem geschieht dies zu einem Zeitpunkt, an dem dieser Bericht sehr aktuell ist (Karsamstag; Aktualität). Die ganze Symbolik des Glaubensberichts kann nun eine Rolle in der Unruhe und der Schuld spielen. Die Begleiterin hält ihren primären Bezugsrahmen fest: Sie geht zwar sehr wohl auf die Panik und die Schuldgefühle ein, aber sie tut dies innerhalb des Rahmens ihrer geistlichen Begleitung. Sie werden in einen gläubigen Rahmen gesetzt, und dadurch wird ein weiterer Umgang mit ihnen möglich. Wäre ihr Bezugsrahmen ein anderer gewesen (z.B. wie setzen sich Angstgefühle in Schuldgefühle um?), so würde mit diesen Erfahrungen auf eine andere Art umgegangen worden sein. Durch die Einfügung in den „großen Bericht" wurden die Erfahrungen in einen gläubigen und positiven Rahmen gesetzt. Schuld und Angst können so auf konstruktive Weise verarbeitet werden. Dies ist wichtig, weil offensichtlich bei vielen Menschen eine deutliche Neigung besteht, innerhalb der geistlichen Begleitung dem Negativen viel mehr Gewicht beizulegen als dem Positiven.

6. Von der Erfahrung zum Handeln: Der Handlungskreis

Erfahrung ist dynamisch. Sie umfaßt einen Handlungsentwurf. So drängt zum Beispiel die Erfahrung von Verlangen darauf, daß man in Bewegung kommt, um das Verlangte zu erreichen; die Erfahrung der Angst setzt einem zu, dem, was Angst macht, zu entfliehen oder es zu beherrschen; die Erfahrung der Verwunderung macht still und holt uns gerade aus der Bewegung heraus. Entsprechendes gilt für jede echte Erfahrung; diese steht im Gegensatz zu bloßen Gedanken oder Ideen. In der geistlichen Begleitung wird mit geistlichen *Erfahrungen* gearbeitet. Es geht in ihr dann darum, die Dynamik, die mit dieser Erfahrung verbunden ist, so zu unterstützen, daß sie sich im täglichen Leben auswirken kann. So entsteht der „Handlungskreis". Auf dem Hintergrund der oben genannten Situation führen wir sechs Aspekte des Handlungskreises auf:

1. *Helfen, die Erfahrung zu durchschauen*, d.h. es geht um ein Erkennen, daß „mehr" vorhanden ist, als gerade explizit gesagt wird. In dem angeführten Beispiel trägt die Begleiterin dazu bei, daß die Panik und die Unruhe als Ausdruck starker Schuldgefühle erkannt werden.

2. *Prüfen*, ob diese Verdeutlichung durch die betreffende Person nicht nur begriffen, sondern auch erfahren werden kann („spüren"). In diesem Fall: Kann die Person es selbst erfahren, daß es um ihre Schuldgefühle geht?

3. *Inhaltlich artikulieren*. Bei diesem Schritt geht es darum, die schon einigermaßen verdeutlichte Erfahrung w eiter zu erhellen und präziser zu benennen. Dies muß im Zusammenhang mit der Erfahrung aus dem zweiten Schritt geschehen. In dem Beispiel scheinen die Schuldgefühle eng mit sehr bestimmten Ereignissen aus der jüngsten Vergangenheit zusammenzuhängen.

4. *Der ausdrückliche Bezug*. Die nun inhaltlich verdeutlichte Erfahrung wird – in einem ständigen Prüfen – in einen geistlichen Bezugsrahmen gebracht. Dieser kann sehr verschieden sein. In dem genannten Fall spielt die Auferstehungsgeschichte eine große Rolle. Andere mögliche Rahmen: die Tradition einer bestimmten Gruppe, Beispiele aus dem Leben großer geistlicher Gestalten, die für die betreffende Person wichtig sind, Ve rbindung mit Worten, die für die betreffende Person eine Rolle spielen,

Auffassungen von Meistern und Meisterinnen des geistlichen Lebens, Legenden, Erzählungen, usw. W enn die geistliche Begleitung einen Text aus der Heiligen Schrift oder ein Symbol als Motto hat, kann versucht werden, die Erfahrung hiermit zu verbinden. Der Pilgerweg ist ein sehr wichtiges Motiv. Welche Möglichkeiten man auch findet, stets muß der Frage nachgegangen werden, ob der Bezugsrahmen auch zu der Erfahrung „paßt".

5. *Unterstützen des Bewegungsimpulses*. Es geht hier um den Impuls, der entsteht, wenn die Erfahrung einmal in einem bestimmten Rahmen wirkt. In dem Beispiel war das sehr deutlich; die betreffende Person kam zu der Erwartung einer möglichen Erlösung, die im Ostergeschehen eingeschlossen ist. Die Schuldgefühle verschwinden nicht. Sie bekommen aber einen Ort. Die Person begab sich auf den Weg zum Ostergeschehen, indem sie begriff, daß von ihm eine Wiederherstellung des Lebens ausgehen kann. Der Impuls kann dann auch sehr viel konkreter sein und sich auf bestimmte Veränderungen oder Verhaltensweisen richten, die im täglichen Leben zu vollziehe n sind. Bei der Unterstützung dieses Bewegungsimpulses ist der Unterschied zwischen dem „ich weiß" („je sais") und dem „ich kann" („je peux") bedeutsam, der durch M. Merleau Ponty eingeführt worden ist.[10] Der Unterschied macht deutlich, daß die normale und alltägliche Form unseres Gerichtetseins auf die Welt (Bewußtsein) nicht das „Wissen" („je sais") ist, sondern das „Können" („je peux"). Unser tägliches Tun und Lassen vollzieht sich nicht in einer Denk-welt, sondern in einer Handlungs-Welt. Dies gilt auch für die geistliche Welt. In unserem täglichen Leben sind wir auf die Handlungs-Kenntnis angewiesen, das heißt, daß wir eine Situation spontan nach den Handlungsmöglichkeiten und Handlungsbegrenzungen einschätzen, die sie uns anbietet. Und sogar, wenn wir diese nicht unmittelbar sehen, „probieren" wir zunächst Alternativen aus. Scheinen auch diese nicht „vorhanden" zu sein, dann erst beginnen wir wirklich nachzudenken, schalten wir unsere bewußte Kenntnis ein, analysieren und probieren wir aufs Neue. Unser alltägliches Bewußtsein betrifft also in erster Linie nicht den Raum unseres Denkens, sondern den unseres Tuns. Diese Tatsache wird oft auf den Kopf gestellt, mit der Folge, daß ein stärkerer Nachdruck auf die Einsicht, das Begreifen, die Erklärung und die Analyse gelegt wird. Manche gingen sogar so weit zu meinen, daß ein echtes Begreifen von selbst zum Tun führen würde. Andere kamen als Reaktion darauf zu der Auffassung, daß das Tun allein ausreichend sei. Dies führte dann zu einer einseitigen Betonung von geistlichen Praktiken und

[10] M. Merleau-Ponthy 1945, S. 160.

Übungen. Im Handlungskreis geht es aber darum, so über die Dinge zu sprechen, daß der Impuls zum Handeln, der in jeder echten Erfahrung verborgen liegt, zum Ausdruck kommt und unterstützt wird und in einer sehr konkreten Situation verankert wird. In unserem Beispiel geschah dies dadurch, daß die Begleiterin in dem späteren Teil des Gesprächs die Person anregte, dem, was jetzt an Impulsen in ihr lebte, nachzugehen. Dieser Impuls war: warten. Er ist in die Situation eingebettet, das Gespräch selbst führt zu dieser konkreten Heilserwartung. Darin geht sie dem Osterfest entgegen.

Aber die Bedeutung des Tuns wirkt nicht nur in den späteren Teilen des Gesprächs. Während des ganzen Gesprächs spielt es eine Rolle. Die Kunst der Begleitung liegt darin, zu helfen, daß ein Gespräch so verläuft, daß es nicht über das Thema geht, sondern daß das eine Wort das andere aus dem „Mehr" der Erfahrung „hervorruft". So entsteht ein Reden, das aus dem Vorhergehenden entsteht. Das Gespräch geht *nicht über das Thema*, sondern das Thema *ereignet* sich im Gespräch. Geistliche Begleitung ist nicht eine Auseinandersetzung über den Weg, sondern ein Begleiten auf dem Weg. Geschieht dies nicht, dann entsteht die peinliche Situation, daß Menschen am Ende über sehr viele Einsichten verfügen, die ihnen zwar gefallen, denen sie aber in ihrem Verhalten kaum entsprechen können.

6. *Überprüfung*. Diese findet ihren Platz in der Lebenspraxis. Da wird deutlich, ob das Besprochene in der Tat die erhoffte Veränderung bewirkt. Hier gerät der Mensch in die Spannung zwischen der gewonnenen praktischen Einsicht und der Praxis selbst. In dieser Praxis wurde deutlich, wie schwierig es war, das Heil wirklich zu erwarten und nicht sich anzuschikken, es selbst unter dem Druck der inneren und äußeren Verhältnisse zu „machen". Hieraus entstanden sehr viele neue Gesprächsthemen und unter anderem wurde deutlich, daß die Überaktivität genauso eine der Quellen war, aus denen die quälenden Schuldgefühle entsprungen waren. Es wurde auch deutlich, wieviel Reifung noch geschehen mußte, um die Haltung des Empfangens annehmen zu können, welche die Grundlage für den Umgang mit dem Geistlichen und mit Gott darstellt.

7. Geistliche Begleitung und Sprache

In einer Gruppenbesprechung bemerkte jemand im Zusammenhang mit der Erfahrung, die man gemeinsam gemacht hatte: „Wir verstehen die gleichen Worte in unterschiedlichen Bedeutungen." Das Thema des Gesprächs war das Wort „Blatt", das von zwei Menschen ausgewählt worden war als

Symbol, um ihr Leben insgesamt zu charakterisieren. Beim Nachfragen wurde deutlich, daß der eine das Blatt als etwas Flüchtiges, vom Wind Getriebenes, als abhängig auffaßte, mit geringer eigener Selbständigkeit, ein Zeichen für Leben und Tod. Der andere dachte vielmehr an das sommerliche Blatt, sonnendurchschienen, ein kleines Wunder, das niemandem auffällt, aus einem dunklen Untergrund aufwachsend am Baum des Lebens und aus der Höhe durchleuchtet von einem Geheimnis, für das es kaum Worte gibt. Dieser Vorgang erinnert an eine Passage von Romano Guardini, in der er über die religiöse Sprache redet.[11] Er analysiert dort einen Abschnitt aus Dostojewskis Roman „Die Dämonen". Das sechste Kapitel erzählt, wie der kalte Skeptiker Stawrogin mit dem tief religiösen, aber seltsamen Kirilloff spricht. Es heißt da: „ ‚Ich glaube, Sie sind sehr glücklich, Kirilloff?' ‚Ja, sehr glücklich', antwortete dieser, als gäbe er die allergewöhnlichste Antwort. ‚Aber noch vor kurzem waren Sie doch so betrübt und ärgerten sich über Liputin.' ‚Hm! … Aber jetzt nicht. Damals wußte ich noch nicht, daß ich glücklich war. Haben Sie ein Blatt gesehen? Ein Blatt vom Baum?' ‚Freilich.' ‚Ich sah vor kurzem ein gelbes, etwas grün noch, an den Rändern angefault. Es kam mit dem W ind. Als ich zehn Jahre war, schloß ich im Winter die Augen und stellte mir ein Blatt vor, ein grünes, glänzendes, mit Äderchen, und die Sonne leuchtet. Ich schlug die Augen auf und glaubte nicht, denn es war so schön, und schloß sie wieder.' ‚Was soll das? Eine Allegorie?' ‚N-nein …warum? Keine Allegorie. Einfach ein Blatt. Nur ein Blatt. Alles ist gut.' ‚Alles?' ‚Alles. Der Mensch ist unglücklich, weil er nicht weiß, daß er glücklich ist. Nur deshalb. Das ist alles, alles! Wer es erfährt, wird sofort glücklich sein, im selben Augenblick.'"

Was Kirilloff von den beiden Blättern sagt, könnte auf den ersten Blick ein intensives ästhetisches Naturgefühl, oder aber eine halbpathologische Euphorie offenbaren. Bald sieht man aber, daß es sich um anderes handelt. Die Schönheit, welche dieser religiöse Mann an den Blättern erlebt, ist von besonderer Art, nämlich der Zustand des Daseins, in welchem „alles gut" ist. Der dem russischen Christentum so wichtige Gedanke der Verklärung dringt hier durch: Einst werde die ganze Schöpfung vom Pneuma erfaßt und in Heiligkeit und Schönheit verwandelt sein. Das Entzücken, das der Sehende empfindet, ist also im Vergleich zur einfachen Naturgegebenheit überwertig und macht „das Blatt" zu einem Durchblick ins Numinose.

Das Beispiel gibt gut wieder, um was es bei der Sprache in der geistlichen Begleitung schließlich geht. Es werden „normale" Worte gebraucht. Es

[11] R. Guardini ^{2}1979, S. 90–91.

während der Meditation oder des Gebetes oder der Arbeit. Sie können verstanden werden wie das Blatt in der erstgenannten Bedeutung; dann werden sie als flüchtig beschrieben, durch den Wind vom Leben getrieben, Zeichen des Zuendegehenden, abhängig von zufälligen Umständen und ohne wirklichen Zusammenhang. Man kann sagen, daß das Wort „Blatt" hier metaphorisch gebraucht wird: Die Eigentümlichkeiten des Blattes werden ins Leben transponiert; sie haben bei „Blatt" und bei „Leben" zwar je eine andere Bedeutung, aber beide Elemente des Vergleichs sind bekannt. Alltägliche Erfahrungen mit Menschen, während der Meditation oder des Gebets oder in der Arbeit können auch mit dem Blatt in Zusammenhang gebracht werden, so wie dieses aus dem dunklen Untergrund des Baumes lebt und zu gleicher Zeit von einem Geheimnis durchleuchtet wird, für das es kaum Worte gibt. Sie bekommen dann stärker den Charakter des „Blattes" von Kiriloff. Es gilt hier allerdings nur sehr begrenzt, daß das Wort „Blatt" metaphorisch gebraucht wird; denn was hier mit dem Leben in Zusammenhang gebracht wird, ist sehr viel weniger bekannt: Es geht um ein Geheimnis, in dem „alles gut ist". Leben wird hier als etwas erfahren, das aus einem geheimen Ursprung emporwächst, von einem Licht durchleuchtet wird, das es gut macht; Licht aus einer „anderen Welt", aus der Glück entspringt, über das wir nicht verfügen können. Das Wort „Blatt" weist auf etwas Unbekanntes hin, etwas Nicht-Greifbares. Und doch ist es erfahrbar. Wir sagen, daß das Wort eine „religiöse Bedeutung" hat.[12] In der geistlichen Begleitung geht es letztendlich um diese religiösen Bedeutungen. Es werden „gewöhnliche" Worte gebraucht, aber sie berühren das „Ungewöhnliche"; sie rühren an das Ungewöhnliche, das nicht auf der Hand liegt, an das Geistliche, das Religiöse, an die Dimension des Glaubens. In dieser Hinsicht geschieht gegenseitiges Verstehen nur dann, wenn die, die an dem Gespräch beteiligt sind, ein Gefühl für das Anrühren und die Zwischentöne der Hauptbegriffe entwickelt haben, die in dem Gespräch ausgesprochen werden. Wenn dies nicht so ist, dann werden zwar die gleichen Worte ausgesprochen, aber es geht doch um etwas anderes. Das Geistliche verfügt nicht über eine eige ne Sprache. Die Worte, die während der Übung von den Teilnehmern und Teilnehmerinnen gebraucht wurden, waren gewöhnliche Worte. Aber sie wiesen hin auf eine eigene, geistliche Dimension. *Die Art dieses Hinweises und die Form, wie dasjenige, auf das verwiesen wird, auf die Person zurückwirkt, ist ein immer wiederkehrendes Thema der geistlichen Begleitung.* Das gleiche Wort bekommt im Laufe der Erzählung ständig neue Bedeutungen. Die Bemerkung: „Aber das habe

[12] L. Kolakowski 1982, S. 161f.

ich alles doch schon erzählt", ist fast niemals richtig. Gerade in der *Entwicklung* dieser Bedeutungen spricht sich die geistliche Entwicklung aus.

a.. Persönliche Worte

Die Erfahrung lehrt, daß in jeder Begleitung solche Worte hochkommen, die eine zentrale Bedeutung erlangen. Das sind die Worte, die sich auf die Bereiche beziehen, um die sich das geistliche Leben eines Menschen konzentriert. In der Regel gibt es nicht sehr viele dieser Worte. In dem Maß, in dem sich das geistliche Leben entwickelt, kommt es immer mehr zu einer Einheit. Es ist mit diesen Worten wie mit den Dimensionen der Struktur, die das Leben der Menschen in den entsprechenden Lebensphasen kennzeichnet. Diese Dimensionen sind zum Beispiel: Freizeit, Wohnen, Arbeiten, soziale Kontakte, Religiosität usw. Eine Lebensstruktur entsteht durch die Entscheidungen, durch die einige dieser Dimensionen miteinander verbunden werden. Durchgehend umschließen diese Entscheidungen nicht mehr als drei oder vier davon. Aber diese sind dann höchst charakteristisch für das Leben dieser Person. So verhält es sich auch mit den Leitworten, auf die sich geistliche Begleitung allmählich konzentriert. Oft sind es gewöhnliche Worte; aber in ihrem Hinweis auf das Geistliche, das Religiöse und auf die Welt des Glaubens haben sie für die betreffende Person eine ganz besondere Bedeutung. Für den Begleiter o der die Begleiterin sind diese Worte von besonderem Gewicht. Daher müssen sie in besonderer Weise versuchen mitzuvollziehen, worauf sie die Person hinweisen, die begleitet wird. Die geistliche Erfahrung, die sie „meinen", ist nämlich nicht vordergründig und greifbar gegeben. Deren Inhalt wird entsprechend der geistlichen Erfahrung der Begleiterin oder des Begleiters vermutet. Aber dieser Inhalt ist natürlich nicht der gleiche. Oft besteht die Begleitung aus nicht mehr als aus dem aufmerksamen und gesammelten „Anschauen" dieser Worte und daraus, ihre Wirkung zu erfahren. Genauso wichtig ist es, daß dem anderen geholfen wird, solche Worte zu finden (vgl. das über die „zweite Hälfte" der Erfahrung Gesagte). Denn wer ein solches Wort findet, entdeckt eine Grundlinie für den eigenen geistlichen Weg. Derartige Worte haben eine Scharnierfunktion in der *werdenden* Spiritualität. Bei Augustinus sind es zum Beispiel „die Erniedrigung Gottes" und „das Herz"; bei Theresa „seine Majestät"; bei Johannes vom Kreuz: „Berg", „Nacht", „Flamme". Bei anderen konzentriert sich die Spiritualität oder eine ihrer Stationen in Worten wie „Weg", „Pilgerreise", „Stille". Bei solchen Hauptworten ist es wichtig, auf die Suche nach dem „Gegenwort" zu gehen, so daß eine polare Spannung zwischen den Hauptworten entsteht. R.

Guardini weist darauf hin, daß sich in den religiösen Worten die gleiche Struktur erweist wie in der religiösen Erfahrung selbst. Gemeint sind dabei allerdings Worte, die nicht vom Inhalt her religiös sind, sondern durch ihre Richtung auf das Geheimnis hin, die ihnen von der religiösen Erfahrung her mitgegeben wird.[13]

Diese Erfahrung hat als Charakteristikum, daß sie einerseits in uns verwurzelt ist und zu uns gehört, während sie uns andererseits den alltäglichen Dingen gerade entfremdet. Religiöse Erfahrung ist ein „Ja" und „Nein" zu gleicher Zeit. Etwas derartiges geschieht auch in den Worten, die sich auf das Geheimnis beziehen. Einerseits verstärken sie das Geheimnis; andererseits gerät jemand, der dieses Geheimnis gerade mit diesen Worten benennen will, in Verlegenheit, weil diese eigentlich kein adäquater Ausdruck dessen sein können. Das Geheimnis kann „in Worte gebracht werden", „suggeriert werden" (von lat.: suggere = etwas unterlegen). Religiöse Worte sind ein „Ja", sofern sie auf das Geheimnis verweisen; sie sind ein „Nein", insofern sie nur verweisen können und nichts „enthalten". So gehören „Weg" und „Wüste" (= die „Weglosigkeit") zu einander; ebenso „Verlangen" und „Angst"; „Majestät" und „Diener"; „beten" und „arbeiten"; „Nacht" und „Feuer". Für diese Worte gilt allgemein, daß sie ihre Aussagekraft gerade durch die „Gnade des Gegenteils" erst voll entfalten: „Licht – Dunkelheit"; „Leben – Tod"; „Liebe – Gesetz"; „schweigen – reden". Beide Worte solch eines Wortpaares setzen einander voraus. Sehr ausdrücklich gilt dies für die spirituellen Wortpaare. Sie rufen das Spannungsfeld hervor, in dem eine Spiritualität entstehen kann, die der Realität der Erfahrung entspricht. Die klassischen Riten – vor ihrem Verfall – sind so aufgebaut, daß sie solche Spannungsfelder erzeugen. Darum sind sie imstande, das Innere zu erneuern, nämlich indem sie eine wirklichkeitsgetreue religiöse Erfahrung hervorbringen.

b. Die Ebenen der Worte

Worte haben nicht nur unterschiedliche Bedeutungen aufgrund ihrer Intentionalität, sondern sie weisen auch auf die unterschiedlichen Ebenen in den Erfahrungen derer hin, die sie benutzen. In der Praxis der geistlichen Begleitung können dabei folgende Unterscheidungen fruchtbar sein.

Inhalt
Die erste Ebene betrifft den Inhalt der Worte. Um diesen festzustellen, muß

[13] R. Guardini 1979, S. 90–91.

man dem allgemeinen praktischen Sprachgebrauch nachgehen. Immer wieder wird dabei allerdings deutlich, daß selbst der Inhalt der Worte nicht eindeutig ist. Nicht nur die Wörterbücher führen schon eine ganze Reihe von Bedeutungen auf; auch in der Art, wie wir die Worte gebrauchen, treten im Laufe unseres Lebens manche Nuancierungen auf; diese machen es immer wieder aufs Neue nötig, daß Menschen sich gegenseitig verdeutlichen müssen, worüber sie reden. In diese Verdeutlichung werden wiederum ne ue Worte hineingegeben, die dann ihrerseits für sich eine neue Verdeutlichung erfordern usw. Jedes Wort hat sozusagen einen Bedeutungshorizont. Und gerade dieser Horizont macht es möglich, die „zweite Hälfte" zu finden. In einem Gesprächsbeispiel über das Gebet mag dieser Zusammenhang verdeutlicht werden.

G.B.: „Du meinst die Meditation oder das Chorgebet?"

X.: „Nein, nicht das Chorgebet. Aber ob es Meditation ist ... Es ist mehr eine Art des Seins, des Existierens, des Verweilens. Ich weiß es nicht so genau."

G.B.: „Verweilen, sagst du. Bei einem Wort oder bei einem Thema?"

X.: „Ein Wort ... (nachdenkend). Manchmal ja ... aber oft auch nicht. Es ist mehr so, wie wenn man abends durch die Landschaft geht. Manchmal denkst du dann etwas, aber oft auch nicht; oder manchmal ist da so ein Wort da ... Ja, das ist Verweilen."

Die Verdeutlichung geschieht hier entlang der Worte Gebet, Meditation, Chorgebet, Sein, Existenz, verweilen, das Bild der abendlichen Landschaft.

Bedeutung

Diese Ebene ist schon persönlicher. Sie betrifft die Bedeutung, die ein Wort oder Inhalt für diese Person hat; es geht also um eine persönliche Bedeutung. Sie ist weniger umfassend als die allgemeine Wortbedeutung. Aber sie sagt mehr über den Gesprächspartner. Sehr oft drückt sich in dieser persönlichen Bedeutung ein sehr eigener und individueller Gefühlswert aus. Ein Beispiel aus einem Gespräch über eine Konfliktsituation mag dies veranschaulichen.

Y.: „Es geht mir um das Erkennen meines eigenen Wertes. Daß Entscheidungen getroffen werden müssen, kann ich gut akzeptieren. Aber ich will sehr wohl, daß mein Wert dabei respektiert wird."

G.B.: „Ich merke, daß dich dies tief trifft."

Y.: „Ja, sicher. Ich habe lange gebraucht, um zu entdecken, daß ich wirklich etwas völlig Eigenes darstelle; das kann von keinem anderen übernommen werden."

G.B.: „Ein ganz eigener Beitrag, dein ‚Charisma', so könntest du sagen. Das ist es, was du meinst?"

Y.: (etwas verblüfft) „Charisma ... Ja, das ist es. Ich denke wirklich: ein Charisma."

G.B.: „Du meinst ...?"

Y.: „Ja, genau wie aus dem Paulusbrief, eine Geistesgabe. Meine Gabe für die Gemeinschaft."

Diese persönliche Bedeutung des Wortes „Eigenwert" wird nach und nach deutlich. Diese Bedeutung ist ganz und gar individuell und zugleich sehr wichtig. Sie wurde in langen Jahren entdeckt und steht in einem religiösen Kontext. „Eigenwert" steht hier für das Vertrauen in die Geistesgabe, die von den anderen respektiert werden muß. Die Rolle, die die Gefühle in dieser Füllung der Bedeutung spielen, ist deutlich. Die Beziehung zu der persönlichen Erfahrung ebenso.

Überzeugung

Worte können auch persönliche Überzeugungen zum Ausdruck bringen. Sie sind dann für die betreffende Person sehr bedeutungsvoll. Ihre allgemeine Reichweite wird dann in einen bestimmten Lebenslauf eingebettet; sie haben darin eine besondere Bedeutung erhalten. Überzeugungen haben immer etwas Kognitives, einen deutlichen Inhalt. Sie sind auch weniger an bestimmte Situationen gebunden, und sie sind stärker für die Person als ganze bezeichnend. Auf dem Gebiet der Werte (Ethik), der Religion und des Glaubens spielen sie eine sehr wichtig Rolle. Sie sichern zu einem Teil die Kontinuität ab.

Wir führen ein Beispiel aus einem Gespräch über ein Kennzeichen des Glaubens an.

Y.: „Für mich ist es wesentlich, an dem Unterschied zwischen Buddha und Christus festzuhalten. Sie bringen ein Beispiel aus dem Buddhismus, aber ich bin ein Christ."

G.B.: „Die können für sie nicht zusammengehen ..."

Y.: „Nein. Natürlich gibt es da Übereinstimmungen: in der Art, in der das Leben geführt wird, im Mitleiden; im Nachdenken über das Leiden. Aber die Unterschiede sind größer."

G.B.: „Und die Unterschiede sind für Sie sehr wichtig. Sogar wesentlich."

Y.: „Ja, ganz gewiß. Was wir nötig haben, ist ein Angebot von Heil aus einer anderen Welt; aus einer Welt, die höher ist als unsere Welt. Wir können uns nicht selber erlösen."

G.B.: „Ich bin mir nicht sicher, ob der Buddhismus dies leugnet; aber für sie ist dies wesentlich.“

Dieser Gesprächsteil läßt die Frage deutlich werden, um die es hier ging. Das wesentliche Wort ist wohl das Wort „Unterschied“. Im Gang des Gesprächs tritt die Überzeugung hervor, daß wir uns das Heil nicht selber verschaffen können. Und schließlich findet eine Verdeutlichung des Inhaltes durch die Worte statt: „Unterschied – größer – andere Welt – höher als – Heilsangebot“. Gleichzeitig wird sichtbar, mit wieviel Gefühl diese Worte für die betreffende Person verbunden sind. Diese Gefühle entstehen aus der Überzeugung. Sie sind weniger an eine konkrete Situation gebunden, sondern viel mehr an die Vorstellung, die – jedenfalls für den Gesprächspartner – von der geistli chen Begleiterin ausgeht, insofern als diese Buddhismus und Christentum auf eine Stufe zu stellen scheint; also eine andere Überzeugung. Für die geistliche Begleitung gilt im Allgemeinen, daß die Diskussion von Überzeugungen durchweg nicht viel bringt. Dies läßt die Position der Menschen eher verhärten, als das sie sie voranbringt (dies gilt natürlich nicht für einen grundsätzlichen Gedankenaustausch). Es ist meistens wichtiger, der Wert-Tiefe nachzugehen, die eine Überzeugung für einen Menschen besitzt.

Haltung

Haltungen bestimmen uns umfassender und tiefer als Überzeugungen. Sie beeinflußen nicht nur Überzeugungen eines Menschen, sondern auch sein alltägliches und konkretes Verhalten. Sie haben Einfluß auf Stil, Charakter und die Weise des Handelns. Sie lassen sich auch sehr schwer verändern, weil sie die ganze Person betreffen und oftmals deren Weise des Verstehens. Auf der ersten Ebene haben Worte eine allgemeine und mehr oberflächliche Bedeutung. Es macht einen großen Unterschied, ob Worte während eines Gesprächs in einem mehr allgemeinen Sinn auftauchen, oder ob sie mehr im Zusammenhang mit der Haltung des Menschen zur Sprache kommen.

Als Beispiel führen wir wieder ein Gesprächsfragment an, mit einem Mann, der durch das Religiöse viele Beschädigungen erfahren hat, der die Kirche verlassen hat und der dennoch verzweifelt voller Spannung Gott sucht.

Y.: „Ich habe etwas Wichtiges entdeckt. Es ging mir sehr schlecht nach dem Konflikt mit meiner Mutter. Nachts habe ich nicht geschlafen. Es war wie eine Art Bedrohung im Haus. Abends schloß ich die Zimmertür ab. Ich fühlte mich auch sehr einsam. Ich hatte das Gefühl: Jemand muß für mich sorgen.“

G.B.: „Jemand muß für mich sorgen ...“

Y.: „Ja. Es wurde mir auf einmal klar: Jemand muß für mich sorgen.“

G.B.: „Hörst du, was du sagst?“

Y.: „Wieso?“

G.B.: „Ich meine: Kann das auch für deine Suche nach Gott gelten?“

Y.: (Stille. Dann etwas überrascht) „Ja, da gibt es einen Zusammenhang. Da geht es um das Gleiche.“

G.B.: (schweigt)

Y.: „Ich erwarte das von jedem; ja, eigentlich von jedem; auf meiner Arbeitsstelle, zu Hause, hier ...“

Hauptwort ist hier das Wort „sorgen“. Ohne es zu wissen, hat Y. durch mancherlei ungünstige Lebenserfahrungen eine Art Lebensanforderung entwickelt, daß für ihn gesorgt werden muß. Dies hat er ganz besonders von der Kirche und der Religion erwartet (bei welchen genau das Gegenteil geschah). In dem krampfhaften Suchen nach Gott spielte dieses Bedürfnis unbewußt eine entscheidende Rolle. Diese Haltung machte gerade die Empfänglichkeit unmöglich, die für eine echte religiöse Erfahrung und für die Verheißungen des Glaubens nötig ist. Es wird deutlich, daß das Wort „Sorge“ in seiner allgemeinen Bedeutung etwas anderes sagt als in dieser zugespitzten, höchst persönlichen Situation. Es wird auch deutlich, daß es hier um etwas geht, das die betreffende Person viel fundamentaler betrifft als nur eine Überzeugung. Es ist ein tiefes Lebensbedürfnis und fast eine Form der Existenz.

Existenz

Bei der Existenz geht es um eine Ebene, die sich mit psychologischen Begriffen nicht mehr beschreiben läßt. Hier geht es um die Person in sich selbst. Sie weiß sich sowohl für sich selbst wie auch für den anderen als ihr Gegenüber verantwortlich. Auf dieser Ebene treten die Fragen nach Sinn, Religion und Glauben hervor. Hier gehören sie auch hin. Zwei Aspekte sind hier wichtig. Zunächst muß jemand sich dieser Existenz als solcher bewußt sein. Existenzbewußtsein als so lches ist nicht immer vorhanden. Wir realisieren unsere Existenz in unserem konkreten Leben, in der Welt und im Umgang mit Menschen. Hiermit hängt der zweite Aspekt zusammen: Unsere Existenz ist niemals „an sich“. Sie ist eine Bewegung und verwirklicht sich in einer bestimmten Weise: in Grundhaltungen (E.H. Erikson), Haltungen, Überzeugungen, Gefühlen, Bedeutungszuweisungen, Worten und in einem konkreten Verhalten. Das Evangelium appelliert eigentlich ständig an diese Existenz vor Gott; Existenz im Erwarten, in der Armut des Geistes, in Barmherzigkeit, in der Reinheit des Herzens, in Friedensliebe, in Treue. Aus dieser Existenz vor Gott strömt ihre Sinnhaftigkeit hinüber in Haltungen, Gefühle, in eine Weise, die Dinge wahrzunehmen (Bedeutung), in Wort und Tat. Gerade wenn die evangelischen Texte als Existenztexte gelesen werden, verlieren sie das Moralisierende und Zwingende, das heißt Angstmachende, das ihnen zu Unrecht so oft zugelegt w ird. Evangelium ist Existenzzusage.

Im folgenden Beispiel finden wir diese Thematik wieder.

Y.: „Ich bin dankbar. Wenn ich den Weg überdenke, den ich bisher zurückgelegt habe. Wie arglos habe ich angefangen und wieviele Umwege waren nötig. Sie waren nötig. Das sehe ich jetzt."

G.B.: „Eigentlich ein Wunder, nicht wahr?"

Y.: „Ja, ein Wunder. Du bist mit tausend Sachen beschäftigt; du denkst und arbeitest und tust, du versuchst und kannst es nicht. Und quer durch dies alles hin geschieht etwas ...; wie soll man sagen ... so etwas wie eine neue Geburt. Es geht doch, trotz allem! Ja, eine Geburt."

G.B.: „Und geboren werden, macht dankbar."

Y.: „Ja, es ist ein neuer Anfang. Oder eigentlich ein ‚alter Anfang'. Ich sehe jetzt, was da eigentlich schon immer war. Alles, was nötig ist; es ist schon die ganzen Jahre im Gang; es geht schon durch mein ganzes Leben; schon immer ..."

G.B.: „Durch deinen ganzen Weg und deine Wahrheit und dein Leben."

Y.: (überrascht) „Ja. Und das steht in dem Buch, was?"

Es ist deutlich, daß die Dankbarkeit hier die Existenz berührt. Es handelt sich hier nicht um eine Überzeugung, und es geht um mehr als um eine Haltung. Es ist eine Existenzerfahrung aufgetreten, die die ganze Person bis in ihre Wurzeln und in ihre Bestimmung umfaßt. Es geht jetzt nicht darum, ob diese Erfahrung in dieser Weise bleibt. Als Existenzerfahrung ist sie jetzt gegenwärtig, ohne als solche bewußt zu sein. In der dankbaren Existenz selbst und in dem Gespräch darüber verwirklicht und entwickelt sie sich.

Umgang mit Erfahrung

Auf diese Weise hat Erfahrung eine Tiefenmöglichkeit, der immer wieder nachgegangen werden muß, soweit diese im Augenblick reicht. In den meisten Gesprächen betritt man allmählich die drei ersten Ebenen. Immer wieder muß nachgeschaut werden, ob und wieweit das Gespräch noch vertieft werden kann. Haltungen und Existenz sprechen sich auf allen Ebenen aus, aber sie sind nicht allezeit erreichbar. Geistliche Begleitung, wenn sie recht orientiert ist, richtet sich allerdings auf die Existenz, in der Sinn, Religion und Glaube sich vollziehen . In Haltungen, Überzeugungen, Inhalten, Worten und Verhalten „inkarniert“ sie sich in das Leben konkreter Menschen hinein; und auch in die Begegnung während der geistlichen Begleitung.

Exkurs: Religiöse Sprache und Kultus

Sprache, die nicht mit Handeln und einem konkreten Tun verbunden wird, läuft ernsthaft Gefahr, sich zu verflüchtigen. Unser ursprüngliches Bewußtsein ist ja ein Handlungsbewußtsein und aus dem Umgang mit Menschen, Situationen und Dingen entstanden. Sprache hat diese „Rückbindung“ nötig, um ihren Inhalt zu bewahren. In unserem Handeln wird Erfahrung korrigiert, verfeinert, weitergeführt; im Handeln ereignet sich neue Erfahrung. Dies gilt in besonderer Weise für die „religiöse“ Sprache, für die Sprache also, die sich, du rch unsere religiösen Intentionen gefüllt, auf das Geistliche, das Unsichtbare und auf den Glauben richtet. Kolakowski geht so weit, daß er die Bedeutungsfülle des religiösen Redens per definitionem mit dem Kultus und dem religiösen Handeln zusammenbindet. „Isolierte theologische Aussprüche wie ‚Gott existiert‘ sind keine Komponenten einer Religion im echten Sinne des Wortes. Gottes Existenz als eine theoretische Behauptung – man könnte sagen, sich auf die erste Ebene zu beschränken (H.A.) – hat wenig mit au thentischen religiösen Handlungen zu tun, durch die man ausdrückt, daß man dazu gehört; und Pascal hat Recht, wenn er sagt, daß Theismus etwa gleich weit vom Christentum entfernt ist wie Atheismus.“[14]

In jedem Fall scheint es wohl sicher, daß ein religiöses Leben, das sich nicht in religiösen Taten äußert, sich nach und nach verflüchtigt. Im Kapitel III werden dann auch zu recht als Früchte der geistlichen Begleitung genannt: ein wachsendes Gefühl der Mitverantwortlichkeit für andere Menschen, eine intensive Teilnahme am Gottesdienst und dem sakramentalen Leben der Gemeinschaft. Vor allem in diesem letzteren Zusammenhang bekommen die Worte, aus denen Gebete, Akklamationen, Gesänge, Berichte, Segen usw. bestehen, eine Richtung. So werden sie zu Trägern unseres Gerichtetseins auf „das Unsichtbare“; sie werden zu Ausdrücken einer Beziehung. Man kann nicht zu einer Idee oder einem Dogma beten und singen. Worte bekommen ihre religiöse Bedeutung vor allem innerhalb

[14] L. Kolakowski 1982, S. 176.

des Kontextes des gemeinsamen Tuns. Von hier aus wird klar, daß echte Initiation, das heißt Einführung in den Umgang mit dem Heiligen als dem „Saum des Kleides des HEILIGEN" und mit dem HEILIGEN selbst, der echte Einstieg für alle Frömmigkeitsformen ist und letztendlich auch für die geistliche Begleitung. So gilt auch umgekehrt, daß, wenn jemand nicht weiß, was religiöse Erfahrung ist, die religiöse Bedeutung der Sprache von ihr oder ihm nicht erfaßt werden kann. Dies ist der Grund, warum der geistliche Begleiter oder die Begleiterin während des Gesprächs „in Fühlung mit dem Geist" stehen muß.[15]

8. Präsenz

Zum Abschluß des Kapitels über den Umgang mit dem Geistlichen und der Glaubenserfahrung eine Überlegung über die Bedeutung der Anwesenheit des Begleiters oder der Begleiterin. Mit Präsenz wird die *Wirkung* angedeutet, die von einem Menschen ausgeht d.h. in der Art und Weise wie er die eigene Existenz in Begegnung mit anderen ausdrückt: in den Worten, die ausgetauscht werden, in den Gefühlen, die geteilt werden; in den Überzeugungen, die sichtbar werden; in den Haltungen, die auftreten. Worte, die auf dieser Ebene ausgesprochen werden, wirken. Die Worte Jesu – dessen Existenz im Vater wurzelt – werden von den Zuhörern als „unerhört" erfahren: Noch niemals sprach jemand so wie dieser Rabbi. Dies lag in erster Linie nicht an deren Inhalt. Sehr vielen Sprüchen Jesu liegen alttestamentliche Worte oder Ideen zugrunde. Ihre *Wirkung* erwuchs aus seiner „Vollmacht", das heißt aus seiner eigenen Existenz, die durch seine Worte hindurchklang. Er war selbst in seinen Worten „anwesend". Für geistliche Begleiterinnen und Begleiter ist dies das ideale Beispiel. Durch seine Art des Anwesendwerdens wird jeder Kontakt dieses Begleiters zu einer wirklichen Begegnung. „Anwesenheit" *wirkt*: Sie zieht an und appelliert an die Anwesenheit des anderen; sie errichtet einen geistlichen Raum.

Die Analyse sehr vieler Gespräche macht deutlich, daß dieses Anwesendsein nicht etwas ist, über das man willkürlich verfügen kann. Man ist dafür auch auf den Mitmenschen angewiesen. Im Leben Jesu kommen des öfteren Situationen vor, in denen er „keine Wunder tun konnte", das heißt, in denen er die ganze Kraft seiner Anwesenheit nicht so empfing, daß er damit „wirken" konnte. *Anwesendsein entsteht.*[16] Man „wird anwesend" in

[15] R. Guardini 1979, S. 80.
[16] F. Buytendijk 1958, S. 60–101 (1952).

Abhängigkeit von dem „Anwesendwerden“ des oder der anderen. Wann immer solch ein Geschehen sich ereignet, spricht man von einem intensiven, tiefen oder „dichten“ Gespräch. Für jemanden, der hierfür wach ist, wird denn auch unmittelbar spürbar, wenn das Gespräch „oberflächlicher“ wird, das heißt, wenn es sich von der existentiellen Ebene entfernt. Menschen sind dann weniger „bei sich selbst“ und auch weniger „sie selbst“. Die Wichtigkeit dieses Sprechens auf dieser Ebene liegt darüberhinaus in der Tatsache, daß gerade dieses Verstehen der eigenen Existenz einen tiefen Respekt vor dem anderen hervorruft. Wer den eigenen Ursprung, das eigene Schicksal, die eigene Bestimmung und die eigene Gebrochenheit erfährt, relativiert unmittelbar die eigenen Haltungen, Überzeugungen, Gefühle, Verhaltensweisen und Worte. Die Erfahrung der eigenen Existenz führt zu der tiefen Überzeugung, daß man für den anderen nur eine „Anleitung“ sein kann, damit er seinen eigenen Ursprung entdecken kann; Anleitung, sein eigenes Schicksal zu begreifen, auf seine eigene Bestimmung zu hören und für seine eigene Gebrochenheit Zeichen der Erlösung und der neuen Freiheit zu vernehmen. In diesem Sinn ist die Aufmerksamkeit auf echte Anwesenheit eine Grundhaltung, die bei jedem, der sich auf die geistliche Begleitung einläßt, von vornherein vorausgesetzt wird.

Kapitel VII
Der Weg

> *„Nur das Gehen selbst ist wichtig, nur das bleibt, und nicht das Ziel; dies besteht allein in der Phantasie des Reisenden. Und es gibt keinen Fortgang, wenn du nicht das annimmst, was jetzt ist."*
>
> *(Antoine de Saint-Exupéry)*

1. Das Bild des Weges

„Der Weg" ist ein sehr altes und weitverbreitetes Bild für die Aufgabe, die Menschen auf sich nehmen, wenn sie ganz bewußt auf das Geistliche und das Religiöse zugehen. Dieses Bild weist auf die *spirituelle Richtung* hin, die das Leben dann erhält; es weist auf die *persönliche Richtung* hin, die sich dabei entwickelt; und es weist auf die *Erfahrungen* hin, die dabei auftreten. Alte Religionen kennen die sogenannten „heiligen Wege". Sie führen meistens bergauf zu einem Heiligtum. Oft kehren sie in Symbolen wie den Mandalas, den Labyrinthen und anderen Einweihungsriten wieder. Tatsächlich haben sie oft die Form von Treppen; überall findet man diese „heiligen Treppen" wieder. Die Symbolik der „Leiter" oder der „Himmelsleiter" hängen hiermit direkt zusammen. „Treppe", „Leiter" und „Weg" stehen für die gleiche Idee, nämlich für die Wanderung zur wahren Einsicht, den Aufstieg zum höheren Wissen und zur geistlichen Umbildung (Transfiguration). Der Weg kann auf die Höhe oder auch in die Tiefe führen. Führt er in die Höhe, dann leitet er zur Erkenntnis und zu der Existenz in der menschlichen und der göttlichen Welt; führt er in die Tiefe, dann weist er auf die verborgene Kenntnis der Seele und das irdische Geheimnis hin. In beiden Fällen geht es um eine tiefere Einsicht und ein existentielles Verstehen der Bezogenheiten zwischen Himmel und Erde, Göttern und Menschen, zwischen Gott und seinem Volk. In Dantes großem Gedicht sind beide Aspekte vorhanden. Der Weg als Aufstieg und Abstieg ist ein mythisches Thema, das in allen großen Religionen, in vielen Erzählungen und Gleichnissen und in wohl fast allen Wegbeschreibungen der Mystiker, der großen Meister und Meisterinnen eine Rolle spielt. Sehr oft gehen vor allem die Bilder „Treppe" und „Leiter" davon aus, daß es eine ursprüngliche Einheit zwischen Himmel und Erde gab und daß diese Einheit durch das Auftreten des Menschen zerrissen wurde. Aus diesem Motiv stammt auch das Symbol der „Rückkehr", das in der Thematik des „Wegs" ständig auftaucht.

Das Wegmotiv erscheint ausdrücklich immer wieder in den vielen Formen, in denen das Symbol des Labyrinths auftaucht. Auch darin spielt das Motiv der Rückkehr eine sehr wichtige Rolle. Eine außergewöhnlich sprechende Variante des Wegmotivs ist in dem Symbol der Spirale verborgen, das die „Seelenreise" anzeigt. Dieses Symbol stellt nachdrücklich heraus, daß wir „unterwegs" ständig auf „dieselben" Dinge stoßen. Es macht klar, daß wir sie immer wieder auf einem höheren oder auf einem niedrigeren Niveau integrieren müssen. Das Symbol des Weges sagt sehr viel über den geistlichen Weg. Wenn man sich dieses auch als eine rechte Linie vorstellt, dann darf aber doch diese Spiralsymbolik nicht vergessen werden. In der biblischen und christlichen Literatur kehren diese Themen vielfältig wieder. Im Alten Testament ist es auffällig, daß der Weg, den jemand geht, eigentlich anzeigt, was für eine Person er oder sie ist und welchen Zielen sie oder er sich zuwendet. Mose sagt zu Gott: „Habe ich Gnade vor deinen Augen gefunden, so laß mich deinen Weg wissen, damit ich dich kenne und Gnade vor deinen Augen finde" (Ex 33,13). Wenn Ijob sich verteidigt und fragt, warum es den Bösen gut und ihm so schlecht geht, dann sagt er über sie: „Die sagen doch zu Gott: ‚Hebe dich von uns, wir wollen von deinen Wegen nichts wissen'" (Ijob 21,14). Der Psalm 67 bittet: „Gott sei uns gnädig und segne uns; er lasse uns sein Antlitz leuchten, daß wir auf Erden erkennen seinen Weg" (Ps 67,2f). Der „Weg" ist sehr oft an Gottes Gebote gebunden und an den Lebenswandel, der daraus entspringt. Die Idee der zwei Wege, die in Psalm 2 ausgebreitet wird, findet ihre Entsprechung im Neuen Testament (Spirale!). Matthäus bringt dort den Vergleich zwischen der engen und der weiten Pforte und den zwei Wegen, die diesen entsprechen (Mt 7,13f; vgl. Lk 13,24). Dieses Thema spitzt sich in dem Wort Jesu über sich selbst zu, in dem er sich als den Weg, das ist die Wahrheit, das ist das Leben darstellt (Joh 14,6). Damit hängt zusammen, daß „der Weg" zu der ältesten Selbstbeschreibung der christlichen Gemeinschaft werden kann: „Anhänger des Weges" (Apg 9,2; 19,9.23; 22,4; 24,14.22). Aber auch hier kommt diese Symbolik auf ein Thema zurück, das schon bei Jesaja angeklungen war (Jes 40,3.11). In der Literatur wird der Weg als Fragen, als eine „Suchwanderung" beschrieben. Es ist ein Motiv, daß auch in vielen großen Erzählungen, Legenden und Sprichwörtern zu finden ist. Oft wird diese Suchwanderung als „Ausweg" oder „Rückkehr" zur vollen Wahrheit und Einsicht beschrieben. Der Sinn des Leb ens liegt in dieser „Suchwanderung". Als Begleiterin tritt dabei oft eine

eine Frau auf. So beschreibt Petrarca in „Das Geheimnis“, daß er – während er über den Sinn des Lebens nachsann – eine Frau von undeutlichem Lebensalter mit einer sehr aparten Ausstrahlung und von seltsamer Schönheit auf sich zutreten sah. Sie war „die Wahrheit selbst“. Sie führt mit ihm ein einleitendes Gespräch und stellt ihn dann Augustinus vor, der ihn in seiner Selbsterkundung führen wird, „wobei Frau Wahrheit als einziger Zeuge jede Bemerkung beurteilte, ohne etwas zu sagen“. Die Schönheit „der Frau“, welche den Glanz der Wahrheit anzeigte, ist ein Thema, das sehr oft vorkommt. Dies gilt auf eine geheimnisvolle Weise sogar für Frau Armut, die auf dem Weg des Franz von Assisi eine solch wichtige Rolle spielte. In dem Gedanken von der „ewigen Jungfrau“ kehrt dieses Motiv in vielerlei Weise wieder. Goethe verwendete es, um die Sehnsucht nach dem Transzendenten zu symbolisieren. Dante war ihm dabei mit seiner Beatrice schon vorausgegangen. Für Teilhard de Chardin ist es die große kosmische Kraft, die in Maria kumuliert. Die drei Frauen, die die Spezereien zum Grab tragen – ein Motiv, das in der christlichen Ikonographie endlos wiederkehrt – symbolisieren dies ebenso wie – stärker psychologisch verstanden – der Archetyp der „Anima“ bei C.G. Jung. Letzterer jedoch legt mit Recht auch Nachdruck auf deren möglicherweise destruktiven Charakter, wenn ihr keine ausreichende Gegenkraft entgegentritt.[1]

Neben dieser allgemeinen Wegsymbolik entwickeln Menschen oft auch eine mehr persönliche. Oft tritt diese ans Licht, wenn man tiefer auf eine geistliche Biographie eingeht. Die persönliche Wegsymbolik ist oft an eine Situation gebunden, wie man sie auch im Leben Abrahams findet: Er bezeichnet die verschiedenen Stationen seines Weges durch verschiedene Altäre, die er aufrichtet. In einem Gruppentreffen, bei dem diese Symbolfindung angeschaut wurde, kamen als Wegsymbole unter anderem vor: ein Lied, ein schwarzweißer Stein, Wurzel, Tür (5x), Licht und Dunkelheit, Bergsteigerseil, Tanz, Brücke und Blatt.

2. Das Paradox des Weges

Das Bild des Weges trägt etwas Paradoxes in sich. Einerseits muß der Weg beschritten werden. Dies erweckt die Vorstellung, daß er schon im Zuvor bereitet ist und nur durchschritten werden muß. Andererseits wird aus den Zeugnissen überdeutlich, daß er gesucht und gefunden werden muß. An-

[1] Angesichts dieser Symbolik in bezug auf das Weibliche ist zu fragen, ob sie nicht zu einseitig von Männern geprägt wurde.

ders gesagt: Der Weg ist vor allem Praxis, keine Theorie. Zu gleicher Zeit stellt er aber eine bestimmte Auffassung dar, ein Gesamt von Einsichten. Der Weg appelliert vor allem an das Handlungsbewußtsein, aber er setzt auch ein Wissen voraus. Abraham wird auf einen Weg gerufen, den er nicht kennt und er empfängt eine Verheißung, die keineswegs deutlich ist. Unterwegs muß er sehr viel von dem lernen, was eigentlich schon vorausgesetzt wird, um den Weg überhaupt beschreiten zu können. Durch das Beschreiten des Weges muß er sich in einer Richtung verändern, die ihm zumindest sehr undeutlich ist. In ihm als Prototyp wird das Thema des Weges als Hauptthema des Bundes schon angekündigt.[2] Der Weg verlangt, daß man in Bewegung kommt („be-weg-en" im Sinn von: einen Weg erfassen); die Bewegung hat dann die Aufgabe, die Richtung zu suchen. Die Richtung selbst kann nur im Gehen gefunden werden. In der Erfahrung des Weges vollzieht sich dieses Paradox. In einem echten Zugehen auf das Geistliche und auf die Beziehung zu Gott finden diese Gegensätze zusammen. Hiermit hängt zusammen, daß in den Schriften über den Weg zwei Arten von Beschreibungen vorkommen. Sie sind für die geistliche Begleitung von großem Gewicht. Die erste Art beschreibt, was Menschen unterwegs erleben. Sie beschreibt die Erfahrungen, die gemacht werden, und die „Stationen", die bei dem Weg, der gegangen wird, auftreten. Die zweite Art sagt, was Menschen unterwegs nicht tun dürfen. Hier geht es mehr um Vorschriften und Richtlinien. Ein schönes Beispiel für beide findet man beim Hl. Johannes vom Kreuz. Sorgfältig beschreibt er die Erfahrung der liebevollen Erkenntnis, die vor allem in der Aufmerksamkeit der Liebe besteht, in der sich jemand auf das Göttliche richtet; und er sagt dann auch, daß man sich in diese liebevolle Aufmerksamkeit hinein begeben muß. Aber zugleich gibt er auch zu wissen, daß „wenn die Seele sich auf diese Weise in die Stille versetzt fühlt (deskriptiv), daß dann auch die Übung dieser liebevollen Aufmerksamkeit, über die ich gesprochen habe, zurückgelassen werden muß (präskriptiv); so kann sie frei bleiben für das, was der Herr von ihr verlangt"[3]. Die geistliche Begleitung hat den Auftrag, mit diesem Paradox umgehen zu helfen. Darum ist eine globale Kenntnis des Weges (deskriptiv) und eine Einsicht in das, was jetzt getan werden muß (präskriptiv), nötig. Diese Elemente gehören zu dem „Außen". Die Begleitung besteht darin, daß diese mit dem „Inneren" verbunden werden. Die Erfahrung, um die es geht, kann durch geistliche Begleitung nicht „ge-

[2] Fr. John de Taizé. Viele Betrachtungen zum Bild des Weges finden sich auch in: H. Andriessen 1993, A. Grün 1983, P. Blanchard 1957.
[3] Vgl. H. de Wit (1987), der sich sehr grundsätzlich mit dem Bild des Weges beschäftigt.

macht" werden. Es gibt allerdings im Hinblick auf deren Entstehen und ihre Richtung, Einsichten und Richtlinien. Man kann sagen, daß die stärker beschreibenden Darlegungen über den Weg versuchen, die Entwicklung der existentiellen Perspektive aufzuzeigen. Die stärker vorschreibenden Darlegungen beziehen sich auf das Tun und Lassen, d ie Methode und die Praxis. Beide Aspekte sind aufeinander bezogen und zwar nicht nur bei dem, der begleitet, sondern ebenso auch bei dem, der den Weg geht. Immer wieder empfängt man im Handeln neue Einsichten und arbeitet im Handeln mit Einsichten, die aus der Erfahrung gewonnen werden. Nur Einsicht genügt nicht; nur Handeln ebensowenig. In der Tradition stehen die Regeln im Zusammenhang mit dem Handeln; sie sind bekannt unter Namen wie „vademecum"(!), „disciplina", „studium" (planvolles Lernen), „exercitio", „Übungen", usw. Wenn man solche Erkenntnis gewinnt und vor allem wenn man diese dann in die Praxis überträgt, wird deutlich, daß sie immer schon eine Einsicht in den Weg voraussetzen und daß darüber hinaus aus diesem Handeln neue Einsichten erwachsen. Diese haben dann wohl auch theoretische Aspekte, aber sie sind doch vor allem praktisch: Man verändert und wird durch sie verändert.

Franz von Assisi ist ein Großmeister in solchen Veränderungen schaffenden Vorschriften. Der „Fioretti" ist voll davon. Seine Vorschriften erwachsen aus einem Durchschauen der Situation des betreffenden Mitbruders und dem Umsetzen dieses Durchschauens in eine praktische Vorschrift. Wenn dies durch den Mitbruder befolgt wird, erfährt er im Tun selbst die Veränderung und diese kann dann wiederum als Einsicht formuliert werden. Die Vorschriften von Franziskus erwachsen aus zwei Quellen: Zuerst sind da die eigenen Erfahrungen und dann gibt es an zweiter Stelle ein „Durchschauen" von der geistlichen Unwissenheit, Verwirrung oder Ausweglosigkeit, in der der Mitbruder sich befindet. In diesem letzteren stoßen wir auf ein sehr wichtiges Prinzip der geistlichen Begleitung: Sie macht die Ausweglosigkeit selbst zum Weg. Sie geht nicht von einem vorgegebenen Ideal aus, sondern sie arbeitet mit dem Mangel, der sich auf dem Weg zeigt. Wir sehen, daß Jesus das gleiche tut, wenn er dem Geheilten von Gerasa vorschreibt, ihm nicht nachzufolgen, sondern bei seiner Familie zu bleiben.

Kapitel VIII
Die Beziehungsstruktur in der Begleitung

„Das Unendliche, das im Menschen ist, ist einem kleinen Stück Eisen preisgegeben; so ist das menschliche Dasein beschaffen; Ursache dessen sind Raum und Zeit“

(S. Weil)[1]

Die Beziehung, auf die man sich in der geistlichen Begleitung einläßt, ist nicht beliebig, sondern sie hat eine bestimmte Vorgabe, nämlich die gläubige Hilfe zum Gehen des Lebensweges, wie er sich in den einzelnen Lebensabschnitten eröffnet. Die Vorgabe der Beziehung ist die gläubige Existenz. Dabei geht es immer um einen Lernweg, denn weder der Lebenslauf, noch der Glaube sind „Daten“. Sie lassen sich entdecken und fordern andauernd Erneuerung und Veränderung ein. Das Leitmotiv von allem, was in dieser Beziehung geschieht, ist der Glaube an eine Wirklichkeit, die über diese Beziehung hinausreicht und die auch unsere geistlichen Kräfte übersteigt. Gleichzeitig wird sie von der Überzeugung getragen, daß es im menschlichen Herzen ein Verlangen nach gerade dieser Wirklichkeit gibt. Dieses Verlangen wirkt auf eine verborgene oder auch auf eine eher ausdrückliche Weise während des ganzen Lebenslaufes, unter den konkreten Umständen, denen wir begegnen. In der geistlichen Begleitung wird dieses Leitmotiv in einer bestimmten Weise und innerhalb einer bestimmten Struktur ausgestaltet. Davon handelt dieses Kapitel.

1. Der Vertrag

1. Formal beginnt die geistliche Begleitung mit einem Vertrag, der die Weise umschreibt, in der die Beziehung abgesteckt wird. Angesichts der verschiedenen Arten von Begleitung in allerlei Berufsfeldern muß hierüber ausführlicher gesprochen werden. Früher war dies weniger nötig. Die klassischen Schriften zu diesem Gebiet entstanden in einer Kultur, in der alle Führung und Begleitung auch geistliche Begleitung war, sogar im Bereich der Medizin.[2] Im Augenblick ist die Situation eher umgekehrt und

[1] Vgl. F. Kemp, 1990, S. 132
[2] Vgl. z.B. L. Arano. 1976.

daher übernimmt geistliche Begleitung vieles, was in anderen Begleitungsformen angewandt wird, hätt aber dabei an ihrem eigenen Blickwinkel fest.

Dies wird im „Vertrag", den die Betroffenen miteinander eingehen, geregelt. Der Vertrag betrifft die gesamten am Anfang getroffenen Absprachen und alle Einsichten, die getauscht wurden. Er stellt eine Skizze der Beziehung dar, die Menschen miteinander eingehen; aber nur eine Skizze. Die Begegnung und das Gespräch selber werden diese lebendig machen müssen. Der Vertrag verweist auf den Sinn der Beziehung, kann diese aber noch nicht konkretisieren. „Sinn" beinhaltet immer „Bewegung" und „Richtung". Das französische Wort „sens" enthält diesen Verweis noch ausdrücklich. Die Richtung, die „im Gehen" gefunden wird (vgl. Kap. 3), wird jetzt im Vertrag angedeutet.

Die Thematik des Vertrages läßt sich kurz in der Frage zusammenfassen, die in jeder Supervision über geistliche Begleitung früher oder später auftaucht: „Wie deutlich ist mir selbst das, was ich will, und wie kann ich es dem anderen verständlich machen." Der Vertrag ist eine Hilfe dazu. Es geht um die Richtung. in der man arbeiten will, über die Rollenverteilung in der Beziehung und um verschiedene Absprachen, die damit zusammenhängen. Je konkreter die Fragestellung entwickelt wird, desto besser ist es. Jedoch zeigt sich in der Regel, daß sich diese im Verlauf der folgenden Treffen noch verfeinert oder gar verändert. Das Ganze ist kein starres Schema, an dem um jeden Preis festgehalten werden muß.

Es wird auch besprochen, daß es bei den Treffen um geistliche Begleitung gehen soll. Der Begleiter oder die Begleiterin übernehmen auch die Verantwortung dafür, diesen Punkt im Auge zu behalten. Auf diese Weise geschieht eine Abgrenzung zur Psychotherapie oder zu anderen Formen von Begleitung.[3] Das bietet außerdem die Gelegenheit, deutlich zu machen, daß geistliche Begleitung alles zum Gegenstand haben kann, was sich im Leben und in der Arbeit, psychisch und existentiell aufdrängt; aber jeweils unter dem Blickwinkel: Welche richtungsweisende Bedeutung hat dies für Sinnsuche und Glaube im Leben, für den Weg eines gläubigen Erwachsenseins? Manchmal ist es nicht einfach, sich an diese Absprache zu halten.

2. Der Vertrag betrifft also die Zusammenarbeit und ist außerdem eine Weise, sich dem anderen vorzustellen. Dies mit Hilfe eines Vertragschlusses zu tun, hat den Vorteil, daß man sich beim Kennenlernen nicht in allerlei persönliche Mitteilungen verlieren muß. Beim Kennenlernen selbst wird deutlich, daß es um einen funktionellen Vertrag geht, bei dem aber auch das persönliche Element eine unentbehrliche Rolle spielt. Es werden dann

[3] Vgl. H. Andriessen, Psychologie und Leben aus dem Glauben, in: P. Raab 1990, S. 84–97.

häufig noch keine Absprachen über die Dauer der geistlichen Begleitung getroffen. An sich ist dies sehr begreiflich; und geistliche Begleitung unterscheidet sich an diesem Punkt von der Psychotherapie und der Beratungspraxis. Diese werden meist im Hinblick auf sehr konkrete Probleme in Anspruch genommen, die sich im alltäglichen Leben in festgefahrenen Beziehungen, sozialen Kontakten, in der Arbeit oder in der Freizeit zeigen. Geistliche Begleitung richtet sich auf die Förderung des Glaubenslebens und dies sieht in den verschiede nen Lebensphasen je anders aus. Es ist nicht möglich zu sagen, daß zu einer gegebenen Zeit „das Problem gelöst" ist. Es geht um Lebensbegleitung, wie in der Pastoral; es geht um gläubige Selbstwerdung, um die „Lebensorthodoxie als gelebte Wahrheit" (1. Caruso). Und dies hat unter den konkreten Umständen des Alltags zu geschehen. Seit ältesten Zeiten war dies ein Hauptmotiv. Die „Traumarbeit" von Evagrius von Pontus im 4. Jahrhundert und auch das Erzählen und Betrachten der Legenden von Heiligen, das regelmäßige Fasten, die Schweigezeiten und die geistliche Lesung standen in dieser Perspektive.[4]

Es sind jedoch auch andere Arbeitsweisen möglich, die ebenso im Vertrag untergebracht werden können. Neben der durchgehenden Lebensbegleitung sind noch drei Formen zu unterscheiden.

Die konsultative Begleitung: Hier geht es um ein einzelnes oder einige wenige Gespräche, bei denen eine spezielle, deutlich abgegrenzte Frage ansteht. Den Gesprächspartnern ist klar, daß es nur um diese Frage geht und deshalb beschränkt sich das Gespräch auf das eingebrachte Thema. Häufig erhält es dadurch die Form eines freien Gedankenaustauschs oder einer Beratung. Außerdem geht es um beiläufige Sitzungen, die nach der Besprechung des Themas abgeschlossen werden, auch wenn die Frage noch nicht vollständig beantwortet ist.

Die fokussierte Begleitung: Hier geht es um eine auf einen sehr speziellen Punkt ausgerichtete Begleitung. Dieser spezielle Punkt wird als der „zentrale Konflikt" betrachtet. Im einführenden Gespräch wird dieser Punkt sorgfältig herausgearbeitet, und es wird abgesprochen, daß nur das alles zur Sprache kommt, was mit diesem zentralen Konflikt in Zusammenhang steht. Dies liegt nicht nur in der Verantwortung derjenigen, die begleitet werden, sondern auch in der Verantwortung der Begleitenden. Es geht also, unter Ausschluß von allem anderen, um diesen zentralen Punkt. Dies bringt mit sich, daß viele Dinge nicht angesprochen werden, die auch Aufmerksamkeit verdienen könnten. Vom Fokus her wird jedoch bewußt

[4] Das Buch von R. van Egdom (1978) stellt hier ein fruchtbares Lesebeispiel dar. Er spitzt die Thematik auf die existentiellen Aspekte zu.

selektiert. Ein Vorteil dieser Zugangsweise ist, daß sehr richtungsbestimmt gearbeitet wird und in der Begleitung eine deutliche Einheit und ein Zusammenhang entsteht. Es verlangt jedoch von denjenigen, die begleitet werden, etwas innere Kraft, sich auf dieses Problem zu beschränken.

Die befristete Begleitung: „Befristet" meint, daß das Ende der Begleitung von vornherein ausdrücklich zeitlich festgelegt wird (zum Beispiel auf ein halbes Jahr; es geht um eine genaue Zeitangabe). Bei dieser Vorgehensweise geht man davon aus, daß das Ziel der Begleitung dann erreicht ist, wenn Menschen wieder „weiter" können. Begleiter oder Begleiterin haben eine Art Christophorus-Rolle. Sie tragen lediglich dazu bei, jemandem an einem kritischen Punkt „über den Fluß" zu helfen. Einmal am anderen Ufer angelangt, geht jeder wieder seinen eigenen Weg. Es muß klar sein, daß am Abschlußtermin streng festgehalten wird. Die Grundidee dieser Arbeitsweise besteht darin, daß es auf dem Lebensweg einfach Krisen und Umbruchsituationen, auch „Übergänge" genannt, gibt. Obwohl manchmal sehr unerwartete Dinge geschehen können, sind sie doch zu einem guten Teil vorhersehbar. Sicher läßt sich nicht alles auf einmal auflösen und das ist auch nicht nötig. Hat man einmal einen Übergang hinter sich, geht man wieder selbständig weiter. Die Erfahrung lehrt, daß dies eine sehr fruchtbare Arbeitsweise ist. Häufig kommt es vor, daß Menschen sich nach einem vorläufigen Abschied erneut an ihren Begleiter wenden, wenn ein neuer Übergang ansteht.[5]

3. In dem Vertrag werden außerdem Dinge wie etwa die Dauer der einzelnen Gespräche, die dazwischen liegende Zeit, der Ort und eventuelle (begleitende) schriftliche Aufzeichnungen, wie Autobiographie, Tagebuchaufzeichnungen oder Arbeitsnotizen angesprochen. Außerdem geht es

[5] In der Literatur über geistliche Begleitung sind mir Beschreibungen einer fokalen oder kurzfristigen Vorgehensweise nicht bekannt. Von therapeutischen Autoren werden folgende Richtlinien angedeutet:

- Die Frist ist streng zu überwachen.
- Das Kernproblem sollte schnell erkannt werden.
- Es ist an einem zentralen Fokus festzuhalten.
- Auf die Übertragungsmechanismen muß aufmerksam gemacht werden.
- Interventionen bedürfen der Einfühlsamkeit.
- In Zusammenhang mit Träumen ist zu beachten:
  - Beschränkung auf den greifbaren Inhalt
  - Zusammenhang mit dem zentralen Fokus
  - Verwendung der Träume, um an gebundene Gefühle heranzukommen, die zu einer tieferen Einsicht in den zentralen Konflikt führen.
- Man sollte keine Angst haben, eigene Vermutungen einzubringen.
- Die Rolle des anderen als Zentrum des Lebens und der Erfahrung ist sehr nachdrücklich herauszustellen.

um Finanzen und – wenn die Betroffenen zu einem Orden gehören oder für eine Diözese tätig sind – um die Position des Begleiters oder der Begleiterin in dieser Gesamtkonstellation.

Wenn eine geistliche Begleitung mit einer Gruppe begonnen wird, läuft grundsätzlich dasselbe ab. Da es dann aber um verschiedene Menschen zugleich geht, ist der Vertragschluß etwas komplizierter; es geht jetzt vor allem um den Beginn.

Es ist auch möglich, geistliche Begleitung für Gruppen anzubieten. Dann ist es sehr empfehlenswert, das Thema deutlich anzugeben, zu dem sich die Gruppe treffen soll. Beim Abschluß des Vertrages kann dann der Frage nachgegangen werden, wie die teilnahmewilligen Personen zu diesem Thema stehen. Dann kann auch bespr ochen werden, wie das Thema angegangen werden soll. Es kann aber auch andersherum sein, daß eine Gruppe Menschen nach einer geistlichen Begleitung sucht. Dann wird man der Erwartung jedes einzelnen ausdrücklicher Aufmerksamkeit schenken müssen. Es ist unerläßlich, daß hieraus dann eine gemeinsame Perspektive entstehen kann und man sich bereit erklärt, diese Perspektive einhalten zu wollen. Geschieht dies nicht, besteht die Gefahr, daß die gruppendynamischen Prozesse wichtiger werden als die Thematik. Wenn sich der Begleiter oder die Begleiterin sehr sicher fühlt, dann ist es auch möglich, das Geschehen in der Gruppe sich einfach entwickeln zu lassen und darin dann die geistlichen Aspekte zum Aufscheinen zu bringen, die für die abgesprochene Thematik von Bedeutung sind. Aber einfach ist dies nicht.[6]

2. Die Arbeitsweise während der Begleitung

Was die Gestaltung der Beziehungen betrifft, sind hier drei Punkte hervorzuheben, nämlich das Fokussieren, der Stil, in dem miteinander umgegangen wird, und der Humor.

1. Das Fokussieren. Hier, wo es um den Kern der praktischen Arbeit geht, kommen die Bemerkungen über die Sprache voll zur Geltung. Aber dies alles wird konkret, wenn es darum geht, nach dem Vertragschluß und dem Bestimmen der Thematik den Weg der Begleitung zu gehen. Dann geht es um die Erfahrung, die innere Erfahrung, die „Geschichte", die daraus entsteht, die Tradition, in der diese Geschichte steht und den Handlungskreis. Dieses Thema taucht hier wieder auf, da der geistliche

[6] Vgl. hierzu W. Müller, 1989. Vieles von dem, was dort über Selbsterfahrungsgruppen gesagt wird, kann im Rahmen der geistlichen Begleitung fruchtbar werden.

Begleiter jetzt vor der Aufgabe steht, dies alles mit sich und mit einem lebenden Menschen in Verbindung zu bringen. Dies fordert eine große Aufmerksamkeit in bezug auf zweierlei: Sie richtet sich nie auf die Worte an und für sich, sondern immer nur, insofern sie Ausdruck des Verborgenen sind, das auch dem Sprecher nie ganz deutlich ist: und insofern sie in seiner ganzen Tragweite etwas bedeuten, das sich durchaus ausdifferenzieren läßt und nicht nur als vages Etwas vor Augen steht. Dabei geht es darum, die Wahrheit des Lebens eines Menschen immer feiner und genauer kennenzulernen – die existentielle Wahrheit wohlverstanden. Diese Wahrheit gibt sich um so mehr zu erkennen, je präziser die Worte ausgewählt werden. Außerdem hängt dieses Aufscheinen der Wahrheit von der Weise ab, in der man sich begegnet. Diese Wahrheit erscheint in ihrer ganzen Helle, Offenheit, *Vorläufigkeit* und Entschiedenheit. I. Caruso pflichtet V. Frankl bei, wenn er sagt, daß nicht genug vor dem „Zwang" einer „objektiven Wahrheit" gewarnt werden könne. Wahrheit will immer als „meine" und als „unsere" Wahrheit erkannt werden. Ist sie aber einmal zu einer solchen geworden, dann ist sie auch keine heuristische Hypothese mehr, die nach Belieben gegen eine andere ausgetauscht werden könnte. Die Lebenswahrheit erscheint im Licht und Dunkel des Glaubens. Sie kann nicht gemacht oder abgezwungen werden. Caruso als Psychotherapeut geht hierbei so weit, zu behaupten, daß er dort, wo es um die „Synthese der Existenz" geht, ein „vertretender Assistent des Seelsorgers" ist.[7] Wir selbst wollen hier nicht so weit gehen, zumal weil im Augenblick das existentielle Moment des Lebens, unabhängig vom Glauben, eine immer wichtigere Rolle zu spielen beginnt. Aber da es um eine Wahrheit geht, die sich „zu erkennen gibt", geht es auch immer um einen „Weg". Die Aufgabe der geistlichen Begleiter ist es dann, – ausgehend von den im Vertrag skizzierten Punkten und dem, was sich auf dem Weg ergibt – dazu beizutragen, daß diese Wahrheit immer deutlicher sichtbar wird und ihre Wirkung spüren lassen kann.

In diese Richtung weist das Fokussieren. Das Wort kommt aus der Photographie und steht dort für den Brennpunkt der Linse. In der geistlichen Begleitung geht es um das „Scharfstellen" auf die Wahrheit, die im Aufscheinen begriffen ist. Diese Wahrheit wird dann selbst zur Führung, die beide auf dem Weg begleitet. Dies verlangt eine große innere Freiheit, und auch eine Offenheit für das „Hier und Jetzt". Am Ende seines letzten Gesprächs rät Augustinus Petrarca: „Lege alles zur Seite. Komm endlich zu Dir selbst." Beide Partner in der Begleitung müssen sich frei machen

[7] I. Caruso 1952, S. 147f.

für die Gnade dieses Augenblicks. Augustinus fährt fort: „Laß Dich nicht durch die Vielzahl von Tagen und durch die wohldurchdachten Unterteilungen Deiner Lebenszeit ver-leiten“. Alle Vorbedingungen im Zusammenhang mit dem Lebenslauf müssen bei diesem Fokussieren losgelassen werden. Für die Wahrheit sind sie nicht mehr als ein Fenster, das für sich nicht wichtig ist, sondern nur dazu dient, das Tageslicht durchzulassen. Wir könnten sagen, daß beim Fokussieren nicht mit Kategorien aus dem „Aussen“ objektiviert werden darf. Augustinus verdeutlicht: „ Auf Deine Frage, wie dieser Weg dann sei, oder auf welchen Pfaden Du ihn erreichst, gebe ich zur Antwort, daß Du keine Anweisungen nötig hast. Höre nur auf Deine innere Stimme. Sie spricht Dich ununterbrochen an, weist Dich auf die Spur und sagt ‚hier entlang geht der Weg zum Vaterland‘.“ Fokussieren bedeutet hier, dazu beizutragen, daß diese innere Stimme möglichst deutlich vernommen werden kann.

2. Mit „Stil“ ist etwas gemeint, was zwar für ein einigermaßen geübtes Auge unmittelbar zu erkennen ist, sich aber schwer umschreiben läßt. In Literatur, Kunstgeschichte und Architektur werden Stile meist mit Hilfe äußerer Merkmale beschrieben. Es erfand noch niemand eine bessere Methode dafür, Stile zu beschreiben. Daß dies aber nicht genügt, erweist sich sofort, wenn jemand allein anhand dieser Merkmale ein Kunstwerk zu schaffen versucht. Das Resultat bleibt immer als Imitation erkennbar. Der Stil selbst drückt sich zwar in den Merkmalen aus – er benötigt sie, wie eine Mauer die Steine –, aber ein Haufen aufeinander gestapelter Steine bildet noch keine Mauer. Wir stoßen hier auf die Unersetzlichkeit der Erfahrung, in der sich die Dinge mit ihrem eigenen Antlitz zeigen. Wenn Menschen miteinander in ein regelmäßiges und geordnetes Gespräch treten, teilt sich in der direkten Begegnung miteinander auch der Stil mit, in dem jemand Kontakte gestaltet. Einige Merkmale davon können angegeben werden, aber sie können die Erfahrung nicht ersetzen.

Der leistungsorientierte Stil

Hier wird die Kontaktaufnahme stark von der Zielsetzung geprägt, daß „etwas herauskommen muß.“ Begleiter und Begleiterin versuchen, den anderen vor allem zu einem konkreten Handeln zu bringen. Dieses sollte dann im Rahmen dessen liegen, was mit der geistlichen Begleitung in Verbindung steht. Darum wird dieses Ziel sehr hervorgehoben und alles, was eingebracht wird, an seiner Bedeutung für dieses Ziel gemessen. Es muß „gearbeitet“ werden. Das äußert sich auch in einer großen Aufmerksamkeit für das „wie“, für praktische Beispiele, für geistliche Übungen und für das konkrete Verhalten. Wenn wir an den Handlungskreis zurückdenken, könnte man sagen, daß der Fokus auf die Suche nach einem Bewegungsimpuls und auf dessen Unterstützung gerichtet ist, sowie auf dessen Überprüfung.

Die geistliche Begleitung hat hier vor allem einen Hausaufgaben-Charakter. Dadurch bleibt sie sehr konkret, erlaubt in sicherem Sinn auch keine Ausflüchte und verpflichtet Menschen auf ein wirkliches Engagement in der täglichen Realität. Es werden auch Kontrollmittel erwogen, anhand derer der abgelegte Weg konkret übersehen werden kann. Häufig wirkt dies sehr motivierend. Außerdem kommt dieser Stil häufig Abhängigkeitsbedürfnissen und einem Mangel an innerer Sicherheit entgegen. Die eigene Kreativität wird, wenn nicht weniger angesprochen, so doch sicher in ihrer Entfaltung eingeschränkt. Innere Autonomie wird vorzugsweise am konkreten Verhalten gemessen. Gefühle und Erfahrungen werden dabei sicher nicht vernachlässigt, aber schnell auf ihre praktische Bedeutung hin befragt. Der eine oder andere Aspekt dieses Stils suggeriert, daß unser geistliches Leben vor allem aus „Tun“ besteht und daß eigentlich an Ruhe kaum zu denken ist.

Der kognitive Stil

Hier geht es dem Begleiter vor allem um Einsicht, um das inhaltliche Artikulieren. Außerdem ist es wichtig, dies in einen größeren Zusammenhang von Einsichten einzufügen, die sich auf das geistliche Leben, die Tradition, die Theologie und die Heilige Schrift beziehen. Die Grenze zwischen theoretischem Unterricht und dieser Form von Begleitung läßt sich nicht immer deutlich ziehen. Eine deutliche Einsicht steht in jedem Fall als Anliegen im Vordergrund. Implizit geht man davon aus, daß jemand, der die Dinge wirklich gut verstanden hat, auch danach handeln wird. In der Begleitung wird viel erklärt und gefragt, und es ist deutlich und klar umrissen, was geschieht. Die Begleiteten „lernen“ viel; unter anderem auch, ihr tägliches Leben gut zu beschreiben. Ihre gewonnenen Einsichten können sie zumeist auch an andere weitergeben. Die wachsende Einsicht kann ihnen in ihren Unsicherheiten helfen und ihre Widerstandsfähigkeit vergrößern. Ihr Lebensprojekt tritt dadurch deutlicher hervor.

Gleichzeitig wird dem Umgang mit Erfahrungen und den dabei auftretenden Gefühlen weniger Aufmerksamkeit geschenkt. Wo diese doch auftreten und zur Sprache kommen. werden sie vor allem „begreifen“. Da sie aber in konkreten Situationen doch eine sehr mächtige Wirkung haben, kann ein Gefühl von Hilflosigkeit entstehen (sicher dann, wenn dies dann auch wieder erörtert wird). Die Wärme und Bewegung, die von der geistlichen Begleitung ausgehen kann, wie wir sie etwa in bezug auf Franziskus in der sogenannten „Legende von den drei Gesellen“[8] wiederfinden, kommt weniger zum Zug. Der kognitive Aspekt kann außerdem der wirklichen gegenseitigen Präsenz während des Kontakts im Weg stehen. Zugleich ließe sich auch vermuten. daß sich geistliches Leben vor allem von der Einsicht und der Aufmerksamkeit für das nährt, was inhaltlich darüber gesagt wird. Dahinter kann sich leicht Ohnmacht im Umgang mit den irrationalen, emotionalen und existentiellen Seiten unseres Lebens verbergen.

Der didaktische Stil

Beziehung in der geistlichen Begleitung wird hier als ein Lehrer-Schüler Verhältnis verstan den. Der Schwerpunkt liegt dann auch beim Begleiter, oder bei der Begleiterin, unter Umständen auch bei dem vorgegebenen Modell, das sie anwenden. Eigentlich liegt die Leitung also bei der „Referenz“ aus dem Handlungskreis. Worauf Bezug genommen wird, hängt vom Begleiter ab. Es kann eine mehr oder weniger ausgearbeitete Spiritualität sein, eine Lebensregel oder ein Lebensmodell, das den Aspiranten vorgestellt wird. Es kann sich um die eigenen Ideen des Begleiters handeln oder um eine bestimmte Methodik, die man verfolgen will. Jedenfalls gibt es immer eine vorgegebene Struktur, und die Bezugsregel für den Stil der Begleitung besagt, daß der andere lernen muß, zu dieser Struktur Erfahrungen zu sammeln.

Der didaktische Stil braucht nicht von vornherein unterschätzt zu werden. Alle Initiationsrituale machen davon dauernd Gebrauch, außerdem alle Techniken, die darauf ausgerichtet sind, jemandem eine bestimmte Rolle beizubringen. Dieser Stil läßt sich mit den beiden vorangehenden gut vereinen. Sie kommt auch dem Verlangen entgegen, Schüler zu sein oder zu werden. Gleichzeitig wird mit diesem Stil jedoch dazu beigetragen. daß das Zusammenspiel zwischen Rolle und „Innerem“ vernachlässigt wird. Dies kann sogar soweit gehen, daß der Schüler unterschätzt, was in ihm selbst lebt. Dieser Stil suggeriert nämlich, daß der Schüler noch alles lernen muß und es nicht von sich aus kann.

Der didaktische erfahrungsbezogene Stil

Hier wäre all das zu wiederholen. was soeben zum didaktischen Stil gesagt worden ist. Der große Unterschied besteht darin, daß der Erfahrung der Begleiteten ein zentraler Platz eingeräumt wird. Es wird dauernd überprüft, ob dem, was beim Fokussieren durch-schaut wurde, eine wirkliche Erfah-

[8] O. Karrer 1975.

rung entspricht.[9] Solange dies nicht der Fall ist, wird nicht weitergegangen oder es wird nach einem anderen Zugang zur Erfahrung Ausschau gehalten. In diesem Stil gibt es zwei Schwerpunkte: die Aktivität der begleitenden Person und die Erfahrung derjenigen, die begleitet wird. Beide wiegen gleich schwer. Hier ist auch Platz dafür gegeben, daß die Begleiter in einer passenden und maßvollen Weise an ihrer eigenen Erfahrung teilnehmen lassen. Dadurch erhält das Gespräch gelegentlich den Charakter des mittelalterlichen „colloquium spirituale". Dabei findet man Trost im Glauben und in der Erfahrung des jeweiligen Gegenüber, wie sich etwa Paulus dies von seinem Kontakt zur römischen Gemeinde erhoffte (Röm 1, 11–12). Bei diesem Stil ist vieles der eigenen Initiative überlassen. Es geht ja darum, daß d as Besprochene zu wirklicher Erfahrung werden kann und daß aus dieser Erfahrung mit Blick auf den Fokus Neues gelernt werden kann. Das „Innere" spielt also eine große Rolle. Gleichzeitig beinhaltet dies implizit, daß diejenigen, die eine Begleitung wünschen, sich zu einem guten Teil selbst an der Hand nehmen müssen. Dies kann die Eigenarbeit einerseits aktivieren, andererseits aber auch bedrohen oder sogar lähmen. Außerdem besteht die konkrete Gefahr, daß die Selbstmitteilungen der Begleiter für die anderen zum Modell oder selbst zur Norm werden.

Es hängt also von einer ganzen Anzahl Faktoren ab, welcher Stil im einzelnen „der beste" ist; dies kann nicht im voraus entschieden werden. Die Eigenart der Begleiter ist in jedem Fall sehr wichtig. Zahlreiche Untersuchungen bei psychotherapeutischen Ausbildungen haben gezeigt, daß es keinen Sinn macht, diese verändern zu wollen. Es ist viel wichtiger, deren Grenzen und Möglichkeiten zu erfahren und mit diesen Erfahrungen dann zu arbeiten.[10]

Die Eigenart der Begleiteten ist nicht weniger wichtig. Zu ihr tragen verschiedene Faktoren bei: die vorhandene Reife, das intellektuelle und emotionale Niveau und ihre Verbindung, der krisenhafte Aspekt der Situation, in der die Begleitung stattfindet, die Persönlichkeitsstruktur, der bisherige Lebenslauf, die auftretenden Widerstände.

Auch der Kontext der Begleitung ist wichtig. So ist es ein großer Unterschied, ob jemand aus eigenem Antrieb und aus einer autonomen Position heraus begleitet werden will, oder ob dies im Rahmen eines Ordens oder einer Gemeinschaft, die sich in einer Krise befindet, im Rahmen der pastoralen Mitarbeiter in einer Diözese oder sonst einem größeren Verbund geschieht.

[9] Vgl. die ersten beiden Schritte des Handlungskreises.
[10] Vgl. dazu C. Patterson 1966.

Schließlich ist auch der Prozeß der Begleitung selbst ein Faktor. Je länger sie geht, desto selbständiger werden Menschen und finden immer mehr zu einem eigenen Stil. In der Begleitung sollte man sich dessen bewußt sein und damit rechnen. Aber trotz dieser Differenzierungen bleibt der „Stil“ doch eng an die begleitende Person gebunden. Darum ist es auch ratsam, eine (nicht zu lange) Probezeit einzuplanen, in der gemeinsame Erfahrungen gemacht werden können.

3. Humor im göttlichen Licht: Humor bedeutet nicht, daß sehr viel gelacht wird. Humor deutet vielmehr darauf hin, daß ein feines Gefühl für das Tragikomische unserer Existenz vorhanden ist, sicher, wenn wir uns auf die geistlichen Dinge verlegen. Humor verbindet mit Leichtigkeit Dinge miteinander, die eigentlich nicht zusammenpassen. Er ist unsere paradoxe Antwort auf paradoxe Situationen. Diese kommen in der geistlichen Begleitung nachweislich vor. Jesus selbst arbeitet auf humoristische Weise mit diesem Paradox. In seinen Parabeln stellt er Menschen vor, die auf hinterhältige Weise ihr Ziele erreichen, und macht sie denen zum Vorbild, die ihm nachfolgen wollen (Lk 16, 1–15; 17, 7–10). Auch manche Texte der Bergpredigt (Mt 5–7) können humoristisch verstanden werden. Es kommen darin eine Menge Aussagen vor, die den „koans“ sehr ähneln, die in der Zen-Tradition verwandt werden. Es sind einander widerstreitende Aussagen, die ihren Zweck erst erreicht haben, wenn der Schüler eine Antwort darauf findet, die ihn von der Schwere des Denkens befreit und ihn zur notwendigen geistlichen Leichtfüßigkeit führt, derer es für die Anhängerschaft dieses Weges bedarf.

So liegt etwas sehr Tragikomisches in dem Vorhaben, andere auf dem geistlichen Weg zu begleiten. Dies gilt auch für die hohen und erhabenen Zielsetzungen, die mit dieser Begleitung verbunden werden. Vor allem der Ernst und die Gewichtigkeit, mit der manchmal über geistliche Begleitung gesprochen wird, wirken komisch auf diejenigen, die bei aller intensiven Beschäftigung damit doch ihr wundersames Zwitterwesen zu erkennen lernen. War es nicht für viele Menschen befreiend. schmunzeln zu können, wenn sie lernten, ihre vielen Rationalisierungen und subtilen Abwehrmechanismen zu erkennen. Und diese scheinen doch gerade so geeignet, wenn es darum ging, ihre höchsten Ideale zu verteidigen. Die Last wird wirklich leicht, wenn wir zur wahren Freiheit gelangt sind.

Der unbewußte Anteil unseres Verlangens und unserer Bestrebungen kennt soviel Tricks, um uns hereinzulegen. Nur der relativierende Humor gerade in bezug auf uns selbst nimmt sie erst wirklich ernst. Und wer muß nicht über sich selbst schmunzeln, wenn er sich erinnert, daß es wichtig war, festzustellen, wie weit man schon auf dem Weg der Heiligkeit vorangekommen oder in welches Verließ der Seelenburg man schon gelangt war. In Supervisionen wird deutlich, mit wieviel Ernst wir dem Interesse der anderen zu dienen meinen, während wir dabei mit größter Sorgfalt vor unangenehmen Erfahrungen Schutz suchen. Solche Entdeckungen können sehr verletzend sein. Sie sind andauernde Anschläge auf unser positives Selbstbild. Sie können entmutigen und bedrücken. Man kann sie selbst der eigenen Ausbildung und Erziehung anlasten und denen zum Vorwurf machen, die uns – auch wieder ohne es zu wollen – so gut geholfen haben, unsere blinden Flecken zu entwickeln. Aber man kann auch darüber schmunzeln in der Überzeugung, daß der Töpfer sein Werk kennt und daß – nach einem Wort von Theresia von Lisieux – „alles Gnade ist".

Dieser Humor ist in der jüdischen Geschichte feinsinnig illustriert, in der sich ein junger Rabbi, der eben sein Studium abgeschlossen hat, beim Ewigen über die breite Auslegeweise beklagt, in der seine viel älteren Kollegen die Thora auslegen. Eine Stimme aus dem Himmel antwortet ihm: „Warum beunruhigst Du Dich denn so? Sie sind doch damit beschäftigt." In einer anderen Geschichte sieht sich Gott vor dem Problem, Saul für sein sündiges Verhalten mit dem Tod bestrafen zu müssen. Aber er kann dies nicht, da Samuel dagegen ist. Dieser bindet ihn an sein Wort: „Du hast mich nun einmal als Mose und Aaron ebenbürtig betrachtet." Er kann also Samuel nicht jung sterben lassen, um so sein Problem los zu werden. Das Volk wird dann in Aufstand geraten und sein Handeln nicht begreifen. Außerdem wächst David schon heran und der muß pünktlich a n die Reihe kommen. Gott beschließt nun, Samuel auf einen Schlag alt werden zu lassen. Damit ist er all seine Probleme los und das Volk preist ihn dafür, daß ein so großer Mann ein so hohes Lebensalter erreichen durfte.

Man wünschte sich gerne einen geistlichen Begleiter, der über soviel Humor verfügt.[11]

Humor entspringt aus der Überzeugung, daß man sich nicht zu überfordern braucht, obwohl man dies doch andauernd tut und dabei weiß, daß es vergebens bleibt.

Das Aufkommen von Humor ist ein Prüfstein für eine geistliche Begleitung, in dem wir die Freiheit des Geistes entdecken können, die uns von Gott her zugesagt ist. Es bedeutet, daß sich eine freudige Interesselosigkeit in bezug auf den eigenen Weg und das eigene geistliche Interesse entwikkelt.

[11] L. Ginzberg ^{7}1968 (1913), Bd. IV, S. 57–77.

3. Spannungen in der Beziehung

Abgesehen von Unklarheiten in bezug auf den Vertrag können in der geistlichen Begleitung, wie auch in anderen helfenden Beziehungen, Spannungen auftreten. Unserer Meinung nach ist es weder Aufgabe der geistlichen Begleitung, die tieferen psychologischen Gründe dieser Spannungen zu untersuchen, noch die Entwicklungsgeschichte eines Menschen zu analysieren. Hier wird es vielmehr darum gehen, diese Spannung rechtzeitig zu erkennen und mit Hilfe des „Geistlichen" einen Weg zu suchen, damit umzugehen. In der geistlichen Begleitung ist die Beziehung der Ort, an dem Menschen einander begegnen, um den Weg des Glaubens gehen zu lernen. Es geht nicht um eine Psychoanalyse. Im folgenden bespreche ich einige häufig vorkommende Spannungen, ohne dabei Anspruch auf Vollständigkeit zu erheben.

1. Die Idealisierung: Häufig kommt es vor, daß die begleitende Person durch die andere außergewöhnlich idealisiert wird. In der Geschichte der Spiritualität werden solche Idealisierungen wiederholt beschrieben. In der Bildung von Legenden um Stifter und Stifterinnen geistlicher Bewegungen zeigt sich dies sehr deutlich. Aber es ist dazu nicht nötig, in die Geschichte zurückzublicken. Im Kleinen begegnet uns dieses Phänomen noch allenthalben. Häufig kommt es zu einer auf Außenstehende unangenehm wirkenden Gruppenbildung um die idealisierte Person herum. Bei der Idealisierung werden anderen positive Eigenschaften in einer Weise zugeschrieben, die der Realität nicht mehr entspricht. Sie muß also gut von authentischer Bewunderung unterschieden werden. Sie ist immer gewissermaßen eingetrübt und betrifft nie nur die idealisierte Person. An sich brauchen hieraus noch keine Spannungen zu entstehen. Wenn dies durch den idealisierten Mann oder die betreffende Frau ausreichend wahrgenommen wird, so werden sie sich nicht weismachen lassen, wirklich diesem Idealbild zu entsprechen. Sie sind sich bewußt, daß ihr Verhalten und ihre Worte leicht übertrieben werden, und können also damit rechnen.

Eine gewisse Idealisierung ist für unsere Entwicklung sogar notwendig. Wir identifizieren uns mit Menschen, die wir als uns überlegen betrachten. Dies hält uns in Bewegung, und solche Vorbilder bringen uns weiter. Wenn wir uns dann tatsächlich weiterentwickelt haben, werden wir unsere Vorbilder relativieren und können unterscheiden, was wir zu Unrecht von ihnen übernommen haben und was wir uns wirklich aneignen konnten. In unseren Idealisierungen tauchen viele unserer alten, unerfüllten Wünsche in bezug auf uns selbst wieder auf. Wir wollen selbst so sein, wie wir den anderen erleben: sachkundig, gläubig, stabil, weise usw... Eigentlich setzen wir vor den anderen den Filter unserer eigenen Bedürfnisse. Dies kann Anlaß zu verschiedenen Spannungen in der Beziehung geben. Wenn die Idealisierung des Begleiters oder der Begleiterin zu tief geht und zu umfassend wird, erhält sie soviel Gewicht, daß die begleitete Person nicht wirklich zu sich selbst kommt. Mit anderen Worten bedeutet dies: Man ist, ohne es zu wissen, so sehr mit den eigenen Idealen beschäftigt, daß die wirkliche gläubige Selbstwerdung dadurch eher behindert als gefördert wird.

Eine sorgfältige Lektüre der Evangelien lehrt, daß so etwas in der Beziehung zwischen Jesus und seinen Jüngern regelmäßig geschieht. Aber jedesmal verweist er sie wieder neu auf eine andere Realität, die außerhalb von ihnen liegt und die er vergegenwärtigt, nämlich auf das Reich Gottes und auf das Wohlgefallen des Vaters. An verschiedenen Stationen seines Weges macht er seine anstehende Erniedrigung und Entblößung wiederholt ausdrücklich zum Thema. Er gibt ihnen zu erkennen, daß es nur einen Weg gibt, nämlich den der Nachfolge. Gleichzeitig versucht er, ihre Motivation aufrecht zu erhalten, indem er darauf hinweist, daß sie nichtsdestoweniger mehrfach zurückerhalten werden, was sie preisgegeben haben; und dies sowohl in diesem Leben, als auch im kommenden. In diesem Leben erhalten sie es deshalb zurück, weil sie wirklich zu sich selbst kommen, wenn sie ihn nicht aus eigenem Machtbedürfnis so idealisieren. Nach diesem Leben erhalten sie es aus der Hand des Vaters. Aber dies alles liegt gerade nicht in der Macht der Menschen (Lk 18, 26–34).

Die Spannungen in der Beziehung entstehen dann auch, wenn gerade dieser Aspekt der gläubigen Existenz in der geistlichen Begleitung ausdrücklicher in den Blick kommt. Er beinhaltet nämlich einen unausweichlichen Anruf, von den unbewußten Größenvorstellungen abzusehen, und die Einfachheit zu suchen, die uns wirklich befreien kann. Wenn die Spannung sich sehr steigert, wird in der Beziehung deutlich, wie tief das eigene Bedürfnis noch verwurzelt ist. Diese Spannung kann auch von denjenigen ausgehen, die begleiten. Sie können die anderen ebenso „idealisieren“. d.h. sie zu einer Verlängerung der eigenen egozentrischen Ideale machen. Der Begleiter ist dann eigentlich mehr mit sich selbst als mit dem Weg der anderen beschäftigt, in jedem Fall aber nicht mit dem Reich Gottes. Ignatius von Loyola legt seinen Finger genau auf diese Wunde, wenn er sagt: „Nach meiner Ansicht kann es keinen größeren Irrtum in den geistlichen Dingen geben, als die anderen zu sich selbst hin leiten zu wollen.[12]

[12] Vgl. hierzu P. Köster – H. Andriessen 1991, S. 62f. Zur Idealisierung vgl. u.a. H. Kohut ^{2}1974; A. Ulejin 1986, 1993. D. Funke 1986 (Die von Funke erörterte Theorie von Mahler muß im Licht neuer Erkenntnis nuanciert werden).

Wenn die Idealisierung soweit geht, daß die gegenseitige Zusammenarbeit dadurch behindert wird, dann wird sie zum „Widerstand“, sei es auf Seiten des Begleiters bzw. der Begleiterin oder auf Seiten der begleiteten Person, was dann allerdings anzusprechen ist. Und man sollte nicht davon ausgehen, daß die Sache damit schon aus der Welt geschaffen ist. Im Unbewußten verwurzelte Ideale sind zäh. Vorwürfe haben hier wenig Sinn, denn eigentlich ist es gut, daß diese Dinge an die Oberfläche kommen. Gehört es doch zu einem der Merkmale des geistlichen Weges, daß wir lernen, unsere vermeintlichen Ideale zu erkennen und zugunsten der neuen Freiheit aufzugeben, die uns im Reich Gottes verheißen ist. In dieser Orientierung auf eine Wirklichkeit, die viel größer ist als die Beziehung, liegt – zumindest in der geistlichen Begleitung – der Weg, mit diesen Spannungen umzugehen.

2. *Superiorität:* Hier geht es um eine von Überlegenheitsgefühlen bestimmte Haltung bei einem der Teilnehmer, bei beiden oder bei einem Gruppenmitglied, die den normalen Kontakt stört. Bei der Idealisierung kan n man häufig die entgegengesetzte Haltung beobachten, nämlich eine große Fügsamkeit oder sogar Abhängigkeit. Bei der Superiorität geht es nicht um Unterschiede in Begabung, Fachkenntnis oder Kompetenz, ebensowenig wie es bei der Idealisierung um erwachsene Bewunderung geht. Bei einer echten Bewunderung, wie bei einer echten Superiorität spielt immer noch die Überzeugung mit, daß es um ein Geschenk geht, auf das die Betreffenden keinen Anspruch haben.

In der hier gemeinten Superiorität kommt viel eher zum Tragen, daß man eigentlich vom anderen nichts empfangen will. Empfangen und Lernen werden als erniedrigend erfahren. Auch dieses Gefühl hat tiefe Wurzeln in unserer Lebensgeschichte. Es ist nicht die vorrangige Auflage der geistlichen Begleitung, diese Wurzeln bloß zu legen. Ihre Aufgabe ist es, zu helfen, damit im Licht der Glaubenswahrheit umzugehen, die unsere ganze Existenz als Geschenk von Gott her verstehen läßt. Diese problematische Superiorität ist durch eine Haltung gekennzeichnet, in der man dauernd zu erkennen gibt, daß man „es eigentlich schon lange wisse“ und also „nichts mehr zu lernen brauche“. Geistliche Begleiter sind in dieser Hinsicht dauernd in Gefahr. Sie suggerieren sehr leicht ihrem Gesprächspartner gegenüber, daß sie die Erfahrungen, die dieser einbringt, alle schon kennen (eventuell selbst durchlebt haben). Es bedarf keines Beweises dafür, daß dies den Kontakt stört.

Umgekehrt ist es ebenso möglich, daß diejenigen, die zu begleiten haben, in die unangenehme Situation kommen und ständig implizit darauf hingewiesen werden, eigentlich nicht hilfreich zu sein. Diese negative

Superiorität verursacht auf Dauer starke Spannungen. Daß es hier um eine Haltung geht, die den Kern unseres Glaubens an Erlösung berührt, ist deutlich. Ist diese Haltung stark vorhanden, dann ist es gut, wenn sie im Kontakt untereinander sichtbar wird. Denn das Erfahren der eigenen Grenzen und vor allem die bereichernde Erfahrung des Gebens und Empfangens sind Lebens- und Glaubensvoraussetzungen. In einer Begleitungskonstellation, die durch Superiorität gekennzeichnet ist, fällt auf, daß die begleitete Person dazu neigt, die Struktur der Beziehung über Bord zu werfen. Die Rolle, „begleitet zu werden", wird nicht wirklich akzeptiert und man versucht dauernd, mit dem anderen auf „gleicher" Ebene zu stehen. Gelingt dies nicht, dann wird das, was der Begleiter tut, selten positiv aufgenommen; es gibt immer noch etwas dazu anzumerken. Beinahe jede Antwort beginnt dann auch damit, daß etwas abgestritten wird. Gelingt dies, dann werden die Begleiter nur akzeptiert, insofern sie etwas tun, das mit den Gefühlen, Wünschen und Einsichten der anderen übereinstimmt. Es bedeutet faktisch, daß keine Entwicklung stattfindet, oder – in einer milderen Form – daß über diese Entwicklung nie gemeinsam gesprochen wird. Der überlegene Mensch bedarf nämlich keiner Entwicklung mehr. Meist ist es nicht möglich, diese Situation direkt anzusprechen. Dies würde die latenten Widerstände stark aktivieren, und der geistliche Begleiter ist dann ausgerechnet nicht die Person, mit der man dies besprechen will. Aber gerade diese Unmöglichkeit kann natürlich sehr leicht Anlaß dafür sein, daß beim Begleiter oder der Begleiterin latente Überlegenheitsgefühle mobilisiert werden. Es ist dann äußerst wichtig, diese Dynamik zu durchschauen, vorsichtig mit ihr zu rechnen, und die Konfrontation damit dem Leben selbst zu überlassen. Denn in ähnlicher Weise treten derartige Spannungen auch in allerlei anderen Beziehungen auf. Die geistliche Begleitung bietet dann eine Möglichkeit, diese Konflikte zur Sprache zur bringen.

3. Einkapselung: Hier ist die Beziehung auf eine besondere Weise angespannt. Gerade wenn eine geistliche Begleitung länger dauert, führt sie leicht zu einer gewissen Intimität zwischen den Betroffenen. Man kann selbst sagen, daß Intimität den nötigen Raum dafür schafft, solche persönlichen Dinge wie Fragen zur Existenz, zur eigenen Religiosität und zu gläubiger Lebenserfahrung ansprechen zu können. E.H. Erikson mißt dem großen Wert bei. Für ihn ist die Fähigkeit zu echter Intimität ein Merkmal des Erwachsenseins, da allein diese Haltung erwachsene Fürsorge und Hingabe möglich macht. Intimität ist „Ausdruck der Fähigkeit, mit anderen, Gott in einer Weise zu begegnen, daß etwas von meinem Innersten., meinem wahren Selbst, meinem tiefsten Bereich zum Ausdruck kommt".[13] Zur Intimität gehört das Ausbalancieren der Polarität von „Nähe" und

„Distanz". Ihre Kontrastfolie bildet die soziale Einkapselung, die Isolierung. Echte Nähe und echte Distanz bedingen einander, während ein zu starker Akzent auf dem ersten letztendlich zu einer Art Symbiose führt; ein zu starker Akzent auf dem zweiten zu übertriebenem Abstand. Beide setzen voraus, daß man die eigenen Neigungen zu Idealisierungen und Überlegenheitsgefühlen genügend integriert hat.

Geistliche Begleiter, die sich überlegen fühlen, werden sich selbst das Bedürfnis nach echter Intimität nicht leicht zugestehen (aber dennoch gerne davon profitieren wollen). Zur Idealisierung neigende Begleiter werden den anderen nicht wirklich erreichen, da sie, ohne sich dessen bewußt zu sein, mehr mit sich selbst beschäftigt sind. als mit den anderen.

Zur Einkapselung kommt es dann, wenn Menschen aufgrund mangelnder Intimität so ineinander aufgehen, daß ihr Kontakt für sie selbst und füreinander nicht mehr fruchtbar werden kann. Nach Erikson bereitet dann auch die Einkapselung die Stagnation in der inneren Entwicklung vor. Die Situation der geistlichen Begleitung b ietet hierzu reichlich Gelegenheit. Ein Ausweg öffnet sich nur dann, wenn man bereit ist, die latente Spannung wahrzunehmen, die dadurch erzeugt wurde. Und diese Spannung, die sich in dem undeutlichen Gefühl äußert, „daß etwas zwischen uns nicht stimmt", ist dauernd anwesend. Da dieser Einkapselung tiefe Bedürfnisse zugrunde liegen, ist es nicht einfach, diese zu thematisieren.

Bei denjenigen, die begleitetet werden, trifft man häufig auf eine Neigung zur Exklusivität („Wir sind zusammen etwas ganz besonderes") und auf die Bildung eines „Wir-Gefühls". Es besteht eine Neigung dazu, das was in der Beziehung geschieht, als persönlichen Besitz zu betrachten und andere auszuschließen. Manchmal tritt, häufig verborgen, Eifersucht auf; und dies kann in Gemeinschaften zu erheblichen Schwierigkeiten führen. Auf die Dauer untergräbt die Einkapselung sicher den Sinn der Beziehung. Wahrscheinlich hatte Teresa von Avila dergleichen vor Augen, wenn sie seufzt: „Gott möge mich von geistlichen Führern befreien, bei denen man jahrelang hängenbleibt."[14] Einkapselung löscht auf Dauer den Geist aus, wie erhaben die Dinge auch sein mögen, die besprochen werden, und wie tief man sich auch begegnen mag. Da die Beziehung obendrein nicht wirklich gelebt werden kann, bleiben Menschen auf lange Sicht durch diese Begrenzung unbefriedigt oder sie empfinden allmählich Abscheu füreinander. Trotzdem ist es doch gut, daß diese Dinge ans Licht kommen. Wenn sie in den Blick genommen werden, können dahinter tiefe und verborgene

[13] W. Müller 1989, S. 59.
[14] M. Lépée 1951.

Bedürfnisse erkannt und in einem gläubigen Licht integriert werden. Dies ist nicht einfach, kostet viel Zeit und häufig auch viel Trauerarbeit. Es kann auch zu Erfahrungen von Sinnlosigkeit führen. Manche Menschen werden sich aber möglicherweise bewußt, daß sie aus Motiven nach geistlicher Begleitung gesucht haben, die damit nicht so viel zu tun haben. Sie können sich so Klarheit darüber verschaffen, daß geistliche Begleitung diese Bedürfnisse nicht erfüllen kann. Wenn sie diesen Weg gehen können und es wagen, ihn zu gehen, dann wird gerade diese Schwierigkeit für sie zu einem geistlichen Weg. Anhänglichkeit und die Neigung, sich einzukapseln, gehören zu den primären Bedürfnissen von Menschen. Es ist besser, damit umgehen zu lernen als sie im Verborgenen wirken zu lassen. Wer das Beste verderben läßt, dem gereicht es zum Schlechtesten.

4. Spiritualisierung: Damit ist die Neigung gemeint, ausschließlich aus einer spirituellen Perspektive an die Dinge des alltäglichen Lebens heranzugehen. Die erdhaften, menschlichen, begrenzten, körperlichen und psychischen Aspekte werden außer acht gelassen. Das Material, mit dem in der geistlichen Begleitung gearbeitet wird, eignet sich dazu natürlich sehr gut. Man denke etwa an die Rolle von Minderwertigkeits- und Verlassenheitsgefühlen, die „im Religiösen" und im „Umgang mit Gott" leicht auf Kompensation aus sein können. Ein Mangel an Autonomie läßt sich leicht hinter einer starken Betonung religiösen Gehorsams verstecken. Neurotische und sexuelle Bedürfnisse spielen in einem geistlichen Leben, das stark von religiösen Affekten und Gefühlen gefärbt ist, beinahe immer eine Rolle. Bei Menschen, die sie ganz vermissen lassen, sind sie leicht verdrängt. Das Streben nach „Abkehr von der Welt" ist häufig mitbedingt durch mangelnde Lebenstüchtigkeit oder eine schizoide Tendenz in der Persönlichkeitsstruktur. Eine noch nicht ausreichend entfaltete Vitalität läßt sich leicht hinter einer großen Strenge gegenüber sich selbst vestecken. Daß diese Dinge zum Vorschein kommen, ist normal. Wenn sie nicht ausreichend erkannt werden, verhindert dies eine wirkliche Integration.

Verlegt sich jemand so aufs Geistliche, dann erhält dies einen etwas ätherischen und absoluten Ausdruck. Die entsprechende Person zeichnet sich dann durch eine gewisse Starrheit aus, die leicht in Dogmatismus mündet. Sie neigt leicht dazu, über andere hart zu urteilen. Im religiösen Leben treten oft Schwierigkeiten auf, die sich erst dann auflösen lassen, wenn ihre körperlichen und psychischen Aspekte in die Begleitung miteinbezogen werden.

Auch die Beziehung selbst kann spiritualisiert werden. Dabei spielen Anziehung und Abstoßung fast immer eine Rolle. Spirituellen Begegnungen sind erotische Tendenzen meist nicht fremd. Sie tragen Wärme und

Dynamik bei, müssen dann aber wohl als solche erkannt und dürfen nicht nur spirituell aufgefaßt werden. Wenn ein Begleiter oder eine Begleiterin diese für sich abstreitet, sich aber doch entsprechend verhält, kann dies für die anderen zu sehr peinlichen und erniedrigenden Situationen führen. Dies gilt ebenso dann, wenn sie ihre eigenen unbewußten Bedürfnisse spiritualisieren und ihr konkretes Verhalten dann rationalisieren. Eine wichtige Rationalisierung besteht darin, daß erotische Gefühle für die anderen für „gut" oder sogar für „notwendig" erklärt wird. Das Menschliche braucht nicht spiritualisiert zu werden, um sein zu dürfen.[15] Was konkret möglich ist, hängt von der Beziehung ab. Wenn die Spannungen stark anwachsen, besteht der einfachste Weg darin, auszusprechen, was wirklich los ist, und im Licht des Evangeliums damit umzugehen. Auf jeden Fall wird auf diese Weise deutlich, daß Jesus kein Bedürfnis nach Spiritualisierung hatte. Sein Leben und sein Auftreten zeugen von einer Freiheit, von der für die geistliche Begleitung viel zu lernen ist.

5. Spannungen in der Gruppe: Jedem, der Erfahrung im Umgang mit Gruppen hat, ist klar, daß innerhalb dieser Gruppen viel mehr geschieht, als aus den gewechselten Worten ersichtlich wird. Abgesehen von ind ividuellen Eigentümlichkeiten können Spannungen in der Gruppe fruchtbar durchschaut werden anhand der Polarität: Verlangen – Angst.

Biblische Geschichten skizzieren diese Angst als Grundgegebenheit des Menschen. So ist dies in der Sündenfall-Erzählung symbolisiert, indem davon berichtet wird, daß Adam und seine Frau sich zwischen den Sträuchern versteckten. Später wird beschrieben, wie diese Angst vor Gott – das ist die Angst davor, mit dem wahren Gesicht erkannt zu werden – die Menschen gegeneinander aufbringt; oder sie zu einem Kollektiv zusammenführt, um einen Turm in den Himmel zu bauen. In der geistlichen Begleitung steht die Angst von Gruppen in dieser Perspektive. Es geht also um viel mehr als um ein rein psychologisches und gruppendynamisches Phänomen. Zugleich skizziert die biblische Geschichte auch das Verlangen als Grundgegebenheit des Menschen. Adam wird nicht nur als sehr einsam beschrieben und voll Verlangen nach jemandem ebenbürtigen Ausschau haltend; sondern auch nach dem Sündenfall wird die im Verlangen zwischen Mann und Frau steckende Dramatik ausdrücklich benannt (Gen 3, 16). Dies geschieht im Zusammenhang mit dem Verlangen nach der verbotenen Frucht. Man könnte sagen, daß der ganzen biblischen Erzählung die Vorstellung zugrunde liegt, daß der Mensch gar nicht anders kann, als

[15] Vgl. das schon zitierte Buch von W. Müller 1989: Bei Drewermann finden sich entsprechende Bemerkungen über das ganze Werk verstreut; A. Grün/G. Riedl 1993.

in irgendeiner Weise danach zu streben, den ursprünglichen Zustand wiederherzustellen.

Es ist für die geistliche Begleitung von Gruppen äußerst wichtig, das Verlangen innerhalb der Gruppe ausdrücklich aus dieser Perspektive zu verstehen. Die eigentliche Spannung in der Gruppe als System resultiert aus dem Zusammenspiel von Angst und Verlangen. Innerhalb der geistlichen Begleitung sind beide in eine biblisch orientierte, gläubige Perspektive zu stellen und es ist von Interesse, dies beim Abschluß des Vertrages auch schon auf die eine oder andere Weise anzusprechen. Geistliche Begleitung in der Gruppe ist etwas anderes als Gruppendynamik oder Gruppentherapie. Es gehört zum Weg dazu, daß Menschen lernen, Ängste und Verlangen aus dieser Perspektive zu verstehen. Daß es zur Begleitung dieses Prozesses auch der Einsicht in gruppendynamische und gruppentherapeutische Interventionsformen bedarf, versteht sich von selbst.[16] Beim Leben in einer Gruppe begegnet man offensichtlich verschiedenen Phänomenen, die einen beinahe religiösen Charakter haben[17]. Diese können in der Begleitung fruchtbar aufgenommen werden. Bei Spannungen in der Gruppe kommt also die der geistlichen Begleitung eigene Sichtweise voll zum Zuge. Es geht nicht vorrangig darum, sie auf taktischem Wege aufzulösen, sondern darum, daß sie für den geistlichen Weg fruchtbar gemacht werden.

[16] Zur Begleitung von Gruppen vgl. außerdem: Ph. Slater 1966; M. Pagès 1968; K. Baumgartner – W. Müller 1990 (Teile I und III). Sehr brauchbar ist auch: D. Whitaker/M. Liebermann ^{8}1977 (1964).

[17] Ph. Slater 1966.

Kapitel IX
Wirkkräfte auf dem geistlichen Weg

Jesus sagte: „Glücklich sind die „Einfachen“. Ihr seid auch auserwählt, da Ihr das Reich des Heils entdecken werdet. Ihr seid wirklich aus Ihm heraus entstanden und geht aufs Neue darauf zu.“
(Thomasevangelium)[1]

Betrachten wir das Leben und die Wirkung seiner geistlichen Aspekte als Weg, dann wird die „Richtung“ zu einem wichtigen Begriff in der geistlichen Begleitung. In diesem Buch gehen wir davon aus, daß eine Richtung in diesem Sinne niemandem aufgezwungen werden kann, wenngleich es sehr wohl eine Perspektive gibt, in der der Weg verläuft. Der Impuls zu diesem Weg geht von der jeweiligen Person selbst aus. Sie bestimmt also zusammen mit der Perspektive die Richtung. Die geistliche Begleitung folgt in dieser Hinsicht eher, als daß sie lenkt. Dies ist auch dann der Fall, wenn die Perspektive, in der die Begleitung stattfindet, von einer sehr gut umschriebenen vorgegebenen Spiritualität vorgeformt ist. Der in der Person wirkende Impuls geht von drei Wirkkräften aus, nämlich vom Verlangen, von der Erinnerung und von der Suche nach Gott und dem eigenen Platz innerhalb des Reiches Gottes in dieser Welt.

1. Verlangen als Wirkkraft

Das Verlangen ist der große Gegenpol zur Angst. Wir schaffen uns unser Verlangen nicht, sondern wir befinden uns „in Bewegung“. Von Anfang an sind wir auf die soziale Umwelt und die Dinge außerhalb von uns ausgerichtet. So ist das Verlangen zutiefst auf Kontakte und Beziehungen ausgerichtet. Es ist auch unser tiefster Beweggrund, in unserem Leben Sinn zu suchen und uns auf den geistlichen Weg zu machen. Platon skizziert es in seinem „Symposion“ als ständig in uns wirkenden Eros, in dem er auch die Kraft sieht, die uns mit den „Himmeln“ (den Göttern also) verbindet. Beim Verlangen geht es also in erster Linie nicht um ein Gefühl oder ein

[1] F. Cuvelier, S. 154.

bestimmtes Bestreben, sondern um die Gesamtausrichtung und Betroffenheit der Person, bzw. unseres Lebens und unserer Existenz als ganzer. Es ist eine existentielle Kategorie. Das Verlangen verdeutlicht uns von Grund auf, daß wir die Erfüllung unserer Bedürfnisse, unseres Bestrebens, unserer Einsichten und unseres Lebens und Daseins überhaupt von anderswo her zu erwarten haben. Wir tragen die Erfüllung nicht als Schatz in uns selbst.

Deshalb ist es auch sehr wichtig, dieses Verlangen in der geistlichen Begleitung anzusprechen. Leicht verfällt das Gespräch in Kleinigkeiten, Oberflächlichkeiten oder verstandesgemäße Einsichten. Das ursprüngliche Verlangen läßt sich darin häufig nur schwer wiedererkennen. Wird dann nach dem Verlangen gefragt oder darauf appelliert, so kann für die betreffende Person deutlich werden, daß die Dynamik festgefahren und die eigentliche Orientierung verloren gegangen ist. Sie kann auf diese Weise aber auch wieder bewußt werden. So ist diese Frage nach dem Verlangen ein wichtiges Hilfsmittel, um zu durchschauen, worum es gerade geht.

Die betreffende Person, die schon länger begleitet wird, erzählt von der Gemeinschaft, der sie angehört. Hier sind in letzter Zeit verschiedene Schwierigkeiten aufgetreten. Diese wurden während eines Gesprächs in der Kommunität angesprochen.

X: Es war ein langes Gespräch. Es hat mich irritiert. Jeder ist mit seinen eigenen Sachen beschäftigt. Wir müssen einen gemeinsamen Weg finden. Unser Begleiter macht es auch verkehrt. Du kannst deutlich merken, daß er mit der Leitung gesprochen hat. Es riecht danach, daß er etwas ganz Bestimmtes zu erreichen versucht. Einige geben den Ton an und bestimmen das Gespräch, und der Begleiter läßt es so durch. Sie werden wohl das sagen, was der Leitung paßt. Ich kann das natürlich nicht sagen. Und eigentlich will ich das auch nicht.

G.B.: Was wolltest denn Du dann?

X: (etwas verblüfft) Was ich will? Mir geht es um das Interesse unserer Gemeinschaft als ganzer. Alle müssen zu ihrem Recht kommen können... (es folgt erneut ein längerer Bericht über das, was während des Gesprächs in der Kommunität ablief).

G.B.: Ich begreife jetzt wohl, was Du willst. Aber ich spüre Dein Verlangen nicht, Dein echtes Verlangen. Was ist mit dem Ort in Dir selbst, von dem aus Du sprechen und leben willst?

X: (Stille)

G.B.: (Stille)

X: Mein Verlangen... (nachdenklich). Ja, wonach verlange ich eigentlich...?

G.B.: Ich habe den Eindruck, daß Du mit Deinem Verlangen in dem Gespräch in der Kommunität laufend gegen Dinge anrennen mußt, die es frustrieren. Das regt Dich auf. Was enttäuscht Dich eigentlich?

X: Das weiß ich auch nicht so genau. Was enttäuscht mich eigentlich so?

G.B.: Können wir das herausfinden?

Erscheinungsformen des Verlangens

Die verschiedenen Erscheinungsformen stehen in Zusammenhang mit der dem Verlangen je nach Entwicklungsstand eigenen Struktur. Dabei muß man sich diese Entwicklung als eine Veränderung der existentiellen Haltung vorstellen. Natürlich spielt dabei normalerweise auch die zeitliche Abfolge und das Lebensalter eine Rolle. Aber es ist nicht so, daß sich die Entwicklung von der Struktur her einfach ergibt. Eine „Regression" ist auch möglich. Es ist dabei äußerst wichtig, die Tatsache im Auge zu behalten, daß sich unser Verlangen auf etwas richtet, das uns auf die eine oder andere Weise auch äußerlich ist. In seiner Entwicklung sind dann vier Formen zu unterscheiden: Bei einer Form überwiegt die Bedürftigkeit, bei der zweiten das Begehren; eine weitere ist durch die Frage nach der Realität bestimmt und bei der letzten Form ist das Verlangen „offen" und genügt sich selbst, ohne unbedingt auf Erfüllung aus zu sein.

Überwiegt die *Bedürftigkeit*, dann erleben wir das Verlangen als etwas in uns selbst, das in der Außenwelt nach einer Verlängerung sucht. Die betreffende Person hat dann noch nicht entdeckt. daß sich das Verlangen eigentlich auf etwas zu beziehen hat, das von uns unterschieden ist und worin wir erst wirklich Erfüllung finden. Diese Tendenz zur Realität außerhalb von uns wirkt in allen Formen des Verlangens durch. Aber solange die Bedürftigkeit noch dominiert, ist davon kaum etwas zu spüren; höchstens insofern, daß das, was unser Bedürfnis befriedigen kann, etwas ist, was uns im Augenblick fehlt, nämlich eine Verlängerung. Zu Beginn unseres Lebens werden wir zu einem Großteil von Bedürfnissen bestimmt, aber auch noch später ist dies häufig der Fall. Charakteristisch für diese Situation ist, daß das auftauchende Bedürfnis auch (verborgene) Angst und Widerstand weckt. Wenn es befriedigt ist, nimmt das Bedürfnis ab und kommt zur Ruhe, meldet sich aber kennzeichnenderweise beizeiten wieder und sucht von neuem nach Befriedigung. In der geistlichen Begleitung kommt diese Form häufig vor.

X: Ich fühle mich jetzt allein. Die Arbeit hat wieder begonnen (X arbeitet in einem Krankenhaus und gibt dort auch Kurse). Es bleibt wenig Zeit zur

Besinnung. Abgesehen davon ist die Arbeit langweilig und sagt mir nicht viel.

G.B.: Kannst Du etwas über diese Langeweile sagen?

X: Ach, in der Arbeit komme ich selbst zu wenig vor. Mit den anderen dort kannst Du kaum ein tieferes Gespräch führen. Es geht meist um Zufälliges oder um den Stoff der Kurse. Gott kommt nicht zur Sprache und ich fühle auch keine Verbundenheit. Und dann jedes Mal wieder diese Unterrichtseinheiten...

G.B.: Du vermißt etwas.

X: Ja... es läßt mich kalt. Ich würde den Menschen gerne echt begegnen, mich mit ihnen verbunden fühlen. Es nimmt alles so seinen gewohnten Gang.

G.B.: Bedürfnis nach Kontakt?

X: Ja, Bedürfnis nach Kontakt. (Ich will) nicht so alleine herumlaufen, selbst gesehen und angesprochen werden.

G.B.: Ein echtes Bedürfnis also.

Der Gesprächsausschnitt stammt aus einem Supervisionsgespräch. Die Begleiterin hat – zurecht oder nicht – den Eindruck, daß das Verlangen des anderen nicht auf den objektiven Sinn der Arbeit gerichtet ist. Die Arbeit hat eher als Raum zu dienen, in dem das eigentliche Kontaktbedürfnis und das Gespräch über geistliche Dinge zum Zuge kommen sollten.

In der zweiten Erscheinungsform dominiert das *Begehren*. Hier wird das andere sehr deutlich als das wahrgenommen, was mir fehlt; es wird eigentlich eingefordert. Dementsprechend werden dann auch alle Mittel dazu eingesetzt, um das Begehrte zu erlangen; und zwar unabhängig von der Situation des anderen, an der man im Grunde auch gar nicht interessiert ist. Wenn jemand Schwierigkeiten mit dem Beten hat, so liegen sie häufig auf dieser Ebene. Vor allem dann, wenn nach einer langen Zeit des inständigen Betens die Erfüllung auszubleiben scheint, kann der begehrende Charakter des Verlangens nach Gebetserfahrung und dem „Kontakt mit Gott“ sichtbar werde n. Kennzeichnend dafür ist die ausdrückliche oder verborgene Forderung, daß einem das, was man braucht, auch geschenkt werden solle. Wenn bei Menschen ein enttäuschtes Abwenden vom geistlichen Leben zu beobachten ist, oder wenn es sie bedrückt oder unmutig werden läßt, dann liegt das häufig in dieser Haltung begründet. Es ist wichtig, dies in der Begleitung dann deutlich machen zu können. Narzismus und Begehren hängen eng miteinander zusammen und werden zum Hindernis für eine weitere Entwicklung, wenn sie nicht ihr gutes Maß finden. Sowohl beim Begehren als auch beim Bedürfnis wird der jeweilige

Gegenstand als Verlängerung von uns selbst aufgefaßt; und damit die eigentliche Sinnrichtung des Verlangens verkürzt. Es läßt sich dann auch feststellen, daß Menschen nicht glücklich werden können, wenn sie keine innere Distanz zu ihren Bedürfnissen und ihrem Begehren finden. Das Festhalten am Begehren läßt die mangelnde Bereitschaft erkennen, das andere als anderes und Gott als wirklich andere(n) anzunehmen. Im Bereich des Geistlichen führt das dann auch fast immer zu Machtmißbrauch, Manipulation oder Depressionen.

In der *Bitte* scheint eine neue Form des Verlangens durch, bei der es um eine echte Frage geht, also um eine Frage, die auf eine Antwort hin gerichtet und gleichzeitig durch den Respekt vor den anderen eingeschränkt ist. Das Erbetene kann ausbleiben; es darf verweigert werden. Die echte Bitte fragt: Ich habe Bedürfnis danach; ich begehre es, benötige es. Bist Du bereit, es mir zu geben? In unserer Bitte erkennen wir die Existenz und den Lebensbereich der anderen an. Dies stellt in bezug auf das Verlangen einen Wendepunkt dar. Denn dadurch, daß man das Erbetene nicht fordert, sondern als Geschenk annehmen will, verliert das Verlangen den Charakter des Bedürfnisses oder Begehrens. So gerade kommt es zu sich selbst und kann sich als echtes Verlangen entfalten. Wird diese Wende nicht vollzogen, führt der geistliche Weg in eine Sackgasse, da wir dann auch nicht bereit sind, unsere existentielle Situation anzunehmen; die gerade eine Situation der Unvollkommenheit ist. Erst, wenn wir dies akzeptieren, kann uns das andere als wirkliche Erfüllung begegnen; unter dessen eigenen Voraussetzungen wohlgemerkt. Damit kann sich auch das Neue in unserem Leben und unserer Existenz Raum schaffen.

Faktisch läßt sich häufig feststellen, daß Menschen zu Beginn ihres Weges eine große Befriedigung in den geistlichen Dingen empfinden. Sie können sich ihnen mit einer gewissen Leichtigkeit widmen und auch mühsamere Aufgaben freudig auf sich nehmen. Aber es ist deutlich erkennbar, daß sie sie in dieser Phase noch sehr häufig auf ihr eigenes Maß zuschneiden. Ihre Bedürftigkeit spielt dabei eine große Rolle. Sobald diese sich zum Begehren verändert, also in eine wirkliche Ausrichtung auf die Befriedigung, die vom Geistlichen ausgehen kann, kommt es zu ersten Enttäuschungen. Die Weise, in der man damit umgeht, entscheidet dann mit über den weiteren Verlauf des Weges. Der geistlichen Begleitung kommt hier die Aufgabe zu, diese Enttäuschungen aushalten zu helfen; aber sie muß gleichzeitig durchschauen, daß es sich hier um eine wirkliche Wirkkraft handelt. Bedürfnis und Begehren sind notwendig, um die richtige Richtung beibehalten zu können, nämlich die zur Bitte hin. Es ist fundamental, die eigenen Bedürfnisse und das eigene Begehren zu erkennen, anzunehmen und zu bejahen. Platon sagt über den Eros, er sei außergewöhnlich hartnäckig und versuche alles, um sein Ziel zu erreichen. – Bis es zur schmerzlichen Erfahrung kommt, daß sich das Geistliche nicht „fassen" läßt und seine eigene Wirkweise besitzt. Deren Eigenart ist es, daß es eher auf uns einwirkt als umgekehrt wir auf das Geistliche. Dennoch wirkt sich das Geistliche auch im Begehren selbst aus. Schließlich müssen wir irgendwo ansetzen. Deshalb darf man auch zurecht darauf vertrauen, daß diejenigen, die bereit sind, ihr Begehren wirklich zu durchleben, auch auf ihrem Weg voran kommen werden. Dies ist eine äußerst wichtige Voraussetzung für die geistliche Begleitung, deren Kunst dann darin besteht, das sich in der Form des Begehrens äußernde Verlangen nicht wegzureden, zu rationalisieren oder zu diskutieren. Das Verlangen läßt nicht so viel mit sich reden, sondern es will seinen Weg gehen dürfen und muß *erfahren*, daß die Dinge nicht so, wie begehrt, verlaufen. Gerade in diesen Erfahrungen vollzieht sich ein sehr wichtiger Teil des Weges, da sich im Umgang mit ihnen der Umschlag zur Bitte hin vollzieht.

Das *offene Verlangen* ist die vierte Erscheinungsform des Verlangens. Es wird erst spürbar, wenn die geklärten Bedürfnisse und Begehren auf uns eingewirkt und uns verändert haben. In der Haltung und dem Grundgefühl der echten Bitte läßt sich die geistliche Wirklichkeit von uns empfangen. Dadurch kann sie auf ganz neue Weise auf uns einwirken. Zwar geht es immer noch um unser Verlangen, aber dieses ist nun wirklich auf das andere gerichtet; und auf Den Anderen, der viel größer ist als wir selbst. Es mußte sich auf seinem eigenen Weg vom Beherrschtsein durch Bedürftigkeit und Begehren heilen. Menschen, die so leben, machen die Erfahrung, daß ihr Herz alles andere umfaßt und daß Gott noch einmal größer ist als ihr Herz. Und sie nehmen diese Er fahrung an. Obwohl, oder gerade weil sie nichts mehr fordern, kann sich ihr Verlangen in aller Kraft und Reinheit zeigen. Für viele Menschen ist dies ein schmerzhaftes Geschehen. Denn einerseits wird ihnen immer deutlicher, worauf das Verlangen sich richtet, während sie sich andererseits gleichzeitig im selben Maße bewußt werden, daß sie sich deren Erfüllung keineswegs selbst schaffen können. Ist dieser Schmerz durchlitten, nimmt das Verlangen mit der Zeit die Form eines andächtigen und friedvollen Wartens an. Das Bitten steigert sich im Warten. Es wird zu einer existentiellen Bitte, die w eder erzwingt noch fordert, sondern eine wachsende Offenheit für das Geheimnis bereitet. Genau in dieser Offenheit erscheint Gott immer mehr als der ganz Andere, wird er auch als Geheimnis erfahren. Wartend lebt man vor dem „Angesicht"; und in der Stimmung dieses Wartens gelingt es, sich intensiver als je zuvor auf die konkreten Dinge zu richten, die im Leben anstehen.

2. Erinnerung als Wirkkraft

Die Erinnerung stellt auf jedem Weg, nicht nur auf dem geistlichen, eine besondere Wirkkraft dar. Augustinus wundert sich unaufhörlich über die grundlegende Kraft unserer Erinnerung. Sie ist für ihn eine Schatzkammer, in der unzählige Bilder gesammelt sind, die es zu Rate zu ziehen gilt, wann immer man etwas unternimmt. Allein schon die Möglichkeit, aus dem Vielen das im Augenblick Notwendige auszuwählen, ist für ihn schon ein Wunder (Confessiones, X). Für ihn und für viele andere ist die Erinnerung der Ort, an dem Gott wirkt, wo er wohnt und wo man ihm auch begegnen kann. „Erinnerung" und „Inneres" hängen für ihn sehr eng zusammen. Mit ihr entsteht eine Beziehung zwischen Vergangenheit und Zukunft, die uns in Lebensläufen, in der Autobiographie, in der Heiligen Schrift und in der geistlichen Begleitung immer wieder begegnet. Die Kirche erinnert an die im individuellen Leben und in der Geschichte erfahrenen Heilstaten Gottes deshalb, weil man davon ausgehen darf, daß Gott in der Zukunft nicht anders handeln wird, als er es in der Vergangenheit getan hat. „Ohne Gedenken an Jahwehs historische Großtaten, an seine Gebote und seine Verheißungen wird das Volk nicht nur geschichtslos, sondern bald auch gottlos. Umkehr zu Jahweh bedeutet Rückkehr zum Gedächtnis seiner Wunder und seiner Liebe und Treue". Im individuellen geistlichen Leben ist es nicht anders.[2] Im Umgang mit der Erinnerung, wie er in der Liturgie und in der älteren Spiritualität gepflegt wird, liegt ein wichtiges Modell dafür verborgen, wie man Menschen die eigene Richtung ihres Weges zu gehen hilft. Dieses Modell wird hier gewissermaßen ausgearbeitet.

Der bedürftige Aspekt der Erinnerung äußert sich am deutlichsten im Murren des Volkes Gottes in der Wüste, als es lieber wieder nach Ägypten zurückkehren will, anstatt im Vertrauen auf Gott den Weg durch die Wüste zu gehen. Dieses Murren ist modellhaft für ein Phänomen, dem man in der geistlichen Begleitung wiederholt begegnet und das sich in der folgenden Situation konkretisieren läßt.

Es geht um einen Mann in einer durchaus wichtigen gesellschaftlichen Position, dessen Leben von einem (zu) großen Einsatz für „die gute Sache" – wie er es nennt – gekennzeichnet ist. Er setzte sich in vielerlei Hinsicht ein, so zum Beispiel auch für gute Arbeitsbedingungen seiner Mitarbeite-

[2] R. Körner in: Ch. Schütz, 1988 unter „Gedächtnis". Es ist deutlich, daß sowohl die Heilige Schrift als auch Augustinus und viele andere geistliche Lehrer der Erinnerung eine größere Bedeutung zumessen als dies etwa in einer rein funktionellen Psychologie der Fall ist. In der Psychoanalyse wurde die existentielle Bedeutung der Erinnerung wiederentdeckt.

rinnen und Mitarbeiter. Diese allzu große Aufopferungsbereitschaft läßt etwas von seiner depressiven Charakterstruktur erkennen. Die Arbeit wurde ihm zuviel und ein bedrückter Gemütszustand zwang ihn zu Einkehr und Besinnung. Als sich sein Zustand schnell wieder besserte, bemühte er sich vor allem darum, seine früheren Tätigkeiten so schnell wie möglich wieder aufzunehmen. Dies tat er auch, aber das religiöse Erleben, das er früher dabei hatte, vermißte er nun. In den zwei Gesprächen, in denen es um dieses Thema ging, taucht der bedürftige Aspekt der Erinnerung auf.

X: Es geht nicht mehr so wie früher. Damals hatte ich das Gefühl, etwas für die gute Sache zu tun. Das füllte mich aus. Ich fühlte mich – ja, wie fühlte ich mich...

G.B.: Nimm dir Zeit, um das richtige Wort zu finden.

X: Ich fühlte mich... – es ist natürlich ein großes Wort -, aber ich fühlte mich ein bißchen als Mitarbeiter Gottes. (Pause).

G.B.: Und dieses Gefühl hast Du verloren?

X: Ja, ich suche es. Ich lese auch darüber in meinem Buch über Franziskus, aber es stellt sich nicht wieder ein.

G.B.: Vielleicht hast Du Dich verändert durch all das, was Du durchgemacht hast.

X: Ich habe mich auch verändert. Ich fühle wohl, daß ich nicht mehr so kann wie früher; aber warum finde ich nicht mehr zu der Kraft, die in dem Gefühl lag, an der guten Sache mitzuarbeiten? Ich brauche dieses Gefühl.

G.B.: Es gibt da ein Wort über neuen Wein in alten Schläuchen...

X: (etwas verwundert). Ja, sicher, ich muß etwas ruhiger vorgehen. Aber das braucht doch mein religiöses Gefühl nicht zu beeinträchtigen.

G.B.: Das braucht es vielleicht nicht. Aber faktisch geschieht es doch. Vielleicht geht es um etwas Neues.

Wenn die Begleiterin Recht hat, dann wirkt die Erinnerung hier als rückwärts gewandte Kraft: Die Zukunft soll der Vergangenheit entsprechen. Die Begleiterin befürchtet offensichtlich, daß das möglicherweise Neue aufgrund des starken Einflusses der Erinnerung nicht richtig zum Zuge kommt.

Die zweite Erscheinungsform besteht in der *begehrenden Erinnerung*. Es kommt vor, daß positive Erinnerungen sich so stark bemerkbar machen, daß die betreffenden Menschen sich davon fixieren lassen. In der Verarbeitung von Todesfällen ist dies öfters der Fall. Das Verlangen verweigert die Bereitschaft zur Konfrontation mit sich selbst; und die Unsicherheit, die mit der Erkenntnis der Realität verbunden ist, führt dazu, daß man sich an der Vergangenheit festklammert. In der Geschichte des Volkes Gottes kam diese Situation in verschiedenen Variationen vor und auch die Kirchengeschichte liefert zahlreiche Beispiele dafür. Der Grund für dieses Festhalten ist in der Angst vor dem Unbekannten zu suchen. Diese macht sich nämlich bemerkbar, wenn alte Interpretationsschemata aufgegeben werden müssen. Dann wird alles in Bewegung gesetzt, um die Erinnerung aufrecht zu erhalten, um also das Heute und die Zukunft dem Vergangenen gemäß zu modellieren.

In der Krise der Lebenswende macht sich bei vielen eine allgemeine innere Unzufriedenheit mit sich selbst und ihrer Lebenssituation bemerkbar. Eines der Kennzeichen dafür ist die Rückkehr alter Erinnerungen an „bessere" (durchgehend viel jüngere) Jahre. Es geht hier um eine sogenannte „Konnaturale Abweichung".[3] Die Stagnation in bezug auf das Verlangen drückt sich in der begehrlichen Erinnerung aus. Auch in vielen eher beiläufigen Situationen kann sie auftauchen und es ist wichtig, sie dann als solche auch zu erkennen; etwa dann, wenn andauernd die Vergangenheit gepriesen wird (durchgängig zulasten des Heute). Dies kann auch der Fall sein, wenn mit Vorliebe Kontakt zu Personen gesucht wird, die in der Vergangenheit eine wichtige Rolle gespielt haben; oder wenn die Traditionen einer Gemeinschaft und ihre Stifterpersönlichkeiten übermäßig stark verehrt werden; wenn bestimmte Phasen des Arbeitslebens idealisiert werden. Es kann sich aber auch schon in einer bestimmten Wahl der Lieder und Texte für die Gottesdienste äußern. Wir brauchen hier nicht eigens zu beweisen, daß sich die Erinnerung auch auf negative Erfahrungen und Ereignisse aus der Vergangenheit festlegen kann. Auch dann kann häufig von einem Begehren gesprochen werden, nämlich insofern als es zu den Irrwegen des Verlangens auch gehört, sich lieber an die negative Vergangenheit zu klammern anstatt den Mangel, unter dem es litt, loszulassen, um zu einer echten Trauer zu kommen. Echte Trauer besteht immer darin, den Widerstand gegen das Unvermeidliche aufzugeben. Anstelle dessen wird die negative Erfahrung aus der Vergangenheit zu einem dunklen Schatz, bei dem das Herz verweilt.

In der *befragten Erinnerung* deutet sich eine wichtige Entwicklung an. Die Vergangenheit wird nicht mehr als Faktum verstanden, nach dem man sich zurücksehnt oder in dem man eingeschlossen ist; sondern sie wird auf

[3] Unter „konnaturaler Abweichung„ wird in der Entwicklungspsychologie dasjenige Verhalten verstanden, in dem sich Menschen einseitig auf einen einzelnen Aspekt ihrer aktuellen Situation oder ihres Lebensabschnitts verlegen. Dieser Aspekt ist dann meist offenkundig und scheint „ganz normal„. Geschieht dies in einer begehrenden Weise, dann besteht die Gefahr, daß darunter die Lust am noch bevorstehenden Leben leidet. Der Begriff ist ausgearbeitet in: H. Andriessen 1972, S. 89–94.

ihre wirkliche Bedeutung hin befragt. Das heißt: Sie wird aus der vitalen Verbundenheit, die man sonst mit ihr unterhält herausgelöst und für sich betrachtet, auf ihren Wert und Unwert geschätzt. In den „Confessiones" des Augustinus ist dies das eigentliche Thema. Im folgenden Beispiel geschieht etwas Vergleichbares.

Ein Priester macht im Laufe eines mühsamen Prozesses, der von andauernden Zweifeln beherrscht wird, ob er er denn mit seiner Lebensentscheidung auf dem richtigen Weg sei, eine wichtige Entdeckung. Seiner Einsicht nach ist der Kaplan seiner Pfarrgemeinde damals zu schnell auf seine religiösen Bedürfnisse eingegangen. Er hatte sie allzu schnell in eine Entscheidung für das Priesterseminar umgesetzt. In den bisherigen Gesprächen überwog eine bedürftige Erinnerung an frühere Zeiten religiöser Aktivität und Erfahrung. In Erholungsphasen unternahm er viele Versuche, die Vergangenheit wieder aufleben zu lassen. Es schockiert ihn jedesmal, wenn in seiner näheren Umgebung Priester aus ihrem Dienst ausscheiden. In einem Gespräch mit einem solchen Kollegen ist ihm vieles über sich selbst klarer geworden.

X: Er hat teilweise dasselbe Problem wie ich. Aber er hat weniger Zweifel.

G.B.: Kannst Du Dir vorstellen, warum?

X: Ja, doch. Ich bin mir nicht ganz sicher, aber ich bekam den Eindruck, daß die Vergangenheit für ihn nicht so schwer wiegt... (Stille).

G.B.: ...wie für Dich?...

X: (nach einer Pause) Ja, das denke ich. Er schaut mehr danach, was jetzt los ist; und nach den Jahren, die ih m noch bleiben. Als ob die Dinge, die früher in seinem Leben geschehen sind, für ihn nicht so entscheidend sind.

G.B.: Weniger entscheidend als für Dich?

X: Ich sehe ja auch ein, daß ich mich damals zu früh und zu schnell entschieden habe. Und trotzdem, wieviele gute Erfahrungen habe ich doch gemacht. Die kann ich doch nicht mit einem Mal abtun, als ob es nichts war.

G.B.: Ist das denn nötig?

X: (etwas überrascht). Ist das denn nötig... nein, natürlich auch nicht. Aber vielleicht sollte ich mich auch nicht so daran festhalten.

G.B.: Ich muß an Jesaja denken, der über das Neue sagt...

In diesem Abschnitt kündigt sich die mögliche Wende hin zu einem anderen Umgang mit der Vergangenheit hier an. Er läßt auch eine entsprechende Entwicklung bezüglich des Verlangens erkennen. Ob diese sich durchsetzen wird, muß sich erst noch in weiteren Gesprächen zeigen. Hier stellt sich die Frage, warum der Begleiter so vorsichtig vorgeht. Es kommt darauf an, daß die betreffende Person den Übergang selbst vollzieht. Gerade darin muß sie die Erfahrungen machen, die für ihre eigene Lebensweise charakteristisch sind. Würde sie diesen Übergang nur auf der Ebene der verstandesgemäßen Einsicht vollziehen, dann käme das Verlangen nicht wirklich zu seinem Recht. Eigentlich würde sie dann seine Zweifel auch nicht los werden können. Diese würden im Verlauf seines Weges immer wieder auftauchen. Bei aller Vorsicht, die der Begleiter erkennen läßt, wird doch deutlich, daß er diesem Priester ein anderes Modell anbietet, indem er auf Jesaja verweist.

Schließlich müssen wir noch auf die *offene und empfangende Erinnerung* eingehen. Sie entspricht als Erscheinungsform dem offenen Verlangen. Hier wird jemandem der Schatz der Erinnerung verfügbar. Wenn auf diese Weise auf die Erinnerung Bezug genommen wird, dann betrachtet man die Vergangenheit als Größe mit einem beachtlichen eigenen Wert. Gleichzeitig wird sie aber auch erkannt als etwas, an dem man nicht fest zu kleben bleiben braucht und von dem man eventuell auch Abstand nehmen kann. Augustinus merkt an, daß wir nicht nur die Bilder des Vergangenen mit uns tragen, sondern das Vergangene selbst.[4] In der offenen und empfangenden Erinnerung ist dieses Vergangene zugänglich (tamquam ad manum posita, Confessiones X, 10). Es läßt sich freier damit umgehen, – nicht mehr so gehindert durch Ängste, Schuldgefühle, Bindungen oder Überlegenheitsgefühle. Das frei gewordene Verlangen drückt sich geradezu darin aus, daß der Wirklichkeit – auch der des eigenen Selbst – angstfrei begegnet werden kann.

Diese Erinnerung vergleicht Jesus mit einem Schatz, aus dem man beliebig Altes und Neues zum Vorschein holen kann. Die Vergangenheit braucht weder verleugnet noch überbewertet zu werden. Es ist Erfahrungsstoff für den Weg, der in die Zukunft führt. In der geistlichen Begleitung geht es darum, den anderen einen Zugang zu den gemachten Erfahrungen zu ermöglichen; auf daß darin deutlich werden kann, daß sich in einer Lebensgeschichte „alles zum Guten wenden kann für diejenigen, die lieben“, wie Paulus behauptet. Normalerweise benötigen Menschen dazu Hilfe. Augustinus verweist im selben, oben genannten, Abschnitt darauf, daß er sich an vieles nicht erinnern würde, wenn ihn nicht jemand dazu ermahnt hätte („admonente aliquo“).

[4] „Nec eorum (percepta) sed res ipsas gero„. Vgl. Confessiones X, 9.

Ein sprechendes Beispiel für diese fruchtbare und kreative Erinnerung finden wir in der Geschichte vom Gang nach Emmaus, wo sich der Fremde zu den beiden Jüngern gesellt. Lukas verwendet für diese Weise, etwas in Erinnerung zu rufen, die Worte „übersetzen". „deuten", „erklären", „verkünden" oder auch „durchschauend mitteilen". Der Fremde begnügt sich nicht mit dem „Wachrufen von Erinnerungen", sondern beleuchtet sie in ihrer Bedeutung für Heute und für die Zukunft.

Wenn jemand aus dieser offenen und empfangenden Erinnerung zu schöpfen beginnt, sollte in der geistlichen Begleitung ebenfalls ein solches „Beleuchten" stattfinden. Auf dem weiteren Weg kommen Bedürftigkeit und Begehren weiterhin auch zum Zuge und behalten ihre dynamisierende Wirkung; aber sie passen sich dem geläuterten Verlangen in ihrem Maß an. Sie werden – um ein altes Wort zu gebrauchen – „geordnet". Dies bedeutet, daß sie ihre eigentliche Bestimmung finden, nämlich durch die Wahrheit erleuchtet zu werden und auf diese Weise dem Menschen auf dem Weg zur vollen Wahrheit zu dienen. Dann verwundert es auch nicht mehr, wenn unter den Früchten des Geistes, die Paulus aufzählt, so viele ursprünglich mit unseren Bedürfnissen und unserem Begehren zusammenhängen (u.a. Gal 5, 11).

3. „Der Gesuchte" als Wirkkraft

In einem berühmten Text spricht Gregor von Nyssa über Gott als „den Gesuchten".[5] Den Kontext dazu bildet die Erfahrung, daß Gott um so unergründlicher wird, je mehr man sich ihm nähert und je mehr man mit seinem Geheimnis vertraut wird. Bis zu einem gewissen Grad kann dies auch vom Sinn des menschlichen Lebens und menschlicher Existenz behauptet werden. Überall dort, wo Menschen meinen, über diesen Sinn verfügen zu können, kommen sie auf ihrem Weg nicht wirklich weiter. Nur das Geheimnis, über das man eben nicht verfügen kann, gibt der existentiellen Bewegung ihre Tiefe und Dynamik.

Für eine religiöse Entwicklung und vor allem für den Glauben an den sich offenbarenden Gott reicht das Verlangen allein jedoch nicht aus. Dies kann nicht genügend betont werden. Das Wort „religiöses Bedürfnis" wird im Augenblick sehr leichtfertig verwandt: etwa in dem Sinn, in dem wir auch Bedürfnis nach Essen und Trinken haben. Ich denke aber, daß es ein derartiges „religiöses Bedürfnis" eigentlich nicht gibt. Um wirklich „reli-

[5] Besprochen in: A. Peperzak 1991.

giös“ zu werden, ist das Verlangen immer auf ein „Entgegenkommen“ angewiesen, zum Beispiel im Sinne eines religiöses Umfeldes, einer Vertrautheit mit den Gottesdienstformen oder im Sinne eines Komplexes von Überzeugungen, die man teilt; kurz gesagt: Man ist auf eine religiöse Kultur angewiesen. Das dem Lebendigen eigene Verlangen ist von sich aus – psychologisch ausgedrückt – nicht auf Gott ausgerichtet. Um diese Richtung zu erhalten, muß es sich – nach Ambrosius von Mailand – an vorgegebenen Zeichen und Symbolen festmachen können. Ist dies einmal geschehen, dann kann alles eine religiöse oder geistliche Bedeutung erhalten.

In dem tiefsinnigen Auftakt zu seinen „Bekenntnissen“ fragt sich Augustinus, wie er zur Erkenntnis Gottes kommen könne, da er doch nur ein Mensch sei. Andersherum fragt er sich auch, wie es möglich sei, daß er Gott nicht kenne, da Gott doch der Schöpfer von Himmel und Erde sei und also auch ihn selbst geschaffen habe. Seine „Antwort“ darauf lautet, daß es in uns eine Empfänglichkeit für alles Göttliche gäbe, daß aber er selbst „durch die Menschheit Deines Sohnes und den Dienst derjenigen, die Dich verkündigen“ zum Glauben kam (Confessiones I, 1). Verlangen, Erfahrung und Einsatz allein reichen nicht aus. Sie sind „auf der Suche“, aber Gott kann nur dann zum „Gesuchten“ werden, wenn er uns auf die eine oder andere Weise schon vor Augen gehalten wurde. So fällt der Glaube nicht vom Himmel, sondern er hat auf Erden eine Geschichte durchgemacht, an der wir teilhaben. In seiner Schrift über die „Gabe der Vollendung“ sagt Augustinus kurz und kräftig: „Was ist erste und vornehmste Aufgabe Gott gegenüber anderes als, daß wir an ihn glauben.“ Hier ist der tiefste Grund dafür zu suchen, warum in allen Formen geistlicher Begleitung der Tradition und ihren Lehrerinnen und Lehrern so eine große Bedeutung zukommt. Wenn das Verlangen nach dem Religiösen und nach dem Glauben nicht geweckt werden, dann kommt auch die Suche danach nicht in Gang. Darum wundert es nicht, wenn viele Menschen sagen, sie hätten kein Bedürfnis nach Religion oder Glaube. Bei vielen unter ihnen stellt sich dann dennoch die Frage nach Sinn und Richtung ihrer Existenz. Wenn das Verlangen doch zum Zuge kommt und im Leben eine gewisse Dominanz behält, dann kann Gott als „der Gesuchte“ am Horizont des Lebens, der Welt und der Existenz erscheinen; und das Verlangen in seinen verschiedenen Formen und der erscheinende Gott begegnen sich. Glaube und Religion kommen unserem Suchen nach Einsicht und Ursprung, nach Ziel und Sinn entgegen; ebenso korrelieren sie mit der Grundlage unserer Überzeugung, daß es einer Ethik bedarf; sowie mit unserem Verlangen nach Trost in der Schutzlosigkeit unserer Existenz. Dieses Verlangen prägt sowohl unser Bemühen um Einsicht wie unsere ethische Überzeugung.

Gottes Erscheinen am Horizont des Verlangens ist eine dritte Bewegkraft, die die Richtung des Weges sehr stark bestimmt. Hier fallen vier verschiedene Erscheinungsformen auf.

Da ist erst einmal der *Gott, der unseren Bedürfnissen entspricht.*[6] In der „heiligen Erzählung“[7] begegnet er uns so auf vielerlei Weise und in der Religiosität vieler Menschen spielt er eine äußerst wichtige Rolle. In Vielem, was dort religiös oder gläubig benannt wird, geht es um diesen Gott. Dabei steht er nicht nur in Beziehung zu unseren menschlichen Nöten und Grenzen, sondern auch zu unserem Vertrauen, unserer Dankbarkeit, unserer Hingabebereitschaft und unserer Hoffnung. Das Bedürfnis nach Erfüllung durch all diese Dinge, die Hoffnung oder die Aussicht auf diese Erfüllung verleihen dem Weg eine spezifische Note. In der Begleitung ist es wichtig, diesen „Bedürfnischarakter“ von Gott gut wahrzunehmen; ist er doch ein wesentlicher Hinweis dafür, wie sich eine gläubige Beziehung realisiert. Es fällt auf, daß sich viele Menschen spontan auf diese erste Erscheinungsform von Gott beschränken. Wenn er diesen Erwartungen nicht entspricht, entstehen Schwierigkeiten, und es kommt eventuell zu einer Krise. In der Perspektive des Weges öffnet sich dann der Blick auf eine andere Erscheinungsweise von Gott.

Das Bedürfnis, um das es hier geht, braucht sich nicht allein auf das zu beziehen, was Gott für uns tun könnte; es kann auch Gott selbst betreffen. In allen Büchern zum geistlichen Weg ist die Rede von „Reinigung“. Sie

[6] Diese Frage eröffnet ein weites Arbeitsfeld in der Religionspsychologie und demzufolge auch in der Katechese. Unser Sprachgebrauch ist in dieser Hinsicht sehr schlampig. Je präziser der Begriff des Bedürfnisses umschrieben wird, desto weiter entfernt er sich von Religiosität und Glaube als Phänomene, die für unsere Existenz und unsere Sinnerfahrung einheitsstiftend sind. Geht man davon aus, daß diese nicht durch die Menschen selbst hervorgebracht oder gemacht werden können, sondern uns geschenkt werden, dann hat der Begriff zunächst keine erhellende Funktion. Er bekommt seinen Inhalt erst über den „Umweg„ über Religion und Glaube. Damit ist gemeint, daß die verschiedenen Erscheinungsformen des Verlangens (also auch das Bedürfnis – der Übers.) erst dann religiös oder glaubend erfahren werden können, wenn wir schon in einer Religion oder einem Glauben beheimatet sind. Die alte Feststellung von O. Kroh (1944) kann hierfür immer noch geltend gemacht werden: „Jedes Kind ist bereit, an Gott zu glauben, aber kein Kind findet ihn aus sich selbst heraus.„ Für eine ausführliche Besprechung siehe: D. Hutsebout/J. Corvelijn 1987; A. Vergote 1964, 1984.

[7] Hier verwendet H. Andriessen im Niederländischen den Ausdruck „het heilige Verhaal„ der soviele Aspekte umfaßt, die über die deutschen Begriffe „Geschichte„ oder „Erzählung„ hinausgehen, so daß es dafür eigentlich kein einfaches Äquivalent gibt. In der Wissenschaft vom Erzählen, der Narratologie, wird unter anderem auch vom menschlichen Leben oder von der Spiritualität als „verhaal„ gesprochen. Mit „het heilige Verhaal„ ist die Gesamtheit von Ereignissen, Anekdoten und Legenden gemeint, von denen die Heilige Schrift erzählend berichtet (d. Ü.).

bezieht sich vor allem auf die Erscheinungsweise von Gott. Solange wir uns noch im Bereich von Bedürfnissen aufhalten, wird er leicht zu deren Verlängerung, was eigentlich bedeutet, daß er noch kaum in seiner Eigenheit bekannt, geschweige denn wahrgenommen ist. Häufig liegen religiöse Verhaltensmuster und Gewohnheiten, die ja das Leben gläubiger Menschen fast immer mitprägen, im Bereich der Bedürfnisse. Meist sind sie ein Ausdruck alter Traditionen, die den Zeitgeist noch mitbeeinflussen. Sie führen leicht zu einer bestimmten Lebensform und nehmen so die Eigenschaften von Bedürfnissen an. Damit soll noch nichts Schlechtes über sie gesagt sein. In der geistlichen Begleitung ist Aufmerksamkeit nötig, um erkennen zu können, ob es nicht vielleicht Zeit für einen persönlicheren Umgang damit wäre. Diese Verhaltensmuster werden auf jeden Fall dann angetastet, wenn das Leben zuschlägt und die Erfüllung zentraler Bedürfnisse gefährdet ist.

In der zweiten Form erscheint *Gott als derjenige, der begehrt oder gefordert wird.* In diesem Fall richten sich Menschen ausdrücklich an ihn als denjenigen, der der Leere, die im Leben erfahren wurde, nicht nur genüge tun kann, sondern sogar muß. Dabei kann es sich sowohl um eine Leere im materiellen, als auch im psychischen oder geistlichen Sinne handeln. Im Bereich des Begehrens und der Forderung können allerlei Beweggründe mitwirken; aber es bleibt jeweils kennzeichnend, daß das „Haben“, wie Gabriel Marcel es versteht, eine dominierende Rolle spi elt. Auch die Haltung, nach der religiöse und gläubige Inhalte oder Vorstellungen zur Praxis „machbar“ sein müssen, gehört in diesen Bereich des Begehrens. Gott wird für die Dinge, die man von ihm erwartet, in Anspruch genommen. Wenn man es etwas extrem formuliert, könnte man behaupten, daß Gott sich so zu verhalten hat, wie es unserem Verlangen entspricht. Dies kann sogar dazu führen, daß man sich von Gott abwendet, wenn er sich als anders erweist. Diese Einstellung kann Depressionen, Erfahrungen von Sinnlosigkeit oder selbst Suizidversuche zur Folge haben; als letzte Konsequenz einer Auffassung, die in Glaube und Religion eine Form der Sinn-„Gebung“ anstelle des Sinn-„Empfangens“ sucht. In der Liebeslyrik der christlichen Tradition spielt dieser „begehrte“ Gott häufig eine große Rolle. Selbstverständlich können sich dabei auch leicht allerlei unbewußte Themen und Beweggründe einschleichen. Dies läßt sich auch gar nicht vermeiden. In der geistlichen Begleitung geht es dann auch eher darum, ein Auge dafür zu haben, als dagegen anzukämpfen. Entscheidendes Kriterium bleibt immer die Offenheit, die Eigenheit des Göttlichen, bzw. Gott und sein Anderssein *praktisch* zu respektieren. Jeder und jede hat den Weg in ihrer Eigenart, mit eigenem Temperament und eigenem psychologischem und geistlichem Rüstzeug zu gehen. Eine respektvolle Begleitung ist hier fruchtbarer, als um das Gepäck zu streiten. Letzteres kann am Beispiel einer Frau erläutert werden, die während einer ernsten Lebenskrise erotisch gefärbte Vorstellungen in bezug auf Gott entwickelte. Sie lebte außerdem in einem Milieu, in dem der „Mystik" viel Aufmerksamkeit entgegengebracht wurde. So wurden in ihrer Umgebung die Bücher großer Mystikerinnen und Mystiker gelesen, die dann auch, wie dies öfters vorkommt, zum Modell für das Lesen der eigenen Erfahrungen wurden. Andererseits suchte sie auch erkennbar danach, auf ihre eigene, authentische Weise ihren Weg zu gehen. Dies zeigte sich deutlich in ihrem konstruktiven Verhalten und in ihrer Bereitschaft, ihr Leben zu ändern, wenn dies nötig war. Die geistliche Begleitung beschränkte sich in ihrem Fall darauf, beim Erarbeiten ihrer Geschichte aufmerksam zuzuhören und ihr faktisches konstruktives Verhalten zu stärken. Angesichts der geringen intellektuellen Entwicklung der Frau ging die Begleiterin auf den Inhalt der Phantasien selbst nicht ein. Sie bot vielmehr praktische Hilfen an, um die Lebenskrise auf eine religiöse Art gut zu meistem. In dem Maße, indem dies gelang, nahmen die Phantasien ab. Nach einiger Zeit verschwanden sie wieder ganz.

Kommen wir nun zu dem *Gott, dem man sich in der Bitte zuwendet.* Hier zeigt sich uns Gott anders, als in den soeben besprochenen Formen. Dieser Gott trägt nicht nur vertraute Züge; er steht nicht einfach unseren Nöten, Bedürfnissen und unserem Begehren zur Verfügung, sondern er erscheint uns – im Glauben von seiner eigenen, uns unbekannten Welt her. In der „heiligen Erzählung" ist er der, der kommt und geht. Er hat ein Eigenleben, erscheint auf einsamen Höhen, verfolgt häufig unergründliche Absichten und besitzt eine „dunkle Seite", die der Mensch nicht zu fassen bekommt. In der Bitte, die man an ihn richtet, wird dies alles erkannt und akzeptiert. Dieses Erkennen beinhaltet auch die Überzeugung, daß Gott einer anderen Ordnung angehört, als der unsrigen. Als Wirkkraft auf dem geistlichen Weg wirkt er auf eine ganz andere Weise als in den vorausgehend besprochenen Erscheinungsformen. Sein Charakter als Gegenüber ist viel deutlicher spürbar, während dies eine gewisse Vertraulichkeit und Intimität nicht auszuschließen braucht. Da sich diese drei Erscheinungsformen häufig vermischen, ist es für die geistlichen Begleiter sehr wichtig, diese Dimension genau wahrzunehmen. Dort, wo sie einem begegnet und auch als solche benannt wird, erhalten die Erfahrung und der Weg viel mehr den Charakter eines „Geheimnisses" oder eines „Dienstes". Egozentrische Beweggründe werden weniger bestimmend und zum Vorschein kommt immer mehr eine persönliche Spiritualität. Gott ist nicht mehr selbstverständlich. Zweifel tauchen auf, jetzt aber nicht mehr aufgrund des Ausbleibens der Erfüllung von Bedürfnis und Begehren, sondern als Anfrage an die Wirklichkeit. Die „heilige Erzählung“ wird auf neue Weise, nämlich als Offenbarungen des Verborgenen Gottes gelesen. Je mehr sich dieser gerade in seiner Rätselhaftigkeit und Verborgenheit ins Bewußtsein bringt, desto mehr wächst auch die Überzeugung, ein eigenes persönliches Geheimnis in sich selbst zu tragen. Hiermit können große Ängste und Unsicherheiten verbunden sein. Der eigene Weg verliert an Deutlichkeit, und richtungweisende Signale müssen eher abgewartet und entdeckt werden, als daß die Richtung von der Person selbst bestimmt wird. Die Frage „Wer ist Gott?“ und „Wer bin ich selbst?“ wird ein wichtiger, die Richtung bestimmender Faktor.[8] Religiöse und gläubige Lehrformeln sind nicht mehr selbstverständlich und vertraute Verhaltensmuster werden angefragt. Eigene Gedanken gewinnen an Bedeutung. Die geistliche Begleitung hat dies aufmerksam zu verfolgen; die Weise, in der Gott einem Menschen erscheint, hat sie aber nicht vorzuschreiben. Sie sollte eher darauf ausgerichtet sein, aus der Tradition Situationen und Ereignisse aufzubereiten, die etwas Licht auf diese neue Erscheinungsweise Gottes werfen können. Auch ein tieferes Verständnis von Symbolen – selbst von einigen der zentralen, wie der Eucharistie und der Dreifaltigkeit – kann hier notwendig werden. Die religiöse und gläubige Erfahrung, wie sie vom Zeitgeist „vorgeschrieben“ wird, findet nicht mehr ohne weiteres Akzeptanz. Demgegenüber drängt sich die eigene, persönlichere Erfahrung auf, die sich vielleicht davon unterscheidet oder gerade gegenteilig ist. Man spürt auch deutlicher, daß die Weise, in der uns Gott erscheint, stark von unseren eigenen Nöten, Bedürfnissen, von unserem Begehren und unserer Geschich te abhängig ist. Dies stellt Menschen dann auch vor Fragen, wenn es um diese neue Erfahrung geht: Warum sollte mir darin nicht wieder dasselbe begegnen? Die eigene Wirkungsweise des Geistlichen wird hier viel sichtbarer. Geistliche Begleitung wird zum gemeinsamen Zuhören, und es wird in diesem Zusammenhang wichtig. daß die begleitende Person die angesprochenen Dinge aus eigener Erfahrung kennt. Natürlich ist diese Erfahrung ebenso partiell, wie die Erfahrung derjenigen, die begleitet werden. Dennoch reichen hier Analogien aus, um gemeinsam zuhören zu können; und zugleich wird man trotzdem nicht daran gehindert, den eigenen Weg zu gehen.

[8] Zum Zusammenhang von Verlangen und Einsicht vgl. A. Peperzak 1991 und H. Furth 1987. Zum Zusammenhang zwischen Verlangen und moralischem Handeln vgl. E. Wyschgorod 1990.

Gott als Geheimnis wahrzunehmen, entspricht dem Verlangen, das offen geworden ist. Gerade in der Erfahrung wird deutlich, daß Gott nicht benennbar ist und unsere menschlichen Kategorien einfach übersteigt. Dies aber ändert nichts an der Tatsache, daß er zahllose Namen erhielt und sich auch in zahllosen Namen offenbarte. Es wird vielmehr deutlich, daß all diese Namen für ein undurchdringliches Geheimnis stehen, und zwar gerade als Namen. Sie „verorten" das Geheimnis Gottes, sofern man hier von verorten sprechen kann. Bei dieser Erfahrung bricht der Weg ab: Es führt kein durchgehender Weg zu diesem Gott hin. Es läßt sich sogar umgekehrt erfahren, daß von ihm ein Weg ausgeht, den er nur betreten läßt, wen er will. Über diesen Weg gibt es dann auch nicht mehr viel zu sagen: Wörter verlieren ihre normale Bedeutung und werden gleichsam zu einem Fensterrahmen, durch den man in die „Nacht", oder auch in das „Licht" hinaussehen kann. Auch die Sprache hört also auf. Während sich all das in bezug auf das Göttliche abspielt, rückt auch das Geheimnishafte der eigenen Existenz stärker ins Bewußtsein. Den Begleiter oder die Begleiterin kann hier dasselbe Gefühl überkommen wie Augustinus, als er sich mit den geistlichen Fragen seines Sohnes Alipius konfrontiert sah: „Horrori mihi erat illud ingenium" – „Seine Begabung machte mir Angst" (Confessiones IX, 6). Sie sollten sich von dem leiten lassen, was sie wahrnehmen können. Das Erscheinen dieses Gottes kann tiefe Ängste und Unsicherheiten wecken; denn gerade in diesem Erscheinen verschwindet er zugleich. Trotzdem erzählen Menschen in einer solchen Situation manchmal von einem endlosen Licht und von einem Frieden, der alles übersteigt. Für sie sind es Lichtblicke, die als Rückhalt auf einem einsamen Weg von großer Bedeutung sind. Die Begleitung erfüllt hier ihren Auftrag vorsichtig, tastend und betend. Nur einem offenen, empfangenden und gelösten Verlangen kann sich Gott so zeigen. Trotzdem entdecken Menschen noch andauernd Unvollkommenheiten an sich, gerade was diese Offenheit betrifft; und es ist auffallend, daß die „Fehler", die sie hierbei machen, eigentlich immer sofort einen Rückschlag zur Folge haben. In ihrem konkreten Leben werden die Früchte des Geistes immer mehr nach außen sichtbar. Sie beginnen in ihrer Umgebung allmählich aufzufallen: durch eine starke Identität, durch eine unerschrockene Ausrichtung auf die Wahrheit, durch Feingefühl und Respekt für den Gemütszustand anderer und schließlich durch eine große innere Sicherheit, mit der sie einerseits jeden seinen eigenen Weg gehen lassen, mit der sie aber andererseits auch sehr bestimmt an ihrem eigenen Weg festhalten.

4. Die Ausrichtung

Die vier Formen, in denen uns das Verlangen, die Erinnerung und Gott begegnen, sind keine psychischen Eigenschaften, sondern sie kennzeichnen das Daseinsgefühl der Person. Von daher ist es verständlich, daß in den Schriften über den geistlichen Weg schon von alters her der Begriff des „Standes“[9] vorkommt. Es ist dort die Rede vom „Stand der Gnade“, von den „Lebensständen“ oder von einem „state of mind“. Dabei geht es um mehr als nur den Bewußtseinszustand. „Stand“ im hier gemeinten Sinne betrifft „alles, was das Dasein des Menschen für sein Gefühl bestimmt.“[10] Auch das Verlangen, die Erinnerung und das Gewahrwerden Gottes betreffen auf solche Weise unsere Existenz.

In der geistlichen Begleitung geht es darum, anderen Menschen entdekken zu helfen, in welcher existentiellen Verfaßtheit sie sich befinden. Denn gerade in der Abfolge der verschiedenen existentiellen Verfaßtheiten vollzieht sich der geistliche Weg. Denjenigen, die begleiten, stehen dabei, grob gesagt, zwei Möglichkeiten offen. Bei der ersten Möglichkeit liegt die Betonung vor allem auf der Einsicht. Dabei fördert die begleitende Person die andere darin, sich die gemachten Erfahrungen durch Nachdenken verständlich zu machen. Dies geschieht natürlich nicht abstrakt, sondern schließt eng an diese Erfahrungen an. Es wird fortwährend überprüft, ob diese Erfahrung tatsächlich dem entspricht, was über sie gesagt wird. In unserem Fall ginge es also darum, im Gespräch zu klären, ob sich Verlangen, Erinnerung und Gott als „der Gesuchte“ tatsächlich so erweisen lassen, wie sie die betreffende Person zu erfahren meint. Diese Überprüfung ist notwendig, da wir uns vieles vormachen und sich unsere Erfahrungen leicht mit den Gedanken verwirren können, die wir über sie entwickeln.

Ein Mann, der in einem großen Betrieb beschäftigt ist, versucht schon längere Zeit, seinen geistlichen Weg mit dem zu verbinden, was er an seinem Arbeitsplatz erlebt. Bis jetzt ist der Betrieb für ihn der „Ort der Abwesenheit Gottes“ schlechthin. Er erfährt einen Bruch zwischen seiner Innenwelt und seiner Umgebung.

X: Ich entdecke hier nichts, was mich wirklich bewegt. Es geht ausschließlich um Produktion und Organisation. Und wenn Du über etwas anderes ins Gespräch kommst, dann beschränkt sich das auch auf die Morgenzeitung, das letzte oder das nächste Wochenende und den Fußball.

[9] Im Niederländischen: „staat“, im folgenden gelegentlich auch, wenn passender, mit „Verfaßtheit“ oder „Zustand“ wiedergegeben (d. Ü.).

[10] Vgl. Kluge 1960, unter „Zustand“.

G.B.: Kannst Du sagen, was Du vermißt?

X: Ich vermisse... ich vermisse den Kontakt über Sachen, die mich etwas angehen. Leben ist mehr als nur Arbeiten, Wochenende und Fußball. Ich vermisse... den Geist des Evangeliums.

G.B.: Arbeit und Evangelium müssen einander nicht ausschließen...

X: Nein, sie schließen einander gerade ein. Ich habe einen Auftrag und ein eigenes Leben. Das will ich nicht vor dem Werktor ablegen.

G.B.: Wenn Du sie vermißt, legst Du sie doch nicht am Werktor ab. Dann hast Du sie bei dir. Kannst Du Dich an dieses Vermissen heranwagen? Ich meine damit: Kannst Du ihm wirklich Raum lassen?

Der Begleiter prüft die erste Aussage des Mannes. Dieser behauptet, er entdecke an seinem Arbeitsplatz nichts, was ihn wirklich bewege. Es zeigt sich, daß das, was ihn bewegt, doch während seiner Arbeit anwesend ist, nämlich indem er es vermißt. Beiläufig sei angemerkt, daß bei ihm auch die Erinnerung eine Rolle spielt („der Geist des Evangeliums"), ebenso wie ein Gewahrwerden Gottes („ich habe einen Auftrag und ein eigenes Leben").

Bei dieser Zugangsweise spricht man von einer „konzeptuellen Strategie."[11] Ihr Wert bemißt sich in der genauen Prüfung dessen, worauf sich eine Person bezieht, wenn sie ihr Verlangen ausdrückt, Erinnerungen erwähnt oder sagt, sie hätte eine Erfahrung im Bereich des Geistlichen gemacht. Es braucht dabei nicht ausschließlich um aktuelle Erfahrungen zu gehen, auch frühere Abschnitte des Weges oder in bezug auf den Weg selbst oder etwas zur Spiritualität, zur Tradition... usw. Überall dort, wo diese Aussagen auf ihre Genauigkeit hin überprüft werden, wird nach dieser einen der beiden möglichen Arbeitsweisen vorgegangen.

In dem Gesprächsabschnitt geschieht noch etwas anderes. Der Begleiter findet sich nicht einfach damit ab, daß X angeblich an seiner Arbeit nichts entdeckt, was ihn bewegen würde. Er versucht, ob er X dazu veranlassen kann, diese Perspektive aufzugeben und seine Situation aus einer anderen Blickrichtung zu betrachten, nämlich unter dem Aspekt des „Vermissens". Weil X seine Aufmerksamkeit einseitig auf das richtet, was er sich erwünscht, verfehlt er das, was vorhanden ist, nämlich das Gefühl, etwas zu vermissen. So hat die konzeptuelle Strategie noch eine weitere Funktion. Sie kann nämlich helfen, sich von Gedanken zu lösen, die man sich im voraus gemacht hat, und zumindest vorläufig einen anderen Standpunkt einzunehmen. Hat sich zum Beispiel jemand eine starke Aktivität im

[11] H. de Wit 1987, S. 89.

geistlichen Bereich angelernt, so wird er oder sie nicht so schnell auf den Gedanken kommen, daß eine Haltung von Empfänglichkeit einen wichtigen Wert darstellen könnte. Gleichzeitig zeigt sich häufig, daß diese Aktivität während eines bestimmten Abschnitts des Weges (also in einer bestimmten Verfaßtheit) mehr Schaden als Nutzen einbringt. Indem sie von dieser Erfahrung Gebrauch macht, kann sich die konzeptuelle Strategie darin auswirken, daß jemand dazu gebracht wird, einen festen Standpunkt zumindest zeitweise zu verlassen und etwas anderes zu versuchen. Auch hier wird etwas überprüft, nämlich die mögliche Fruchtbarkeit eines anderen Umgangs mit dem Geistlichen. Augustinus' Predigten sind oft glänzende Beispiele für eine solche Arbeitsweise und auch in den dreißigtägigen Exerzitien des Ignatius von Loyola kommt diese Strategie in vielfältiger Weise vor. Jesus wendete sie andauernd an, wenn er über das Reich Gottes sprach.

Die Strategie ist aber auch mit einer wichtigen Einschränkung behaftet. Selbst wenn das Gesagte oder Gedachte mit der Erfahrung der betreffenden Person übereinstimmen sollte, ist damit noch nicht entschieden, ob diese Erfahrung auch der Wirklichkeit entspricht. Für unser Beispiel heißt das: X vermißt an seinem Arbeitsplatz etwas. Das ist seine Erfahrung. Aber damit ist noch nichts darüber gesagt, ob es das, was er zu vermissen meint, tatsächlich nicht gibt. Der Mangel, den er erfährt, kann sich als Konsequenz seiner existentiellen Verfaßtheit, in der er sich gerade befindet, ergeben. Einmal angenommen, er befindet sich im „Zustand der Bedürftigkeit" und sein Verweis auf das Evangelium hängt mit der entsprechenden Form der Erinnerung sowie mit der dementsprechenden Vorstellung von Gott zusammen, dann wird seine Mangelerfahrung sehr verständlich. Von seiner existentiellen Verfaßtheit her ist es ihm nicht möglich. dieses Ausbleiben Gottes gerade als eine Form seiner Anwesenheit zu erfahren. Um diesen Schwachpunkt der Strategie ausgleichen zu können, wird die Aufmerksamkeit eigens auf das *Bewußtwerden der Verfaßtheit* gerichtet, in der sich die fragliche Person befindet. In unserem Beispiel ist schon etwas davon zu erkennen, nämlich dort, wo der Begleiter fragt: „Kannst Du sagen. was Du vermißt?" Die Frage kann nämlich auch so aufgefaßt werden, daß sie auf die „Verfaßtheit des Verlangens" zielt, in der sich X gerade befindet. Gelegentlich wird hier von einer *„Bewußtseins-Strategie"* gesprochen. Aber das Wort „Bewußtsein" erscheint hier zu eng; es erweist sich auch für viele als irreführend. Hier wird die existentielle Grundhaltung ausgelotet, die Verfaßtheit des Verlangens, der Erinnerung und der Beziehung zu Gott. Es geht also eher um eine *„Existenz-Strategie"*, um eine Intervention, die die Seinsweise und Befindlichkeit eines Menschen betrifft. Wird der

Schwerpunkt hierauf gelegt, dann hätte das Gespräch auch folgendermaßen aussehen können:

X: Ich entdecke hier nichts, was mich wirklich bewegt. Es geht ausschließlich um Produktion und Organisation. Und wenn Du über etwas anders ins Gespräch kommst, dann beschränkt sich das auch auf die Morgenzeitung, das letzte oder das nächste Wochenende und den Fußball.

G.B.: Während Deiner Arbeit vermißt Du andauernd etwas, stelle ich fest.

X: Ja, das fängt schon an, wenn ich durch das Werktor 'reingehe.

G.B.: Und danach?

X: Dann bleibt es eigentlich den ganzen Tag über spürbar. In den Gesprächen geht es um alles mögliche, aber nicht um das, was mich innerlich angeht.

G.B.: 'Was mich innerlich angeht", sagst Du. Kannst Du auch etwas über dieses „Vermissen" selbst sagen; wie wirkt es auf dich; und was würde passieren, wenn Du tatsächlich über das reden könntest, was dich innerlich angeht?

Der Begleiter lenkt hier die Aufmerksamkeit auf das Empfinden, sich als „ein etwas Vermissender" zu leben. Er versucht, eine möglichst unbefangene Wahrnehmung der eigenen Seinsweise zu fördern. Von dieser Wahrnehmung aus kann im weiteren Verlauf des Gesprächs deutlich werden, wie das Verlangen von X verfaßt ist: Geht es vor allem um seine Bedürftigkeit, um sein Begehren, um sein Wissen um Gottes Verborgenheit, um sein offenes Verlangen, usw.? Auf diese Weise unterbricht er den Gedankengang von X und setzt ihn auf die Spur seiner eigenen Existenz, nicht auf die Spur seiner Gedanken. Er hilft ihm dabei, sich bewußt zu machen, wie er – geistlich gesprochen – an seinem Arbeitsplatz anwesend ist; und welche Rolle die Erinnerung an das Evangelium dabei spielt. Auf diese Weise kommen Menschen von dem los, was sie vordergründig besetzt hält, und gerade so zu sich selbst. Im Bewußtwerden der eigenen Seinsweise wird uns immer deutlicher, welchen wesentlichen Einfluß wir selbst darauf haben, in welcher Weise uns Gott begegnen kann. In dieser Hinsicht führt diese Bewußtwerdung zu der Überzeugung, daß Gott wirklich einer anderen Ordnung angehört. Zu ihrem Höhepunkt kommt diese Überzeugung zum Beispiel in den Erfahrungen von Meister Eckardt oder von Johannes vom Kreuz.

Kapitel X
Geistliche Begleitung in der Gruppe

„Sehen sie, ich meine, man soll Mystik nicht „pflegen“ und vollends nicht bewußt zu merken suchen. Wahre Mystik ist eine Gabe, die kommt, „wenn der Geist weht“, wenn Gott sie eben gibt. Und ein bewußtes sich-konzentrieren auf sie, wenigstens in weiterem Maße, in öffentlicherem Kreise, verscheucht sie oder, was schlimmer ist, erzeugt Mystizismus.“

(Romano Guardini)[1]

Wenn sich Gruppen treffen, geht es selten ausschließlich um religiöse Dinge im strengen Sinne. Alle Ebenen, auf denen sich das Geistliche aufspüren läßt, kommen zur Sprache. Aber auch dort, wo es um Sinn- und Existenzfragen geht, werden diese häufig nicht als solche benannt. In den Gruppen wird über die konkreten Erfahrungen aus dem Leben gesprochen, und es ist häufig sehr stark vom Auftreten des Begleiters oder der Begleiterin abhängig, ob es dazu kommt, daß das Gesagte wirklich auf seine geistliche Bedeutung hin durch-schaut wird.

1. Gruppenmeditation über den eigenen geistlichen Weg

a. Allgemeine Bemerkungen

Das Ziel der Meditation besteht darin, die Teilnehmerinnen und Teilnehmer auf ihren individuellen geistlichen Weg aufmerksam zu machen. Dazu muß die Meditation auf die vier Dimensionen des Geistlichen anspielen. Außerdem wird angezielt, daß man individuell und auf der Ebene eigener Erfahrungen mit dem in Berührung kommt, was in dem Vertrag auf eine mehr allgemeine Weise angesprochen wurde. Durch die Meditation kann auch „Material“ für den Beginn des Gruppengesprächs gesammelt werden. Da dies natürlich auch von der Zielsetzung der Gruppe abhängig ist, wurde

[1] Romano Guardini in einem Brief an den Matthias-Grünewald-Verlag, zitiert in: H. Gerl, S. 105.

das nun folgende Beispiel allgemein gehalten. Will man bei einer Eröffnungsmeditation dieses Beispiel verwenden, könnte es an das gewünschte Thema noch angepaßt werden.

Die Meditation an sich muß in jedem Fall folgenden wichtigen Anforderungen entsprechen:

- Eine ruhige Sprechweise. Die Erfahrung lehrt, daß man dabei dem eigenen Team der einzelnen Teilnehmenden nie ganz gerecht werden kann. Es ist gut, wenn darauf zu Beginn kurz hingewiesen wird.
- Der Raum, in dem die Meditation abgehalten wird, muß sorgfältig vorbereitet sein. Es hängt von Stil und Geschmack des einzelnen ab, ob man mit einer Stille, einer Begrüßung, mit Musik oder auf eine andere Weise beginnt. Es ist allerdings zu empfehlen, die Meditation auf diese Weise abzuschließen, wie sie begonnen wurde.
- Was ihren Inhalt betrifft, sollte die Meditation den zwischen kognitivinhaltlicher und unmittelbar geistlicher Ebene liegenden Raum ansprechen, der von alters her mit „Seele" umschrieben wird. Dies heißt auch, daß die Meditation auf die Imagination einwirken können muß, die ja die „Sprache" der Seele ist. Narrativität, Symbole, Zeichen und bildhafte Zusammenhänge sollen dabei eine wichtige Rolle spielen. Ist dies nicht der Fall, dann läuft man Gefahr, daß daraus eine eher kognitive „Gewissenserforschung" wird. Die verwandten Bilder und Symbole müssen allerdings „offen" sein; sie müssen also genügend Raum für eine individuelle Ausführung lassen. Gleichzeitig haben sie auf das Verlangen, die Erinnerung. auf den aufscheinendem Sinn, das aufscheinende Geistliche oder auch auf Gott zu verweisen. Bei dieser Art Meditation geht es also nicht um eine sogenannte bildlose Meditation.[2]
- Mit dem in der Meditation vorhandenen Erzählfaden müssen die Teilnehmenden „auf den Weg" und auch wieder „nach Hause" gebracht werden.
- Es ist wichtig, daß offene Situationen angeboten werden, in denen man eine Auswahl treffen kann – oder Wahlmöglichkeiten auslassen kann -, die in Beziehung zu wichtigen Themen unseres Lebens und unserer Existenz stehen.

[2] M. Kelsey (1977) betont zurecht, daß gerade viele Menschen in der westlichen Kultur einer Reaktivierung ihrer Imagination bedürften, da unser aktives und passives Vorstellungsvermögen durch die Kultur geschwächt wurde. Dem steht die andere, östliche Mentalität gegenüber. Über geistliche Erfahrung kann übrigens kaum ohne Bilder gesprochen werden. Dadurch ensteht die Gefahr, Bild und Wirklichkeit zu verwechseln (H. De Wit 1987). Im Verlauf des Weges drängt sich dieses Thema von selbst auf. Vgl. C. Stahl 1977; für eine allgemeinere Übersicht: K. Thomas 1973; eher psychoanalytisch orientiert ist M. Shafi 1973.

– Innerhalb des geistlichen Raumes, der durch die Meditation bereitet wird, müssen längere Momente der Stille eingelassen werden, in denen die Teilnehmer und Teilnehmerinnen das Geistliche auf sich wirken lassen können.

(Musik)
Sie hatten sich zu einer wichtigen Reise versammelt.
Aus vielen Richtungen kamen sie, eine ganze Gruppe von Menschen.
Es geht um uns.
Die Reise geht per Schiff und bemerkenswerterweise ist das Ziel nicht bekannt.
Nur die Richtung ist angegeben.
Wir fahren von hier aus los.
Wir gehen zur Tür hinaus und nehmen unser wichtigstes Gepäck mit.
Was nehme ich mit?
– *Was lasse ich zurück?*
– *So kommt jeder beim Hafen an.*
– *Mit Gepäck.*
– *Und Verlangen?*
– *Oder Angst?*
– *Oder mit beidem?*
– *Oder keinem von beidem?*
– *Wie ist mein Gepäck?*
– *Was sagt mir mein Verlangen, – wenn es da ist – hier am Eingang des Hafens?*
– *Und – wenn es sie gibt – mit welchem Wort ließe sich meine Angst umschreiben?*
Dann muß das Geld für die Fahrt bezahlt werden.
– *Wie sieht der Hafenmeister/die Hafenmeisterin aus?*
– *Will ich ihm/ihr persönlich bezahlen oder mache ich es lieber anonym?*
– *Was habe ich für die Fahrt zu bezahlen? Kommen mir dabei Gefühle, und, wenn ja, was für welche?*
Jetzt gehe ich zum Schiff an den Kai, zu meinem eigenen Schiff.
– *Wie sieht mein Boot aus: reich, abgetakelt, einfach?*
– *Gehe ich allein, oder mit anderen zusammen?*
– *Gibt es jemanden, der/die mir während dieser Überfahrt am nächsten ist?*
– *Welchen Namen hat mein Boot?*
Wir laufen nun über die Landebrücke.
– *Ich sehe tief unten das Wasser.*

– *Was erfahre ich dabei?*
– *Und was für ein Wetter ist es jetzt: Erwarte ich Sturm, oder eine ruhige Fahrt?*
– *Nochmals: Welchen Namen hat mein Boot?*
Jeder ist nun an Bord.
– *Will ich mich den anderen zuwenden?*
– *Bin ich lieber allein?*
– *Welcher Raum in meinem Boot ist der wichtigste?*
– *Wie sieht er aus?*
– *Beinhaltet er ein Symbol, das mir viel bedeutet?*
– *Wenn ja, welches? Was sagt es mir jetzt? Warum ist es wichtig?*
– *Wer ist der Kapitän auf meinem Schiff?*
Es wird Nacht auf dem Schiff.
– *Schlafe ich gut?*
– *Wenn nicht:*
– *Was beschäftigt mich?*
– *Gibt es Träume, die immer wieder vorkommen?*
– *Ist an Bord ein Engel, der über mir wacht?*
– *Wenn es einen gibt, hängt er dann mit dem Namen des Schiffs oder mit dem Symbol zusammen? Wie heißt er?*
Am darauffolgenden Tag hat die Reise schon begonnen.
– *Weit ist das Wasser und tief, sehr tief.*
– *Was sagt mir das weite, tiefe Wasser, über das mein Boot fährt?*
– *Ich stehe an der Reling und schaue auf das Wasser.*
– *Sieh, da schwebt ein großer Vogel über das Wasser.*
– *Kann ich den Vogel sehen?*
– *Was macht es mir aus, den Vogel zu sehen?*
– *Weckt er Erinnerungen, dieser Anblick?*
– *Während ich dort stehe, taucht unerwartet eine dunkle Gestalt auf. Diese sieht mich schweigend an.*
– *Kenne ich diese Gestalt? Und wenn ja, von woher dann? Was geschah damals zwischen uns. Überrascht es mich, daß diese Gestalt nun wieder auftaucht?*
– *Oder ist mir diese Gestalt ganz fremd?*
– *Will ich sie ansprechen?*
– *Oder wende ich mich ab?*
– *Was für ein Wetter ist es mittlerweile?*
Das Boot fährt nun weiter, nicht weit entfernt von der Küste.
– *Ich sehe nun Ortschaften, die wichtigsten Stationen in meinem Leben.*
– *Wo habe ich am liebsten gewohnt, und warum?*

– Wo ich keine Wurzeln schlagen konnte, wo war das? Und warum?
– Manchmal steht jemand am Strand und winkt mir zu? Wenn dort gerade jemand steht,
– Wer ist das dann?
– Ruft die Person etwas?
– Will ich zu ihr hinfahren?
– Oder will ich lieber schnell weiterfahren?

Das Boot kommt nun näher an den Strand heran und legt an. Du gehst von Bord.

– Wie sieht die Insel aus?
– Willst Du sie erkunden oder lieber nicht?
– Wartet jemand auf Dich; wenn ja, wer?

Du gehst von Bord und betrittst die Insel.

– Wie ist der Weg beschaffen?
– Dann gibt es da eine Höhle. Über deren Eingang steht: „Ob Du es willst oder nicht, Gott ist da".
– Der Weg führt zu der Höhle.
– Gehst Du hinein?
– Zögerst Du?
– Siehst Du davon ab, hineinzugehen?
– Wenn Du hineingehst,
– bist Du dort allein?
– Sind dort auch andere?
– Wie fühlt es sich an, dort zu sein?
– Ist es still oder hörst Du etwas?

Es gibt dort eine kleine Nische, in die du Dich hinein setzt und wartest.

– Geschieht etwas?

Jetzt mußt Du zurück zum Boot.

– Du stehst auf. Wie fühlt sich das an?
– Verabschiedest Du Dich von der Höhle?
– Oder von dem Platz, an dem Du gerade warst?
– Wie verabschiedest Du Dich?
– Dann gehst Du zurück: langsam oder schnell? – In Gedanken oder einfach so?
– Du kommst zum Boot. Da setzt Du Dich aufs Deck und schaust über das Wasser.

Das Boot fährt langsam zum Hafen zurück.

– Was war unterwegs das wichtigste Erlebnis für Dich?

Das Schiff geht nun vor Anker.
Du nimmst dein Gepäck und gehst über die Landebrücke.

Oder läßt Du Dein Gepäck dort zurück?
Oder wählst Du etwas davon aus?
Du gehst am Hafenmeister/an der Hafenwärtmeisterin vorbei.
– Wie sieht er/sie Dich an?
– Sagt er/sie etwas?
– Sage Ich etwas?
Dann gehst Du durch die Straßen und kommst zurück, hier in das Haus.
Du nimmst wieder Deinen Platz ein und läßt die Reise ausklingen.
(Musik)

2. Das Gespräch über die geistliche Biographie in der Gruppe

Wenn innerhalb der Gruppe genügend Vertrauen gewachsen ist, kann es außergewöhnlich nützlich sein, die geistlichen Lebensgeschichten gemeinsam zu besprechen. Die Praxis lehrt uns, daß dies folgende Vorteile hat:

Über die Autobiographien zu sprechen, wirkt auf die Menschen häufig befreiend, da sie erfahren, daß sowohl die positiven als auch die negativen Erfahrungen durchgängig von anderen geteilt werden können.

Dar Gespräch über die Autobiographie ist eine wichtige Hilfe dabei, sich selbst tiefer annehmen zu können.

Der Austausch von Erfahrungen rund um Glaube und Unglaube führt zu einem intensiven geistlichen Gespräch, in dem sich für Teilnehmer und Teilnehmerinnen außergewöhnlich viel Erhellendes ergeben kann.

Durch die Besprechung in der Gruppe entwickeln die Teilnehmenden häufig eine eigene Ausdrucksweise. Außerdem lernen sie, den sprachlichen Eigenheiten der anderen mit Respekt zu begegnen. Es wird auch deutlich, daß die Wörter nur auf eine geistliche Erfahrung verweisen, diese aber nie ersetzen können.

Das Gespräch (über die Lebensgeschichte) verläuft nach folgenden Schritten:

1. Alle Anwesenden müssen eine Biographie geschrieben haben. In ihr sind die persönlichen Erfahrungen, denen man eine existentielle, sinngebende, religiöse oder gläubige Bedeutung zumißt, in mehr oder weniger chronologischer Folge beschrieben.

2. Bevor mit dem Besprechen begonnen wird, nehmen sich alle noch einmal für etwa 20 Minuten aufmerksam ihre eigene Biographie vor und gehen sie, jeder für sich, noch einmal in Ruhe durch.

3. In jedem Gruppengespräch wird jeweils nur eine Biographie besprochen.

3.1. Die betreffende Person erzählt ihre Biographie noch einmal vor der Gruppe.

Die Lebensgeschichte wird, zum Beispiel in Schwarz, vom Begleiter auf einem Bogen Papier festgehalten, jedenfalls in Stichworten. Dabei werden die Stichworte mit Hilfe von Spalten nach den verschiedenen Kategorien eingeteilt, die in der Biographie wirksam sind. Diese Kategorien wechseln von Person zu Person; die wichtigsten unter ihnen sind jedoch: Familie – Beziehungen – Ausbildung und Arbeit – das Gottesbild – religiöse Erfahrungen – Krisen – Lösungen und Fortgang.

Die Person, die ihre Lebensgeschichte erzählt, wird dabei nicht unterbrochen. Ist die Erzählung abgeschlossen und notiert, besteht zuerst Gelegenheit zu rein informativen Fragen. Neue Informationen werden ebenfalls auf den Bogen notiert.

3.2. Der Begleiter stellt die Frage: „Was fällt bei dieser Lebensgeschichte auf" und: „Ist ein roter Faden darin zu erkennen?"

Die Beiträge aus der Gruppe werden mit Stichworten in einer anderen Farbe ebenfalls in die vorhandenen Spalten eingetragen. Allmählich entstehen dabei Verbindungen zwischen den einzelnen Spalten, denen dann im weiteren Verlauf des Gesprächs vor allem Aufmerksamkeit geschenkt werden wird. Die Leiterinnen oder Leiter der Gruppe lassen dabei der Interaktion möglichst viele Freiheiten. Sie übernehmen in etwa die Rolle von Sekretären. Es wird jedoch darauf geachtet, daß keine Beiträge unbemerkt bleiben oder verloren gehen.

3.3. Wenn das wichtigste gesagt worden ist, wird das Zusammengetragene in Ruhe betrachtet. Dann wird die betreffende Person gefragt, wie es ihr damit geht, ob sie zu neuen Einsichten gekommen ist und ob eventuell mit dem Gesagten praktische Konsequenzen zu verbinden sind.

3.4. Meist gehen die anderen Teilnehmenden in der Gruppe hierauf mit ihre eigenen Erfahrungen ein. Es kommt dann zu einem zentrierten Gespräch, bei dem sie jeweils von ihrem eigenen Lebenslauf her das ihre beitragen und empfangen.

4. Zum Abschluß wird gefragt, ob sich das Gesagte mit einem Text oder einem Symbol verbinden läßt. Dabei sollte es sich um einen Text oder ein Symbol handeln, in dem sich die betreffende Person wirklich wiedererkennen kann. Geschieht dies, dann erhält die Biographie auf diese Weise eine „Verdichtung", die auf den weiteren Weg mitgenommen werden kann.

5. Wird diese Methode angewandt, so ist es wichtig zu beachten, daß alle Anwesenden einmal an die Reihe kommen können. Ein Zeitraum von etwa eineinviertel Stunden hat sich für die Besprechung als ausreichend erwiesen.

6. Mit den erhaltenen Resultaten läßt sich in einer eventuell daran anschließenden individuellen Begleitung sehr fruchtbar weiterarbeiten.

3. Die Arbeit mit Bildern aus der christlichen Ikonographie

Ein sehr wichtiges Hilfsmittel, das gemeinschaftliche Erfahrung ermöglichen kann, ist die christliche Ikonographie. Um diese Gemeinschaftlichkeit zu fördern, sollte sich die ganze Gruppe notwendigerweise auf dasselbe Bild konzentrieren. Am besten eignet sich dazu die Diaprojektion. Hierfür wird das Bild ausgewählt, das am Besten zur aktuellen Zielsetzung und zur Situation der Gruppe paßt. Auch als Eröffnung eines längeren Begleitungszyklus, der mehrere Sitzungen umfaßt, ist die Diaprojektion sehr geeignet. Beim Begleiter oder der Begleiterin wird vorausgesetzt, daß diese nicht nur über den inhaltlichen Aspekt des Bildes Bescheid wissen, sondern auch dessen Symbolgehalt und seine Wirkweise verstehen. Dies verlangt eine allgemeinere Kenntnis der Sprache der Symbole und ihrer Formen, die weit über die christliche Tradition hinausreicht. Wenn diese fehlt, dann bleibt das ganze Geschehen leicht auf der inhaltlichen Ebene stecken. Zu einer gemeinschaftlichen Erfahrung, mit der weitergearbeitet werden könnte, wird es dann kaum kommen. Als Beispiel verwende ich die berühmte Ikone des Heiligen Nikolaus aus dem Museum in Recklinghausen. Diese zeichnet sich durch ihre betonte Schlichtheit, durch Stille und durch eine große dramatische Spannung aus. Sie ist außerdem ein prächtiges Beispiel für ein wirkliches Symbol.

a. Die Ikone des heiligen Nikolaus

Im Bildzentrum ist ein halbmondförmiges Boot abgebildet, in dem drei Fischer sitzen. Auf dem einen Bootsende, links im Bild, steht die im Verhältnis dazu sehr groß ausfallende, in weiß gekleidete Figur des heiligen Nikolaus. Die Männer schauen in seine Richtung. Auf der anderen Seite, hinter den Männern auf dem Heck ist ein fast ebenso hohes Segel zu sehen, im selben Weiß. Die ganze Abbildung ist umgeben von einem tiefdunklen, fast schwarzen Hintergrund. Dieses Schwarz findet sich auch unterhalb des Bootes wieder und läßt dort, bedingt durch die angewandte Maltechnik, einen zeitlosen Abgrund vermuten. Es steigt dann an beiden Seiten des Bootes senkrecht hoch und bildet über der Figur des Heiligen und über dem Segel eine Art Rundbogen. Der übrige Raum, links und rechts unten und oberhalb des Bogens, ist rot eingefärbt. Bei genauerem Hinsehen entdeckt man im oberen Teil der Ikone einige Strukturierungen, mit denen der Maler Felsen andeuten wollte. Dies läßt den Betrachter annehmen, daß sich das ganze Geschehen nicht nur auf dem Wasser abspielt, sondern auch in einer felsigen Höhle. Diesem Motiv b egegnet man zum Beispiel auch bei der Ikone der Taufe Jesu im Jordan. Mit Hinsicht auf die Formgebung ist es noch wichtig, zu erwähnen, daß das halbmondförmige Boot zusammen mit den gewölbten Außenseiten des Segels und des Heiligen einen Kreis bildet. Aus thematischer Sicht ist außerdem von Interesse, daß Sankt Nikolaus der Patron der Fischer und Seefahrer ist.

Die folgende Meditation dient als Beispiel dafür, wie mit dieser Ikone in einer Gruppe umgegangen werden kann.

b. Meditation

Die Gruppe versammelt sich still im Raum. Der Projektor ist aufgestellt und es ist eventuell etwas Musik zu hören. Wenn alle anwesend sind, hört die Musik sanft auf. Das Bild erscheint, und man betrachtet es eine Zeit lang schweigend.

Begleiter: Die Ikone des Heiligen Nikolaus,
Patron der Seeleute.
Ein uraltes Symbol:
Der Mensch auf See
in einem kleinen Boot.
Darunter: abgründige Tiefe.
Davon heißt es in der Schrift:
„Im Anfang: Chaos und Dunkelheit,
Irr- und Wirrsal."
Über den Menschen hinweg reicht das Dunkel.
Das Boot, klein und zerbrechlich, schaukelt hin und her.
Im Boot: drei Menschen.
Noah hatte drei Söhne.
In ihm hatte die Menschheit ihren neuen Anfang.
Nach der großen Flut.
Menschen kommen zusammen
oder finden sich wieder
im schwankenden, zerbrechlichen Boot unseres Daseins.
Sie sprechen einander an.
Sie begegnen einander.
Sie werden füreinander gegenwärtig,
oder nicht.

Sie sind unterwegs auf dem tiefen Wasser;
über dem Abgrund, der aufsteigt;
unter ihnen,
über ihnen;
zu ihrer Linken,
zu ihrer Rechten.
Die Ikone sagt: „Menschen kommen zusammen".
Die Schrift sagt: „von jenseits des Stromes".
„Aus der Ferne", so steht es in der Reiseerzählung des Tobit.
Die Ikone sagt:
„Menschen sitzen gemeinsam im selben Boot".
Die Ikone fragt: „Und dann?"
Von woher kommen sie?
Wohin geht ihre Reise?
Mit welchen Erinnerungen?
Auf welches Ziel zu?
Wohin gehen sie
auf dem geheim-sinnigen Weg des Daseins?
Geheim-sinnig
– dessen Sinn im Geheimnis liegt.
Das Geheimnis gehört doch zu uns;
trägt unser „Heim".
Woher kommen sie und wohin gehen sie?
Und die Ikone sagt: Im Dunkel des Abgrunds,
der uns umgibt
und auf dem wir doch getragen werden:
Da ist der Heilige.
Das Heilige
als machtvolles Gegenüber
ins Weiß des Göttlichen getaucht.
Und gleichsam wie Flügel eines riesigen Engels:
das weiße Segel des Geistes,
der über den Wassern des Urmeeres weht.
Beide hoch über uns hinausragend:
Das Heilige mit einem Gesicht
und das weiße Segel.

Längere Stille.

Begleiter: Ich gebe jetzt nur eine Frage zu überlegen:
Welchen Nutzen brächte es, unsere Seele retten zu wollen,

wenn das Boot keine Richtung hat?
Bedenkt dabei:
Jede echte Richtung wird uns gewiesen.

Längere Stille

Begleiter:
Wir werden das Symbol jetzt auch in die Tat umsetzen.
Symbole verlangen danach, daß man sie tätig vollzieht.

Der Begleiter kommt nach vorne, wobei die Projektion nicht unterbrochen wird, und erklärt:
Ich werde den Raum jetzt der Ikone entsprechend einteilen.
Es gibt vier Elemente:
– der Abgrund (er weist auf eine Wand des Raumes),
– der Kosmos (er weist auf die gegenüberliegende Wand),
– das Heilige (er weist auf die dritte Wand),
– das Wehen des Geistes (er weist auf die vierte Wand).
Nehmen Sie sich nun in Ruhe Zeit, um zu erfühlen, welches der Elemente Ihnen – im Moment – am meisten vertraut vorkommt.
Gehen Sie dann in Ruhe dahin.
Auf der Ikone ist ein Kreis zu sehen (deutet ihn mit der Hand an), das Symbol des großen Runden, das uns trägt und uns Geborgenheit schenkt, auch im oder über dem Abgrund.
Gehen Sie langsam. Wenn Sie das Gefühl haben, „das ist mein Platz", bleiben Sie stehen oder setzen sich hin.
Dann ist die Meditation abzuschließen.

c. Kurzer Kommentar

1. In der Meditation wurde nur ein Teil der zahlreichen symbolischen Bedeutungen angesprochen. So wurde zum Beispiel der Aspekt der Höhle nicht berücksichtigt, da er eine ganz eigene Thematik darstellt. Auch die symbolische Bedeutung des Bootes wurde nicht voll ausgearbeitet. Die Nähe des Geheimnisses könnte Anlaß zu einer selbstän digen Meditation bieten; und auch die Tatsache, daß das Heilige hier ein Gesicht bekommt, ist – zumal in diesem Kontext – ein Thema für sich. Das gilt ebenfalls für den Charakter des „Gegenüber", das in diesem Thema wiederum verborgen liegt. Dem Segel könnte man in bezug auf „Engel" und „Geist" besondere Aufmerksamkeit schenken. Schon die Tatsache, daß es um drei Männer geht – „drei" und „Männer" – weckt viele biblische und mythische Asso-

ziationen. Das Thema des Kreises verdient eine spezielle Aufmerksamkeit; ebenso wie etwa der Gedanke, daß menschliche Kommunikation unabgeschlossen bleibt, solange das Göttliche nicht dabei mitspielt. Auch über die Symbolik der Farben wurde kaum etwas gesagt. Faktisch erweist sich der Bedeutungsreichtum der Ikone als unerschöpflich.[3]

2. Es ist gut möglich, daß sich die Anwesenden von dem Gedankengang lösen, der vom Begleiter vorgegeben wurde. Dagegen ist nichts einzuwenden. Zum Beispiel könnte sich ein Teilnehmer mit einer der Personen auf dem Boot identifizieren und genau deren Haltung aufnehmen. Eine der Teilnehmerinnen erfuhr so auf sehr eindringliche Weise das „Gegenüber" des Heiligen. Ein anderer Teilnehmer blieb bei dem Satz „Menschen werden füreinander gegenwärtig" hängen und wieder ein anderer wurde durch sehr lebendige Erinnerungen überwältigt. Das Symbol hat auf jede Person eine andere Wirkung.

3. Bei dieser Arbeitsweise werden die Meditationen jeweils in drei Schritten aufgebaut:
- Der erste Schritt beinhaltet etwas zum Symbol selbst, so wie es vorgestellt wird. Dies bietet die Möglichkeit, das Symbol so zu „lesen", daß es zum Gruppengeschehen paßt.
- Eine persönliche Frage als Impuls zum Nachdenken.
- Eine Handlung, mit der das, was von der Ikone vorgestellt wird, auch nachvollzogen werden kann. Damit wird angezielt, daß Menschen durch körperliche Bewegung dazu kommen, eine konkrete Position in dem Kräftefeld zu beziehen, das durch die räumliche Aufteilung entstanden ist. Es hat sich gezeigt, daß gerade dieses Element neue Erfahrungen provoziert.

d. Nachbesprechung

Diese ist nicht selbstverständlich. Wenn man sich dazu entschließt, sollte sie zu dem Weg passen, auf den sich die Gruppe eingelassen hat. Wenn die Meditation am Beginn eines Begleitungszyklus verwandt wird, kann sich auf diese Weise viel weiteres Gesprächsmaterial ansammeln. Man sollte sich dann auf das Mitteilen der gemachten Erfahrungen beschränken. Zur Eröffnung eines Tages ist diese Arbeitsweise sehr brauchbar, vor allem,

[3] Zur Bedeutung von Symbolen vgl. u.a. das Werk von M. Eliade; G. de Champeaux; S. Streckx ^{3}1980; J. Chevalier/A.Gherrbrandt 1982; H. u. M. Schmidt 1984; J. Timmers ^{2}1984; A. Rosenberg 1984, 1951.

wenn an einem bestimmten Thema zusammen gearbeitet werden soll. Die Anwesenden werden so auf eine Spur gebracht und finden sich in einem religiösen Raum wieder. Während dieses Gesprächs hält sich die begleitende Person selbst weitgehend zurück, da es darum geht, das Symbol selbst seine Wirkung fortsetzen zu lassen.

4. Der Umgang mit Texten in der Gruppe

Werden Texte gemeinsam in der Gruppe besprochen, dann steht bei der geistlichen Begleitung nicht der genaue Inhalt im Vordergrund; sondern es geht dann vor allem darum, welche Wirkung ein Text im Moment oder vielleicht auch in der weiteren Entwicklung der Gruppe entfalten kann. Ein guter Text hat Einfluß auf diejenigen, die sich mit ihm beschäftigen, er „arbeitet“. Und um diese Wirkung geht es. Natürlich steht diese nicht ohne Bezug zum Inhalt. Aber wirklich „befreit“ wird der Inhalt erst durch die aufmerksame Empfänglichkeit derjenigen. die sich mit ihm beschäftigen. So, wie sie vorliegen, übersteigen Texte bereits die Absichten derjenigen, die sie geschrieben haben. Und diese wiederum schrieben sie auf einem Erfahrungshorizont der viel breiter ist, als er sich in den Texten ausgedrückt findet. Außerdem befinden sich diejenigen, die die Texte lesen oder hören, selbst auch in einer ganz bestimmten Situation, Stimmung, Entwicklung oder vor einer bestimmten Entscheidung. Diese bieten so viele Zugangsmöglichkeiten zum Text, wie sie andererseits Einschränkungen beinhalten. Genau hier liegt der Reichtum an Möglichkeiten einer gemeinsamen Beschäftigung mit einem Text in der Gruppe verborgen.

Die Teilnehmenden versammeln sich um den Text herum. Je nach ihrer eigenen Empfänglichkeit – die durch ihre Lebensgeschichte, ihre Persönlichkeit und ihre aktuelle Situation bestimmt ist – wirkt der Text auf sie ein, und werden sie von ihm berührt. Auf diese Weise kommt es nicht nur zu einer zirkulären Bewegung zwischen dem Text und den einzelnen Personen, sondern auch zwischen allen, die an diesem Textgeschehen teilnehmen. Letzteres ist das Ziel der Beschäftigung mit Texten in der Gruppe.

Bei dieser zirkulären Bewegung, die alle betrifft und „berührt“, geht es nicht so sehr um wissenschaftliche Kenntnis, analytische Fähigkeiten oder um rationale Zweifel der einzelnen Teilnehmenden. Häufig kommt es vor, daß allerlei wissenswerte Anmerkungen zu einem Text gemacht werden, die auch eine Rolle in dem ganzen Geschehen spielen. Es gibt wohl immer Teilnehmer oder Teilnehmerinnen mit guten analytischen Fähigkeiten und viel Erfahrung mit Textanalyse, die wichtiges Material beitragen können.

Aber um das alles geht es eigentlich nicht. Es geht darum, daß der Text ins „Herz“ trifft, und zwar im alten ursprünglichen Sinn des Wortes, der auch zu einem guten Teil mit seiner biblischen Bedeutung zusammenfällt. Da betrifft das „Herz“ unsere Existenz, den Sinn, den wir unserem Leben geben und entlehnen, unseren religiösen Ursprung und unsere ethische Bestimmung. Das Herz gibt unserem Dasein und unserem Verlangen Richtung. Es betrifft auch unser existentielles Grundvertrauen und unsere Existenzangst.

Es geht also um eine Bewegung, die sowohl beim Text als auch beim Herz ansetzt; sie bringt die Anwesenden einander näher und läßt sie füreinander immer gegenwärtiger werden.

Für die Praxis kann deshalb folgendes festgehalten werden:

1. Der Begleiter oder die Begleiterin hält sich zurück, solange es in der Gruppe darum geht, den Inhalt des Textes zu erkunden und darüber miteinander ins Gespräch zu kommen. Er oder sie sollten vor allem darauf aus sein, den Weg zum „Herz“ öffnen zu helfen, denn die Bewegung, um die es geht, läßt sich nicht kommandieren. Diejenigen, die begleiten, müssen von der Kommunikation der Anwesenden untereinander und von ihrem Kontakt zum Text ausgehen. Man könnte das Gespräch auch „Lern-Gespräch“ nennen, womit dann allerdings gerade nicht gemeint ist, daß sich die Begleiter als Lehrer hinstellen. Das Lehren wird dem Text und den anderen Gruppenmitgliedern überlassen.

2. Eröffnet wird das Gespräch mit einigen wenigen einführenden Worten, mit denen die Zielsetzung des Gesprächs erläutert wird. Manchmal ist es wichtig, sehr konkret zu sagen, was nicht angestrebt wird.

3. Wenn der Text vorgelesen ist, folgt eine Stille. Diese sollte vorher auch angekündigt worden sein. Jeder läßt dabei den Text auf sich wirken und richtet seine Aufmerksamkeit darauf, welchen Eindruck er als Ganzes weckt und welcher Teil sich in den Vordergrund drängt. Es ist wichtig, diese Stille nicht zu kurz zu bemessen. Die Anwesenden brauchen Zeit, um den Prozeß im Inneren in Gang kommen zu lassen und der Übergang vom Kognitiven zum Existentiellen läßt sich nicht befehlen.

4. Dann wird dazu eingeladen, das zu sagen, was man gerade sagen möchte. Dazu kann die Gruppe auch noch einmal in Untergruppen aufgeteilt werden, da sich manche Menschen zu zweit oder zu dritt leichter tun, darüber zu reden, als in einer großen Gruppe. Später können diese kleinen Einheiten wieder zur großen Gruppe zusammenkommen. Es ist dann nicht nötig, aus den kleineren Gruppen zu „berichten“. Das Gespräch kann in der großen Gruppe einfach fortgesetzt werden.

5. Wie schon erwähnt hält sich die begleitende Person zurück. Bei

Gelegenheit ist es jedoch wichtig, auf die Richtung aufmerksam zu machen, die das Gespräch nimmt. Dabei geht es nicht darum, diese Richtung zu beeinflussen, sondern dafür zu sorgen, daß sich die Teilnehmerinnen und Teilnehmer dessen bewußt sind und auch bestimmen können, ob sie das Gespräch in der eingeschlagenen Richtung weiterführen wollen. Bei diesem Gespräch braucht nichts „herauszukommen". Es geht um die Kommunikation mit dem Text und untereinander.

6. Für das Gespräch wird eine bestimmte Zeit eingeplant, die den Teilnehmenden vorher bekannt sein muß. Wird man früher „fertig", dann wird die restliche Zeit in Stille verbracht.

5. Der Umgang mit „Lebensbildern"

Bei diesen Lebensbildern geht es um eine Art kurzgefaßter Charakterisierung, die jemand im Lauf des Lebens in bezug auf sich selbst entwickelt hat. Häufig sind die Bilder nicht bewußt konstruiert worden, sondern einfach „entstanden". Viele Menschen lassen sie auch fallen, wenn sie über sich selbst sprechen. Ein gutes Beispiel dafür ist der „Pechvogel". Oft läßt sich in ihnen eine stereotype Weise erkennen, wie man mit sich selbst und mit bestimmten Situationen umgeht.[4]

Lebensbilder zeichnen sich durch folgende Eigenschaften aus:

- Sie stellen eine Selbstbeschreibung dar, die von der betreffenden Person für allgemein gültig gehalten wird. Es geht also um ein wirkliches Lebensgefühl, das für sie kennzeichnend ist.
- Sie beziehen sich auf positive wie auch auf negative Seiten des eigenen Lebens, insoweit sie eben von jemandem in bezug auf sich selbst erlebt werden. Sie brauchen also nicht wahr zu sein. Für die Betreffenden sind sie wahr. Sie sind Ergebnis ihrer persönlichen Auswahl aus den positiven und negativen Erfahrungen, die sie in ihrem Leben gemacht haben.
- Die Lebensbilder, die Menschen entwickeln, schließen häufig an die Grundrichtung an, in der auch ihr Verlangen und ihre Angst liegen. Sie lassen sich leicht mit den in diesem Buch beschriebenen existentiellen Motiven verbinden.
- Obwohl sie aus sehr konkreten Erfahrungen entstehen, betreffen sie den Menschen als ganzen. In diesem Sinn beinhalten sie so etwas wie eine Auswertung des eigenen Lebens, eine Art Lebensbilanz.

[4] Eine allgemeine Beschreibung hierzu bietet: P. Zuidgeest 1986.

- Lebensbilder sind für allerlei Stimmungen und Gefühle richtungsbestimmend, die mit dem Hauptsächlichen im Leben zu tun haben. Sie haben einen großen Einfluß auf die Zukunftserwartungen, die jemand hegt und drücken auch aus, was man sich noch von anderen Menschen erhofft.
- Lebensbilder sind immer stereotyp. Sie vernachlässigen den vorläufigen Charakter, der mit jeder Ich-Aussage von deren Gattung her verbunden ist. Wenn sich zum Beispiel jemand als Landstreicher bezeichnet, verallgemeinert er dabei Erfahrungen, die in seinem Leben überwiegen. Dabei sieht er von vielen and eren Erfahru ngen ab; nicht etwa, weil sie in seinem Leben nicht vorgekommen wären, sondern weil sie aus verschiedenen Gründen keine wirkliche Rolle in bezug auf sein Daseinsverständnis spielen. Eigentlich legt sich jemand mit einer solchen Aussprache auf ein bestimmtes Lebensbild fest. Bestimmt es sein Leben sehr eindringlich, wird es für weitere Entwicklung und Bewegung zur Behinderung. Er ist damit auch weiterer Lebensaufgaben enthoben. Dies kann sowohl für positive wie für negative Lebensbilder gelten. Aufgrund ihres stereotypen Charakters, verleiten die Lebensbilder dazu, den in konkreten Situationen noch vorhandenen Spielraum zu übersehen. Sie wirken dann nicht als Appell zur Veränderung – wie beispielsweise die vielen in den Evangelien angebotenen „Lebensbilder" –, sondern im Gegenteil eher lähmend.
- Wie schon erwähnt, gibt es positive und negative Lebensbilder. Für die Ersteren hat diese Neigung zur Vera llgemeinerung zur Folge, daß Mängel, Risiken oder negative Aspekte von Erfahrungen keine ausreichende Würdigung finden; für die negativen Bilder gilt dann das Umgekehrte.

So wie sie hier gemeint sind, müssen Lebensbilder vom „self-concept", einem vor allem in der kognitiven Psychologie gebrauchten Begriff, unterschieden werden. Dort geht es eher um eine wissenschaftliche Konstruktion, mit der man die verschiedenen Funktionen zu ordnen versucht, durch die jemand zu einer umfassenden Selbsteinschätzung kommt. Ein solches, systematisch ausgearbeitetes „self-concept" ist viel differenzierter als ein Lebensbild.[5]

Umgang mit Lebensbildern in der Gruppe

Meist eignet sich der Umgang mit Lebensbildern nicht als vorausplanbares Thema für eine Sitzung der Gruppe. Das liegt daran, daß Lebensbilder

[5] Weitere Informationen bieten: S. Fiske/S. Taylor 1984 und M. Rosenberg 1979.

normalerweise eher zufällig „auftauchen". Man läßt ein Wort fallen, ganz nebenbei, wenn man gerade dabei ist, über sich selbst zu sprechen.

X: „Es ging auch diesmal wieder gut. Ich bin nun einmal unter einem guten Stern geboren."

G.B.: „Unter einem guten Stern, sagst Du. Wie heißt der Stern? Hast Du einen Namen dafür?

Hier taucht das Bild vom „guten Stern" auf. Für die betreffende Person ist es offenbar ein vertrautes Bild. Die Tatsache, daß es auch diesmal wieder gut gegangen ist, wird etwas Anonymem, einem „guten Stern" zugeschrieben. Die Frage des Begleiters macht hier auf eine sehr allgemeine Aussage aufmerksam, die nichts über die Gründe erkennen läßt, warum es wieder gut ging. Die Frage zwingt ihn dazu, sich bewußt zu machen, was er eigentlich sagt, und was er alles nicht sagt. Manchmal kann man in einen Gruppengespräch darauf näher eingehen. Häufig paßt es auch nicht zu dem, was sich in der Gruppe im Augenblick abspielt. Aber auch dann ist es wichtig, auf derartige Bilder aufmerksam zu sein. Fast immer findet sich dann später eine Gelegenheit, jemanden zu einem solchen Bild weiter zu befragen. Häufig zeigt es sich dann, daß auch die Stellung, die jemand gegenüber der Gruppe einnimmt, durch so ein Lebensbild stark mitbestimmt wird. In diesem Fall zeigte sich, daß die betreffende Person Mühe hatte, die positiven Früchte seines Handelns wirklich sich selbst zuzuschreiben. Wenn durch sein Zutun etwas schiefging, war er sehr darauf bedacht, die Gründe dafür zu suchen und andere dabei um Mithilfe zu bitten. Wenn es um positive Folgen ging, war er nicht geneigt, näher darauf einzugehen. Für den „guten Stern" hatte er dann in dem Gruppengespräch auch keinen Namen. Wohl zeigte sich, daß er Angst davor hatte, von anderen auf seine positiven Fähigkeiten angesprochen zu werden, vor allem wenn es um Begleitung und Unterricht in geistlichen Dingen ging; und außerdem – was für ihn selbst noch entscheidender war – daß er sich in bezug auf seine eigene geistliche Reif ung nicht ernst zu nehmen wagte. Dies führte in der Gruppe zu einem wichtigen Gespräch darüber, was „reifen" eigentlich ist und was es vor allem vom gewöhnlichen „lernen" unterscheidet. Es zeigte sich, daß Menschen sich während eines Reifungsprozesses auf eine besondere Weise selbst begegnen. Gerade beim Reifen wird deutlich, daß manche Dinge nicht planmäßig „gelernt" werden können, daß wir in einigen Punkten nicht manipulierbar sind; und daß in uns Fähigkeiten angelegt sind, die wir nicht „bei der Hand" haben und die sich doch in uns entfalten können. Letzteres verlangt eine andere Haltung, die man in einem gläubigen Kontext mit „Erwartung" zu umschreiben hätte.[6]

Ist einmal eine Aufmerksamkeit für auftauchende Lebensbilder entwikkelt, wird erst offensichtlich, wie häufig sie vorkommen. Einige Beispiele: „Mit dem Rücken zur Wand“ – „Eine fliegende Krähe findet immer etwas“ – „Grenzgänger“ – „Ich bin ein echter zweiter Mann“ – „Ich bin nun einmal ein mütterlicher Typ“ – „Pilgerer“ – „Mistkäfer“ – „Ich bin ein echter Jeremia“ – „Ich bin ein paar Jahrhunderte zu spät geboren“ – „Kreuzfahrer“ – „typisch jemand für die Nachhut“ – „Marketenderin“ usw.

Beim Besprechen der Lebensbilder geht es vor allem um folgende Fragen:

- In welchen Situationen greifen Menschen mit Vorliebe auf ihr Lebensbild zurück?
- Was spricht daraus für eine Umgangsweise in bezug auf die eigene Lebensgeschichte?
- Lassen sich in ihrem Leben Personen benennen, von denen sie ihr Lebensbild vornehmlich ableiten?
- Wie wirkt sich das Lebensbild auf die Beziehungen in der Gruppe aus; auch auf die Beziehungen zur Begleiterin oder zum Begleiter? Haben sie auch Auswirkungen in bezug auf die Kirche oder die Lebensgemeinschaft, zu der sie gehören?
- Welche Werte oder Unwerte äußern sich in den Lebensbildern?
- Vor welchen Erfahrungen schützt sich jemand durch sein/ihr Lebensbild?
- Welche Verantwortlichkeiten übernehmen Menschen mit ihrem Lebensbild und welchen Aufgaben entziehen sie sich dadurch?
- An welchen Stellen läßt sich eine Beeinflussung des geistlichen Lebens durch ihr Lebensbild erkennen? Inwieweit ist hier neue Bewegung und weitere Differenzierung möglich?

Gruppendynamische Prozesse lassen leicht verborgene und explizite Lebensbilder zum Vorschein kommen. Darum ist es wichtig, ein Auge dafür zu entwickeln. Dies gilt nicht nur für die Teilnehmer und Teilnehmerinnen in der Gruppe, sondern auch für diejenigen, die sie begleiten.

6. Symbole

Häufig tauchen Symbole im zwischenmenschlichen Gespräch spontan auf. Auch in Träumen, „Lebensgeschichten“ und in der Verarbeitung aktueller Geschehnisse spielen sie eine Rolle. Die Bedeutungsbezüge von Symbolen

[6] Zum Begriff des Reifens vgl. L. Binswanger ^{3}1962 oder H. Andriessen 1970, S. 77–100.

sind vielfältig und höchst differenziert, so daß sie in diesem Rahmen gar nicht ausreichend dargestellt werden können.

a. Die Funktion von Symbolen.

Das Symbol „bringt zueinander" und „faßt zusammen". Es bringt zusammen, was zueinander gehört und doch verschieden ist, faßt etwas zusammen, was sich in Worten sonst nicht ausdrücken läßt. Dabei muß mitbedacht werden, daß die zusammengebrachten Elemente nicht so statisch aufeinander zugeordnet sind, wie etwa Blumen, die man in eine Vase stellt oder Pferde, die vor einen Wagen gespannt werden. Erstens beinhalten die Elemente jeweils auch einen geistlichen Aspekt und zweitens sind sie, was ihre Wirkung betrifft, stark von der aktuellen Situation derjenigen abhängig, die gerade mit dem Symbol umgehen. Wenn etwa jemand eine Kerze anzündet (wobei die Kerze hier das Symbol darstellt, das Anzünden die Symbolhandlung) werden in der brennenden Kerze zwei unsichtbare Welten miteinander verbunden, nämlich die im Inneren der Person liegende und die der göttlichen Kraft, mit der man in Kontakt tritt, als äußere Welt. Im Umgang mit der Kerze selbst geschieht dieses Zusammenkommen, Zusammenfassen oder Zueinanderbringen. Damit wird deutlich, daß es von der inneren Einstellung der Person abhängig ist, ob die Kerze nun zum Symbol wird oder nicht. Ihre Situation bestimmt in starkem Maße mit, was wirklich geschieht. Das Anzünden einer Kerze kann Dankbarkeit ausdrükken, Erwartung, Zweifel, Gebet oder ein Symbol bleibender Anwesenheit sein, während man doch den Raum verläßt. Die Kerze an sich kann das alles und noch vieles andere zum Ausdruck bringen. Je nach der Einstellung der Person können auch andere Aspekte des Göttlichen angesprochen werden. Symbole sind also keine statischen Gebilde. Je einfacher sie sind, desto vielfältiger sind sie für verschiedene Situationen verwendbar. Deutlich erkennbar ist dies zum Beispiel bei der Eucharistie. Die Einfac hheit der hier vorkommenden Symbole ermöglicht eine breitere Verwendung als beispielsweise die Symbolik von „Taube und Schlange".

Das Symbol bringt zwei Welten auf eine ganz bestimmte Weise miteinander in Verbindung. Der Bundesbogen etwa verbindet die konkrete Dienstbereitschaft des Volkes mit der Zuwendung des Gottes Israels zu diesem Volk; nicht jedoch auf dem Wege einer Verhandlung darüber oder indem daraus ein objektiv nachprüfbares Ereignis gemacht wird, das man etwa fotografieren könnte. Der Bundesbogen vergegenwärtigt auf sinnlich wahrnehmbare Weise die Haltung des Volkes und die Absicht Gottes. Diese Gegenwart entsteht über die Bedeutung, die sowohl das Volk als auch Gott mit ihm verbinden. Diese Bedeutung liegt, wie übrigens bei allen Symbolen, auf der Ebene des Geistlichen und ist von ganz eigener Art. Sie ist nicht rein kognitiv. – In diesem Fall wäre eine Verhandlung tatsächlich effektiver. Sie ist auch nicht an einen bestimmten Moment gebunden, sonst könnte sie nie für alle Generationen und die ganze Menschheit Geltung beanspruchen können. Der Bundesbogen „berührt“ die Glaubenden nicht nur in bezug auf ihren Verstand und ihre aktuelle Situation, sondern auch in ihrem „Herzen“. Er spricht – mit anderen Worten – das Gemüt an und wirkt sich auf die Vorstellungskraft der menschlichen Psyche aus. So funktionieren alle Symbole. Darum eignen sie sich bei allen Menschen dazu, existentielle Erfahrungen wach zu rufen und die ganze Person in Bewegung zu bringen.

Von daher läßt sich auch verstehen, warum Menschen bereit sind, für ein Symbol ihr Leben einzusetzen; und zwar nicht nur die Menschen, die am tatsächlichen Bundesschluß direkt beteiligt waren, sondern alle, die ihren Glauben an dieses Symbol geknüpft haben. Dies führt uns zum dritten Merkmal von Symbolen.

Wirkliche Symbole sind etwas allgemein Menschliches und in diesem Sinn etwas Ewiges. Sie sind für jeden Menschen gültig und können immer wieder neu aktualisiert werden. Diese „Ewigkeit“ von Symbolen weckt häufig das Mißverständnis, als würde der Mensch gerade durch die Symbole der konkreten Geschichte entzogen, und als wäre damit Wahrheit auf ein rein innerpsychisches Phänomen reduziert, was ein gründlicher Irrtum ist. Obwohl Symbole häufig von Psychologen studiert wurden, beschränkt sich ihre Wirkung doch beileibe nicht auf psychische Aspekte: Sie betreffen die menschliche Existenz. Und gerade dort, wo Symbole ihre Wirkung entfalten, erhält die aktuelle Situation eine Tiefe, die ihr ohne das Symbol vollständig fehlen würde. Man braucht dabei nur an allerlei Demonstrationen zu denken, in denen es um den Einsatz von Symbolen für Freiheit und Unabhängigkeit geht; oder an die Eucharistiefeier.[7] Das Symbol ist „ewig“, weil es sich für alle Menschen jedesmal wieder aktualisieren läßt. Auf die dahinter liegenden anthropologischen Gründe kann jetzt nicht näher eingegangen werden. Dennoch ist es wichtig anzumerken, daß, gerade aufgrund dieses Ewigkeitscharakters, jedes Symbol faktisch in einer ganz bestimmten Tradition eingebettet ist und diese Tradition demgemäß auch vergegenwärtigt. Über die Tradition, aus der jemand ein Symbol kennt, ist übrigens auch ein Kontakt zu anderen, eventuell nichtchristlichen Traditionen möglich, die auf ihre Weise mit demselben Symbol gearbeitet haben.

[7] In diesem Mißverständnis liegt eine der Ursachen der heillosen Diskussion um den Begriff des „Archetyps„ im Werk von E. Drewermann.

Gute Beispiele dafür sind die Symbole der Spirale, des Kreises, des Sterns, des Kreuzes oder auch der Lebensbaum, die Tür, der Berg, das Heiligtum, der Schatz, der Fisch etc..

Eine sehr wichtige Eigenschaft von Symbolen ist der Impuls, Menschen in Bewegung zu setzen. Oben wurde dies schon deutlich. Symbole wirken sich auf unser Gemüt, unser „Herz", auf unsere Verbundenheit mit anderen aus, auch auf unser Dasein. Sie korrespondieren mit der „Grundbewegung" unserer Existenz, da sie unsere konkrete Situation mit der Welt verbinden, zu der wir schon unseres Daseins wegen unterwegs sind und in der wir „heimkommen" können. Sie haben mit unserem wirklichen Weg zu tun, rufen uns zur Einkehr, machen uns deutlich, wo wir uns gerade befinden, konfrontieren uns mit unseren tieferen Wahrheiten (der Engel!) oder wekken unser Verlangen. Sie führen uns vor Augen, woran wir als Menschen sind, verbinden uns mit unseren Weggefährten, mit heutigen, zukünftigen oder welchen aus der Vergangenheit. Bezieht sich die Bewegung vor allem auf unsere Daseinsweise, dann spreche ich von „beschaulichen" Symbolen, bezieht sie sich auf unser faktisches Handeln, dann spreche ich von „Handlungssymbolen". Beschauliche Symbole können zu Handlungssymbolen werden und umgekehrt, je nachdem, in welchem Zusammenhang sie gerade benutzt werden. Bei der Meditation über die Ikone wurden zum Beispiel beide Bewegungen miteinander verbunden. Typische Handlungssymbole sind etwa der rituelle Tanz, die Pilgerfahrt, der Gang durchs Labyrinth, der Kreuzweg, viele liturgische Handlungen, ein Begräbnis etc.

Als letztes Merkmal von Symbolen ist noch ihr Modellcharakter zu erwähnen. Tatsächlich sind viele Symbole Modelle für unsere geistliche Existenz. Sie geben vor, wie wir unser Leben führen müßten; sie stellen uns die Spannung vor Augen, in der unser Leben steht, zeigen uns, wieviel Kampf es kostet und welchen Frieden es uns schenken kann. Da wir uns in solch verschiedenen Situationen befinden können und unser Leben von so vielen auseinanderlaufenden Möglichkeiten gekennzeichnet ist, gibt es viele Symbole. Darum sind sie auch für die geistliche Begleitung von unschätzbarer Bedeutung. Wenn sie dort ihren angemessenen Platz erhalten, so zeigt sich jedesmal wieder neu, daß es zu einer Tiefe und zu einer Dynamik kommt, die in einem eher inhaltlich geprägten Gespräch nicht leicht erreicht werden.

b. Rückschlüsse für die Praxis

Will man in der geistlichen Begleitung gezielt mit Symbolen umgehen, sollte folgendes berücksichtigt werden:

- Die eingeführten Symbole müssen gegenüber der konkreten Situation der Person offen sein.
- Diejenige, die die Gruppe begleiten, müssen die Geschichte des Symbols wirklich kennen. Die aktuelle Situ ation der Teilnehmer muß sich nämlich mit der Geschichte, durch die das Symbol seine spezifische Bedeutung erlangt hat, vertragen. In der Tradition zu diesem Symbol müssen deutliche Bezugspunkte zur aktuellen Situation vorhanden sein. Dies gilt auch dann, wenn es aus einer bestimmten Tradition herausgelöst und eher auf seine allgemein menschliche Bedeutung hin besehen wird. Denn auch in bezug auf ihre allgemeine Bedeutung haben Symbole so etwas wie eine „allgemeine Geschichte", die in der Situation der betreffenden Person zum Ausdruck kommen muß.
- Bei der Wahl eines Symbols sollte man möglichst klar vor Augen haben, worauf der Zusammenhang mit der Situation basiert.
- Beim Umgang mit dem Symbol sollte man darauf achten, daß es vor allem seine Wirkung ausüben können muß. Deshalb ist eine zurückhaltende Einstellung wünschenswert. Es geht eher darum, die Wirkung des Symbols explizit zu machen, als um eine Interpretation des Symbols.
- Wenn sich eine Gruppe mit einem Symbol beschäftigt, verläuft die Kommunikation dazu durchweg analog. Wörter und Begriffe werden meist nicht deutlich umschrieben. Dies braucht eine echte Kommunikation keineswegs zu behindern, da sich die Gesprächspartner alle in Kontakt mit dem Symbol befinden und dessen Wirkung erfahren. Auch wenn gar nicht ausdrücklich formuliert wird, worüber man sich unterhält, erwächst das Gespräch aus der gemeinschaftlich erfahrenen Wirkung des Symbols. Natürlich behält jeder dabei seine eigene Rolle.
- Die Tradition, in der das Symbol verwurzelt ist, und die Geschichte, die sich im Lauf der Zeit damit verbunden hat, bieten wichtige Anhaltspunkte für das „Durch-schauen", um der Situation eine spirituelle Tiefe zu geben und eventuell auch für eine Initiierung des „Handlungskreises".

c. Beispiele

In diesem Beispiel geht es um eine ungefähr dreißigjährige Frau. Sie befindet sich in einer typischen Exodus-Situation. Da sie dauernd von anderen abhängig war, ließ sie ihr Leben zu sehr durch äußere Einflüsse bestimmen, auf Kosten ihrer eigenen inneren Orientierung. Ihr Leben ist festgefahren und ein Gefühl der Sinnlosigkeit macht sich breit. Es kostete sie viel Kraft, sich dazu zu entschließen, mit jemandem darüber zu sprechen. Aber die Not ließ ihr keinen anderen Ausweg mehr. Anläßlich eines Traumes, in dem sie sich in einem unterirdischen, mit einer Betonplatte von der Außenwelt abgeschlossenen Raum aufhielt, kommt sie auf das Symbol des Grabes zu sprechen.

X: Eigentlich lebe ich nicht. Ich habe mich überlebt. Ich sitze in einem Grab. Aus der Ferne höre ich noch etwas von dem Gerücht vom Leben. Aber ich kann hier nicht 'raus kommen.

G.B.: Ein Grab? Sagen Sie.

X: Ja, ich finde, daß ich nicht lebe. Alles stirbt. Aber ich kann nicht 'raus. Es ist wirklich ein Grab.

G.B.: Das spricht mich sehr an, das Grab. Sie sagen, alles würde sterben. Aber ich höre dabei viel Widerstand mitklingen. Widerstand ist Leben.

X: Leben? Ich stecke fest. „Lebendig begraben" ist noch ein besseres Wort dafür.

G.B.: Wissen sie, wie Gräber früher aussahen?

X: Nein.

G.B.: Man sprach von „Grabhügeln". Gräber waren Erdhaufen, Abbilder des Heiligen Berges. Später wurden es ganze Gebäude oder Pyramiden. Das Grab war das Haus der Toten. Aber eigentlich wurden die Toten darin verwandelt, in eine andere Art Leben hinein. Könnten Sie sich bei Ihrem Grab so etwas vorstellen?

X: Kaum. Ich habe nur das Gefühl, mich überlebt zu haben.

G.B.: Aber überleben wollen Sie auf jeden Fall. Ich höre ihren Widerstand, auch jetzt.

X: Ja, Ja. Ich will da auch nicht bleiben. Aber ich weiß nicht, wie ich hier 'rauskommen kann. Das ist sehr schwer.

G.B.: Das begreife ich. Es ist ein Leben in der Dunkelheit... und dann auf das Licht zugehen, sich den ganzen Weg dahin freizuschaufeln... Was hält Ihren Widerstand eigentlich aufrecht?

X: Ich will mich nicht überlebt haben. Ich will leben. Das ist nicht gut so. Das kann nicht der Sinn und Zweck des Lebens sein.

G.B.: Es gibt da bei Ihnen noch viel mehr als nur Widerstand; da ist Verlangen zu spüren, Verlangen nach Leb en. Können Sie etwas davon erzählen, wie dieses Verlangen aussieht, wie es zwischen dem Widerstand durchscheint?

X: Ich verlange danach... Ich höre immer auf das was andere sagen. Sie lasse ich für mich bestimmen, was ich zu tun und zu lassen habe. Und wenn ich das dann aber tue, kommt fast nie etwas Gutes dabei heraus.

G.B.: Sie verlangen danach...

X: Ich will selber leben.

G.B.: Sie hören in ihrem Grab das Gerücht vom Leben. aber, wenn ich Sie gut verstehe, dann wollen Sie nicht nur davon hören, sondern auch auf Ihre eigene Weise daran teilnehmen.

Kurzer Kommentar

Im Gespräch wird deutlich, daß sich die Begleiterin auf die allgemein menschliche Symbolik des Grabes beschränkt, indem sie es nämlich als kosmischen, heiligen Berg aufnimmt, in dem Geburt, Initiation, Tod und Wiedergeburt stattfinden. In der Supervision zu dem Gespräch zeigte sich, daß ihr auch der Aspekt des Abstiegs in die Unterwelt und dessen christliche Version („...der hinabgestiegen ist ins Reich der Toten...") vor Augen schwebte. Doch ihrem Gefühl nach war dieses Thema hier nicht – oder noch nicht – angesagt. Im Zusammenhang mit der Situation der betreffenden Person taucht das Symbol des Grabes auf. (1. Feststellung). Die Begleiterin rekurriert auf die tiefe Symbolik, die dem Grab zu eigen ist (2. Feststellung). Aus dem Widerstand der Frau, den die Begleiterin anspricht, läßt sich entnehmen, daß tatsächlich ein Zusammenhang zwischen der Symbolik und ihrer Situation besteht. Sie hat sich nicht damit abgefunden.[8] Sie will immerhin etwas, wenn auch nicht ganz deutlich ist, was (3. Feststellung). Die Begleiterin arbeitet vorsichtig und interpretierend. In der Supervision sagt sie, sie wäre lieber etwas zurückhaltender geblieben. (Sie fragt sich unter anderem, wie es ihr gelingen kann, sich weniger von ihrer eigenen aktiven Einstellung leiten zu lassen (4. Feststellung). Das Gespräch mit der Frau könnte, was den Inhalt betrifft, präziser sein, aber in bezug auf die Offenheit für die Wirkung des Symbols läßt sich ein deutlicher Ablauf erkennen: Sowohl das Lebensverlangen wird spürbar, als auch die Schwierigkeiten, die auftauchen, wo sie ihm nachgehen will (5. Feststellung). Da das Symbol gerade erst beschränkt mit einer allgemeinen Tradition verbunden werden konnte, kann von einem wirklichen „Durch-schauen" noch nicht die Rede sein, geschweige denn von einem Eintritt in den „Handlungskreis".

[8] Im Niederländischen schließt der entsprechende Ausdruck („zij heeft zich er niet bij neergelegd„) besser an den bildhaften Aspekt des Grabes an. Da man ja ins Grab gelegt wird, drückt er den Widerstand der Frau passend zum Symbol aus (d. Ü.).

Im folgenden Beispiel geht es nicht um ein Gespräch, sondern um eine Situationsbeschreibung, die auf ein Gespräch hin erstellt wurde. Zuerst wird die Situationsbeschreibung wiedergegeben. Danach folgen noch einige Anmerkungen zur Symbolik des Mondes.

Dies ist die Geschichte eines alten Mannes. Er ist jetzt über siebzig Jahre alt. Sein Leben war in den Jahren der Emanzipation der Katholiken von sehr großem Engagement und einer aktiven Teilnahme in vielerlei Bereichen geprägt. Viele Menschen ersuchten ihn um seinen Rat, auch schon während des Krieges. Danach fing er begeistert mit dem „Wiederaufbau" an. Dabei kamen auch allerlei neue religiöse Ideen zum Tragen. Jedoch tat er sich schwer, die Entwicklung der sechziger und siebziger Jahre innerlich mitzuvollziehen. Für ihn lief es darauf hinaus, daß er den neuen „Autoritäten" in gleicher Weise Glauben schenkte, als früher den alten. Es kam nicht zu einer wirklichen Verinnerlichung der Veränderungen. Selber trug er immer wieder verschiedene neue Ideen bei, die sich auch als umsetzbar erwiesen, ihn im Inneren aber doch kaltließen. Einige Male erbittet er eine „geistliche Begleitung", wird aber abgelehnt, weil man sie in seinem Falle für überflüssig hält. So wurde sein wirkliches Problem gar nicht erkannt. Als er nach einem langen arbeitsamen Leben in den Ruhestand geht, treten Depressionen auf, und er braucht psychiatrische Hilfe. Es geht ihm danach wohl wieder etwas besser, aber er klagt weiter darüber, Gott nicht mehr finden zu können. Er würde gerne in der warmen, aktiven Weise glauben können, wie er es früher gewohnt war; doch dies gelingt ihm nicht mehr. Es spielen auch viele vage Selbstvorwürfe mit, aber es wird dabei nicht so recht deutlich, worauf sich diese beziehen. Eine wichtige Rolle spielt für ihn dabei jedenfalls das Gefühl, daß er Gott auf diese Weise nicht richtig dient. Der Psychotherapeut sagt in einem Gespräch, er habe den Eindruck, daß es im Laufe seines Lebens nicht zu einer richtigen gegenseitigen Integration von Erlebniswelt, Aktivität und Religiosität kam. Dies führt zu einem neuen Gespräch mit einem Seelsorger. In diesem Gespräch wird deutlich, wie schwierig es für den Mann ist, sein echtes religiöses Verlangen wahrzunehmen. Dies entsprach der Form nach dem, was er früh er gelernt und erlebt hat; dazu gehören auch die Ereignisse der Nachkriegszeit mit all den damit verbundenen Veränderungen. Er stellt fest, daß er sich im Laufe seines Lebens mehr führen ließ, als daß er selber auf der Suche war. Er entdeckt auch, daß ihn manche modernen Gottesdienste anwidern, er fühlt sich von „modernen Übersetzungen" irritiert und vermißt „die alten Glaubenswerte". Eigentlich fühlt er sich in der Kirche, wie er sie heute erlebt, nicht mehr zu Hause. Gleichzeitig ist ihm auch sehr bewußt, daß das Alte nicht einfach wiederbelebt werden kann. Die Situation läßt ihn ängstlich und angespannt sein und macht sich als Druck bemerkbar, sich beeilen zu müssen, bevor es zu spät ist.

Eines Nachts kann er nicht einschlafen. Es ist Hochsommer und beinahe Vollmond. Da geht er auf den Balkon hinaus und wird von dem Eindruck der stillen Klarheit der Nacht getroffen. Er holt einen Stuhl heraus und schenkt sich etwas zu trinken ein. So verweilt er eineinhalb Stunden in der nächtlichen Stille. Auf wundersame Weise fühlt er sich durch sie erfüllt. Es ist eine faszinierende Erfahrung, und er bringt sie spontan in Verbindung mit „dem Gott, der sein Leben beglückt hat". Danach fragt er sich ängstlich, ob er sich so etwas erlauben dürfe; ob er solche religiöse Erfahrungen zum Ausgangspunkt einer Suche nach einem eigenen Weg machen darf, neben dem Alten, das vorbei ist, und dem Neuen, das ihn nicht wirklich berührt hat.

Kurzer Kommentar

Es geht hier um ein relativ einfaches Geschehen, bei dem niemand anderes beteiligt ist. Zentral daran ist, daß der alte Mann, nach einer längeren Zeit der Entfremdung, zum ersten Mal wieder eine tiefgreifende Erfahrung macht. Diese verbindet ihn, wie er selbst sagt. wieder neu mit dem „Gott, der seine Jugend mit Freude erfüllte". Der Mond spielt dabei eine zentrale Rolle. Er ist hier als Symbol wirksam. In seinem berühmten Gemälde mit dem Titel „der Mond" bringt Paul Klee dessen geheimnisvolle Wirkung ins Bild. Auf der Leinwand erscheint wunderbares Durcheinander von Häusern, Fenstern, Dächern, Kantinen, Bäumen und Pflanzen in einer geheimnisvollen Komposition aus Weiß, Blau, Lila, Ocker, Braun und einem wunderlichen Schwarz, das überall Schatten andeuten soll, die sich in den Winkeln gebildet haben. In einem offenen Himmel steht der Mond, der seinen nächtlichen Zauber verbreitet. Über dem Gemälde steht eine alles einhüllende und sanft durchdringende Stille. Klee malt nicht die Mondnacht, sondern er malt den Mond in seiner symbolischen Kraft und die wundersame Welt, die sich dadurch denjenigen auftut, die ein Auge dafür haben. In der unruhigen Stille seiner eigenen „Nacht" erreicht den Mann plötzlich dieses Geheimnis. Dazu können allerlei psychologische Deutungen angeführt werden, die auch zutreffen mögen: Sein lebenslanger Bezug zum „Geistlichen"; sein Einsatz und die Unruhe der letzten Jahre; alles, was er früher an Erfahrung mitbekam; seine Sensibilität für „die andere Seite der Dinge". Aber diese Interpretationen erklären seine geistliche Erfahrung nicht. Man könnte dieses Geschehen ebenso als ein „Einbrechen des Geistlichen in seine unruhige Welt" sehen, geht man einmal von dem symbolischen Bedeutungsreichtum aus, der auf ihn einwirkt. Dieser Moment ist heilig. In diesem Moment erfährt er etwas vom Heiligen. Dann schenkt er sich etwas zum Trinken ein, wobei ihn der Impuls dazu, wie er später sagte, zunächst beunruhigte. Es kam ihm vor, als ob er damit die Heiligkeit, die er in jenem Moment spürte, zerstören würde. Jedoch folgte er seinem Impuls im Gedanken an den neuen Weg, den er zu suchen hatte. Dann erzählt er, daß er solchen Impulsen schon mehrere Jahre lang nicht mehr nachgegangen war. Dies mündete während des Gesprächs in die Einsicht, daß er sein authentisches Verlangen nicht echt zur Entfaltung kommen ließ. Spontane Impulse sind die ersten Signale unseres Verlangens. Ihnen hat er sich nie ausgesetzt; im Gegenteil, er hat sich „eingesetzt".

Der Mond ist ein zentrales Symbol, ebenso wie die Sonne die Trägerin einer Vielzahl von Bedeutungen ist. Der Mond steht für die großen Rhythmen von Tag und Nacht, Licht und Dunkel, Ebbe und Flut, von Fruchtbarkeit und Unfruchtbarkeit. Er wächst und nimmt ab. Manchmal verschwindet er, aber er kehrt doch immer wieder zurück. Als solcher ist er Symbol von Leben und Tod, von Bleiben und Vergehen; verweist er auf den Ursprung und auf das Ende sowie auf den Übergang von Sein und Nicht-Sein. Dies liegt vor allem daran, daß er im geheimnisvollen Dunkel der Nacht erscheint und es mit einem Licht erleuchtet, das nicht von ihm selbst kommt, sondern das er von der Sonne empfängt. Daher gilt er in der semitischen Welt auch als Symbol der Ruhe, der Bedächtigkeit, der Kühle, als Symbol für die Regeneration der Lebenskräfte und durchaus auch für die Fruchtbarkeit, wegen seines „Milchregens", den er als Tau über der Erde ausgießt. In der Erfahrung des alten Mannes kommen alle diese Themen zum Zuge. In seiner Rastlosigkeit, die keine Richtung erkennen läßt, wird er von der großen Stille berührt, die alles umfaßt und allem einen Platz gibt. Es ist die Stille, nach der er sucht. Diese durchdringt ihn, wie das Mondlicht die verschiedenen Dinge auf dem Gemälde durchdringt. Es beruhigt ihn auch. Er erfährt eine unbekannte, tiefere Seite von sich selbst, die ihm gerade so fremd geworden war wie die Rückseite des Mondes. Die ganze Situation verbindet er mit „dem Gott, der seine Jugend mit Freude erfüllte". Wie sich bei näherem Nachfragen zeigte, war dies ein Gott, der ihn damals mit Stille, Ehrfurcht und einer sicheren Ahnung eines heiligen Geheimnisses erfüllt hat. Dies es tiefe religiöse Gefühl wurde in seinem Leben bisher viel zu einseitig wahrgenommen und angesprochen. Priester engagierten ihn für die Mitarbeit im Jugendverband, später in ihren Pfarreien und dann auch im gesellschaftlich-kirchlichen Bereich. Aber das Heimweh nach dem ursprünglichen Geheimnis und seiner Stille verließ ihn nie. Diese Nacht rief es wieder neu in ihm wach und ließ ihn den alten Faden wieder aufnehmen. Nach dieser Mondnacht erlaubte er es sich auch wi eder, an Gottesdiensten teilzunehmen, die im östlichen Ritus oder einfach in etwas „konservativerem" Stil gehalten waren. Er hörte auch viel Gregorianische Kirchenmusik und begann wieder in seinen alten Büchern zu lesen. Kurz gesagt: Er kehrte zurück zu „dem Gott, der seine Jugend mit Freude erfüllte".

d. Rückschlüsse für die Praxis

- Sehr wichtig ist eine Aufmerksamkeit für die spontanen symbolträchtigen Erfahrungen, die im Leben von Menschen vorkommen. Sie entfalten ihre Wirkung dann von selbst und hinterlassen meist tiefe Spuren. Das Leben selbst spielt dann eine wichtigere Führungsrolle als jegliche geistliche Begleitung. Beim Begleiten dieser Erfahrungen kann das Geschehene dann vertieft und ausgeweitet werden.
- Während des Gesprächs sollte man sich eng an die konkret gemachte Erfahrung halten. Häufig läßt sich die Erfahrung so während des Gesprächs noch einmal vergegenwärtigen.
- Vor allem dann, wenn sich Symbolerfahrungen spontan ergeben, ist es nicht schwierig, konkrete Konsequenzen damit zu verbinden. In unserem Fall steht „der Gott, der seine Jugend mit Freude erfüllte" sehr zentral. Der Mann löst sich von einer Anzahl „Erneuerungen", die eigentlich gar nicht zu ihm paßten, die er aber zunächst mitgemacht hatte. Er entdeckt seine ursprüngliche Religiosität wieder, und sucht sich erneut die damit zusammenhängenden Formen aus. Wenn er auch später in eine tiefe Depression verfiel, so blieben diese Formen während seiner Krankheit für ihn doch die fruchtbarsten.
- Das Beispiel zeigt, wie notwendig es ist, sich in bezug auf die Spiritualität auszukennen, die für eine allmählich verschwindende Generation zu deren Jugend- und Blütezeit prägend war. Ohne diese Kenntnis ist es nicht möglich, Anschluß an die Spuren zu finden, die diese Spiritualität bei den Menschen hinterlassen hat. Geistliche Begleitung in einer sich schnell entwickelnden Kultur verlangt in dieser Hinsicht eine große Bandbreite.

Kapitel XI
Authentizität, Arbeitsfreude und Kompetenz

„Es ist zu fürchten, daß wir Menschen dieser Zeit das, was wir tun müßten, erst in ungeheuren Leidenserfahrungen lernen werden."

(C.F. von Weizsäcker)[1]

Auch diejenigen, die begleiten, haben selbst einen eigenen Bezugsrahmen. Und dieser beeinflußt seinerseits wiederum die Weise, in der die Tradition und die Erfahrung der anderen verstanden werden. Jeder Begleiter entwickelt seine eigene Weise, den Spuren von Existentialität, Sinn, Religion und Glauben im Leben der anderen nachzugehen; das eigene „intérieur" ist jedesmal mitbeteiligt. Geistliche Begleitung findet nicht in einem Vakuum statt: Es begegnen sich zwei ganz konkrete Menschen. Jedes Thema findet in jeder Gruppe eine andere Ausgestaltung. Sollen Menschen wirklich füreinander gegenwärtig werden, dann kommen sie um diese Konkretisierung nicht herum. Man muß sogar sagen: Je konkreter jeder einzelne präsent wird, desto intensiver wird auch die Gegenwart füreinander.[2] Diese personale Begegnung ist letztlich auch erwünscht. Diese Situation führt zu einer eigenartigen Spannung, da die Begleitenden einerseits wirklich präsent sein und ihren Einfluß geltend machen müssen, während sie sich andererseits dem Weg der anderen unterzuordnen haben. Ihre, möglichst konkrete, Präsenz ist kein Selbstzweck, sondern dient der Vermittlung. Ignatius von Loyola spricht hier von einer „Nabenfunktion" der Begleiter. So wie sich das Gegengewicht einer Waage nicht auf das Wiegen auswirken darf, während es doch das Wiegen erst ermöglicht, so sollten auch die Begleiter arbeiten. Diese Aufgabenstellung führt uns zu den drei thematischen Punkten, die in diesem Kapitel ausgearbeitet werden, nämlich Authentizität, Arbeitsfreude und Kompetenz.

[1] C.F. von Weizsäcker ²1986, S. 348.

[2] Ausgearbeitet wird der Begriff „gegenwärtig/zugegen" (in der niederländischen Vorlage „aanwezig") bei F. Buytendijk 1958 im Kapitel mit der Überschrift „Phänomenologie der Begegnung"; außerdem in: P. Köster/H. Andriessen 1991, S. 40ff.

1. Authentizität

Authentizität ist ein wichtiger und häufig verwandter Begriff, wo immer es um helfende Beziehungen geht. D as Wort stammt aus dem Griechischen und steht ursprünglich in Zusammenhang mit dem „Herrschen der Ein en über die Anderen“: „Authentisch“ waren diejenigen, die herrschten. „Authentisch“ war auch, was ursprünglich war und mit dem Original zusammenhing. Das macht begreiflich, warum dasjenige, was authentisch ist, „ganz klar“ ist. Diese ursprünglichen Wortbedeutungen führen uns zum Kern der Sache. Authentizität verweist darauf, das jemand von seinem Ursprung her präsent ist und von dieser Ursprünglichkeit her das Recht „zu herrschen“ genießt. Es geht also nicht um Dominanz oder das Ausüben von Macht, sondern um ein Herrschen im Sinne einer wirklichen Präsenz, die aus der eigenen Ursprünglichkeit erwächst, d.h., Vollmacht.

Für die geistliche Begleitung bedeutet dies zweierlei. Zum einen haben die Begleiter oder Begleiterinnen ein „Recht, zu herrschen“ unter der Voraussetzung, daß sie authentisch sind. Andererseits kommt ihnen dieses Recht nicht einfach von sich aus zu, da diese Ursprünglichkeit keine Privatangelegenheit ist. Sie leitet sich aus dem Auftrag ab, der in der geistlichen Begleitung selbst impliziert ist. Soweit gibt es kaum Probleme. Jeder, der um geistliche Begleitung bittet, ist grundsätzlich bereit, diese „Vollmacht“ anzuerkennen. Die Schwierigkeiten mit der Authentizität beginnen erst in der konkreten Beziehung. Wann nämlich ist jemand authentisch? Wann übt jemand also seine Macht so aus, wie es hier mit „ursprünglich“ gemeint ist? Es gibt mehr als genug Beispiele dafür, daß geistliche Begleiter zwar ihrem Gefühl nach meinen, authentisch auftreten und doch vollständig ins Leere schlagen. Jemand mit großen inneren Vorbehalten gegenüber der Befreiungstheologie beispielsweise, wird sehr „authentisch“ Einwände gegenüber einer Schriftauslegung erheben, bei der die Interessen des Volkes mehr betont werden als die der gesetzmäßigen Autoritäten. Ähnliches wird einer geistlichen Begleiterin passieren, die sich schwer damit tut, alte Erzählungen auf die mögliche Unterdrückung von Frauen hin zu interpretieren. Es geht also darum, wie gut wir unsere eigene Ursprünglichkeit kennen. Wie also wissen diejenigen, die die Verantwortung für eine geistliche Begleitung übernehmen, ob das, was sie selbst als ursprünglich und machtvoll erfahren, tatsächlich auch so ursprünglich und machtvoll ist? Es reicht, sich mit einer Anzahl geistlicher Begleiter auch nur einige ihrer Biographien anzuschauen, um feststellen zu können, wie sehr der Stil der geistlichen Begleitung von der eigenen Lebensgeschichte beeinflußt ist.

Herr A. war das älteste Kind einer Familie, die schwer unter dem letzten Weltkrieg zu leiden hatte. Das Haus wurde bombardiert und die Mutter mußte mit ihm und seinen Geschwistern fliehen. Der Vater war zuvor schon an der Front gefallen. Als die Familie nach vielem Hin und Her endlich wieder eine feste Wohnung findet, beschließt er, Priester zu werden. In seiner Biographie fällt auf, daß sein Vater kaum einmal erwähnt wird, obgleich er ihn einige Zeit gekannt hat. Gleichzeitig fällt auf, daß er bei seiner Arbeit viel Mühe hat, deutlich Position zu beziehen; vor allem dann, wenn es unumgänglich auf seinen eigenen Standpunkt ankommt. Als Pastor ist er sehr nachgiebig, da er tief davon überzeugt ist, daß schon alles seinen guten Gang geht, wenn man den Leuten nur die Gelegenheit läßt, ihren eigenen Weg zu gehen. In seiner Spiritualität nimmt die Vorsehung Gottes einen wichtigen Platz ein. Während der Analyse eines seiner Gespräche wird deutlich, daß diese große Nachgiebigkeit in der betreffenden Situation sowohl für ihn als auch für den anderen sehr ungünstige Konsequenzen hatte. Dies läßt ihn nicht los, und er rätselt darüber nach, wie dies oder jenes passieren konnte. Dabei fällt auch das Stichwort „Authentizität". Die Nachgiebigkeit bei seiner Arbeit bringt er selbst in Zusammenhang mit seiner Überzeugung, alles nähme den gewünschten Gang, also mit seinem Vertrauen auf Gottes Vorsehung sowie mit der Tatsache, daß er das Fehlen seines Vaters nicht wirklich verarbeitet hatte. Das veranlaßt ihn, gründlicher über seine Authentizität nachzudenken. Bis dahin war er wirklich soweit ursprünglich präsent, wie es ihm möglich war, aber es stellte sich heraus, daß diese Ursprünglichkeit bei ihm ihre eigene Geschichte hatte. In dem Maße, in dem er diese Geschichte durchschaute und verarbeitete, änderte sich auch seine „Authentizität". „Authentizität" ist also, mit anderen Worten, keine feststehende Größe. Sie ist selber abhängig von der weiteren Entwicklung einer Person. Jemand ist in dem Maße authentisch, in dem sie oder er den Möglichkeiten des eigenen Entwicklungsstandes entsprechend präsent wird.

Die acht Grundhaltungen im Entwicklungsmodell von Erikson stellen allesamt acht Formen von Authentizität oder wirklicher Präsenz dar. Eine starke Identität in den verschiedenen Phasen des Modells repräsentiert jeweils auch die entsprechende Möglichkeit, im Bereich der Authentizität zu nuancieren. Authentizität ist, isoliert betrachtet, also noch kein Indiz dafür, daß jemand gut arbeitet. Es geht um die Frage, ob die eigene Authentizität für den Weg der anderen wirklich dienlich ist. Dies bringt uns zum zweiten Aspekt der Authentizität.

Authentizität ist ein Beziehungsbegriff. Häufig wird sie als „etwas in

Einem" aufgefaßt und dann als Kontakt mit der inneren Lebenswahrheit verstanden, aus der man die Sicherheit in der Präsenz, im Reden und Auftreten schöpft. Aber diese innere Wahrheit ist immer auf *die einzelne Situation und auf konkrete andere Menschen angewiesen,* um überhaupt wach zu werden. Sie ist kein fester Block, von dem man sprichwörtlich Scheib en abschneiden könnte, um sie an andere weiterzugeben. Im Gespräch zwischen der Samariterin und Jesus entsteht die konkrete, im Wasser symbolisierte Wahrheit dadurch, daß beide füreinander gegenwärtig werden. Konkrete Wahrheit ist immer relational, sie ist ein Geschehen. Für die Authentizität beinhaltet dies eine starke Abhängigkeit vom Auftreten der anderen Person, mit der man im Gespräch ist. Auch hier mag ein Beispiel das verdeutlichen.

In Gesprächen über geistliche Begleitung wird häufig behauptet, jeder Mensch sei verschieden und deshalb könnten im Ernstfall keine Faustregeln angewandt werden. Leicht wird dabei vergessen, daß geistliche Begleiter oder Begleiterinnen selbst auch jedesmal anders auftreten, wenn sie sich wirklich auf die anderen einstellen . In der Persönlichkeitspsychologie ist man von der Vorstellung konstanter Persönlichkeitszüge größtenteils abgekommen. Dementsprechend, wie sich die Menschen unterscheiden, denen wir begegnen, lassen wir auch andere Seiten unserer Persönlichkeit sehen. Eine durchaus kontrollierende und dominante Begleiterin beispielsweise konnte gelegentlich, wenn es etwa um Kinder und Jugendliche geht, eine milde, abwartende und nachgiebige Haltung erkennen lassen. Anderen fiel dies auf, während sie sich dessen selbst nicht bewußt war. Dies hatte zur Konsequenz, daß sie mit den Eltern – mit denen sie viel strenger umging – in Konflikte geriet, wenn es um deren Kinder ging, da sie diesen milder begegnete. Die Situation wurde sehr kompliziert, als sie auf einem Wochenende Eltern und Kinder zu einem adventlichen Thema zu begleiten hatte. Bei dem großen Konflikt, der dann ausbrach, wurde ihr das Widersprüchliche in ihrem Verhalten bewußt. Daraufhin brachte sie es in der Supervisionsgruppe ins Gespräch ein. Es geht hier nun nicht darum, die Gründe für dieses Verhalten zu erörtern, sondern um ihr tatsächliches Empfinden, nach dem sie sich sowohl in der Beziehung zu den Eltern als auch in der Beziehung zu den Kindern und Jugendlichen ganz authentisch erlebte.

Das Beispiel verdeutlicht, daß unsere Authentizität relativ ist; und zwar im Sinne beider Wortbedeutungen. Sie ist relativ, weil sie erst zum Zuge kommt, wenn wir in Situationen und Beziehungen verwickelt sind; und sie ist dann noch relativ, weil wir selbst nie genau wissen, ob wir ganz authentisch handeln. Wir werden in unserer Authentizität immer von unserer eigenen Geschichte und von den anderen mitgeprägt.

Bei der Authentizität geht es immer um ein gegenwärtig-„werden". Der Begriff umschreibt etwas Dynamisches; er stellt gleichsam einen asymptotischen Grenzwert dar. Authentizität ist uns jeweils vor Augen gestellt, sozusagen als Appell an diejenigen, die begleiten, soweit möglich wahrhaftig zu sein. Aber ein objektives Maß für eine vollständige Authentizität besteht nicht. In einer Werkwoche zum Thema „Authentizität" umschreibt einer der Teilnehmer diese als das, „was aus mir herauskommt". Diese Aussage wird falsch verstanden, wenn man sie als Legitimation dafür auffaßt, alles sagen zu dürfen, was einem gerade so kommt. Richtig verstanden kann sie dafür stehen, daß jemand gegenwärtig wird, beseelt von der Wahrheit, die augenblicklich in ihm oder ihr „wirkt". Im – nur noch schriftlich überlieferten – Auftreten Jesu fällt dessen Authentizität auf. Wenn er redet, dann stehen immer konkrete Menschen und Situationen dahinter; und er redet „mit Vollmacht". Sein authentisches Verhalten hat seine Wurzeln in seinem Kontakt mit dem Vater. Dies ist eines der Hauptthemen im Johannesevangelium. Es ist auch das Modell für die Authentizität von Menschen, die geistliche Begleitung übernehmen.

2. Arbeitsfreude

Geistliche Begleitung bedeutet harte Arbeit, aber sie kann daher auch viel Freude machen. Diese Freude wird in der Tradition überall erwähnt. Sie kennt viele Feste, und es ist auffallend, daß sie gerade für Leute, die sich so auf den Weg machen, um so mehr Grund zur Freude ist. „An Deinen Festtagen sollst Du fröhlich sein", heißt es im Buch Deuteronomium (Dtn 16, 13). Das ist kein Befehl, sondern eine selbstverständliche Frucht der ganzen Mühe, die in die Ernte investiert wurde. Ein wichtiger Grund für ein festliches Lebensgefühl ist die Gegenwart Gottes im Tempel. In der Umgebung Jesu verbreitete sich dauernd eine freudige Atmosphäre. Ihm wird sogar vorgeworfen, er treibe sich laufend auf Festen herum und sei ein Trunkenbold, der sich die Freuden der Geselligkeit und des Weins nicht entgehen ließ. Seine Gegner nennen ihn einen „Schlemmer und Weintrinker" (Lk 7, 34 par).[3] Dieses Lebensgefühl hängt für ihn mit seiner Überzeugung zusammen, das Reich Gottes sei angebrochen und es sei allen zugedacht. Sein Wirken und sein geistliches Leben zeichneten sich sicher

[3] Vgl. W. Bösen 1985, S. 53.

nicht durch Askese aus, wie seine Zeitgenossen sie sich damals vorstellten. Paulus freut sich begeistert darauf, die Römische Gemeinde zu besuchen, um „ermutigt zu werden in eurer Mitte durch den gegenseit igen Glauben, euren wie auch meinen“ (Röm 1, 12). An die Korinther schreibt er, daß er trotz aller Schwierigk eiten während seiner Arbeit vor Freude überfließe (1 Kor 7, 4). D iese Freude ist im Herzen verwurzelt. Der Prophet Sacharja sagt sogar voraus, daß die Fasttage Freudentage werden sollen (Sach 8, 19). Allgemein gilt, daß es dort, wo in der Bibel von Freude gesprochen wird, nicht nur um eine rein innerliche Angelegenheit geht. Freude läßt sich nicht von dem Verhalten lösen, in dem sie sich Ausdruck verleiht. Es ist auffallend, daß in den Psalmen und der Weisheitsliteratur die Treue zum „Weg“ als Quelle der Freude beschrieben wird.

An dieser Freude haben auch die Anteil, die die Verantwortung für eine geistliche Begleitung auf sich nehmen. Eines ihrer Merkmale ist nämlich, daß sie nicht aus dem eigenen Kräftehaushalt bestritten wird. Geistliche Begleitung ist nur in dem Glauben möglich, daß diese Arbeit von Gott her ermächtigt wird, wenn auch beide aufeinander angewiesen sind. Den Sinn der Arbeit schöpfen wir eigentlich aus einer anderen Quelle, (und nicht aus der eigenen; d.Ü.). Entsprechend setzt dies voraus, daß diejenigen, die begleiten, diese Freude an der Gegenwart Gottes aus Erfahrung kennen und sich in bezug auf ihr Leben und ihr Dasein eine gewisse Leichtigkeit erworben haben. Tatsächlich ist dies nicht immer der Fall. Und hierin liegt auch einer der wichtigen Gründe dafür verborgen, warum es in der geistlichen Begleitung manchmal an Arbeitsfreude fehlt. Das Modell von E.H. Erikson ist uns hier sehr dienlich. Als wichtigste Gründe für einen Mangel an Arbeitsfreude sind anzutreffen:

Ein Mangel an Grundvertrauen in sich selbst und gegenüber dem Leben, der sich auch auf die gläubige Gottesbeziehung auswirkt. Häufig äußert sich dieser Mangel in einer starken Betonung des Vertrauens auf Gott, während der Begleiter davon in seinem konkreten Verhalten nichts ausstrahlt. Das Verhalten verliert dadurch an Transparenz, was sich auch auf den Begleiter wieder negativ auswirkt. Dies erweist sich oft in einem diffusen Gefühl im Nachhinein, das einen fragen läßt, „ob es denn so recht war“. Ein gutes Beispiel für eine solche Situation ist der Abschnitt des Markusevangeliums, der an die Vision der Verklärung auf dem Berg Tabor anschließt (Mk 9, 1–29). Den zurückgebliebenen Jüngern war es nicht geglückt, einen tauben und stummen Geist auszutreiben. Darüber geraten sie mit einigen Schriftgelehrten in Streit. Jesus interpretiert dieses Mißgeschick als Mangel an „pistos“. Dieses Wort verweist auf einen Mangel an Glaubwürdigkeit und Zuverlässigkeit. Als die Jünger Jesus später fragen, warum ihm die Austreibung wohl gelang und ihnen nicht, da verweist er sie aufs Gebet, d.h. das Gebet, in dem man sich Gott anvertraut. Nicht umsonst wird kurz zuvor erwähnt, daß sie nicht imstande waren, sich mit der Frage an Jesus zu wenden.

Eine unvollständig entwickelte Autonomie und demzufolge eine zu starke Abhängigkeit von äußeren Richtlinien und Modellen. Häufig äußert sich dies in einer fehlenden inneren Sicherheit. Auch die wirkliche Präsenz während der Arbeit als Begleiter kann dann in Mitleidenschaft gezogen werden. Da der Begleiter oder die Begleiterin ihr Verhalten dauernd an Richtlinien und Modellen messen, treten Störungen auf. Sie haben dann eher einen entfremdenden als einen stützenden Einfluß. Die Modelle und Richtlinien werden dann zuwenig in der jeweiligen aktuellen Situation wiedererkannt; statt dessen werden sie als Konsultatoren von außen wahrgenommen. Dies behindert das Aufkommen einer wirklichen Zufriedenheit wie auch die Möglichkeit, die Arbeit als lebenserfüllend zu erfahren, beträchtlich. Ein Beispiel für diese Situation ist in der Apostelgeschichte zu finden, wo Petrus die Vision von der Aufnahme der Heiden in die Glaubensgemeinschaft hat. Es heißt dort, daß Petrus ratlos war, daß er „bei sich nicht ein noch aus" wußte (Apg 10, 17). Im weiteren Verlauf des Geschehens ist Petrus erneut auf die Stimme von Außen angewiesen. Auch als er schließlich davon überzeugt ist, daß „es sein darf", erweist er sich später doch wieder unausgewogen und ohne festen Standpunkt (Gal 2, 11). Dieser Mangel an vertrauensvoller Autonomie entspricht dem Bild, das auch die in den Evangelien verstreuten Informationen von Petrus entwerfen (Mk 11, 21; 14, 29ff; Mt 8, 10–21; 14, 28–32; 26, 40.69–75; Joh 13, 36–38; 18, 12–27).

Ein Mangel an persönlicher Initiative. Die Initiative bezieht sich nicht allein auf den Beginn der Unternehmung. Zur Initiative gehört gleichzeitig, die zu einer zielstrebigen Ausführung nötigen Mittel und Wege zu überschauen. Fehlt es daran, so kommt der Zug unterwegs immer wieder ins Stottern. Außerdem stellt sich dann laufend die Frage nach der eigenen Verantwortlichkeit in dem ganzen Geschehen. An und für sich ist dies natürlich normal, aber hier wirkt die Frage bedrückend. Bei größeren oder kleineren Mißerfolgen schleicht sich dann ein unangemessenes Schuldgefühl ein, das die Arbeit beeinträchtigt. Die Möglichkeit der Tragik, auch im eigenen Leben, ist im Bewußtsein noch nicht ausreichend verarbeitet. Dies rührt zu sehr an der Zufriedenheit und der Freude über den eigenen Beitrag an der Arbeit. Diese Situation findet sich im tragischen Verlauf des Le bens von König Saul deutlich sichtbar ausgemalt. Bei ihm wechselt sich dauernd neu gefaßtes Vertrauen und Initiative mit immer wiederkehrendem Wankelmut ab. Schon in der ersten Begegnung mit Samuel spricht er selbst seine Minderwertigkeitsgefühle und seinen inneren Widerstand an. Er freut sich nicht über seine Erwäh lung, sondern fühlt sich eher überfordert: „Bin ich nicht ein Benjaminit, aus dem kleinsten Stamm Israels… War um sagst Du solches gerade zu mir?“ (2 Sam 9, 21).

Mangel an persönlicher Kompetenz. Dieser Punkt wird hier nicht weiter entfaltet, da er eine fundamentale Arbeitshaltung betrifft, die für jegliche Berufsausübung kennzeichnend ist.

Ein mangelndes Identitätsbewußtsein. Identität und Arbeitsfreude hängen sehr eng miteinander zusammen. Ein wichtiger Faktor bei der Entwicklung der Identität ist die persönliche Verarbeitung der vielen Identifikationsmöglichkeiten, denen man im Laufe des eigenen Lebens begegnet. Dazu gehört auch eine individuelle Auswahl unter diesen Möglichkeiten, gleichgültig, ob diese nun bewußt oder unbewußt geschieht. Identität entsteht dadurch, daß man auf persönliche Weise das anzunehmen lernt, was man selbst im Leben sein will. Ein wichtiger Lebensbereich, der auf eine solche Weise angenommen sein will, ist der Bereich von Religion und Glaube . Solch eine Annahme hat man nicht gänzlich in der eigenen Hand. Sie bezieht auch immer andere gläubige Menschen mit ein. Auch der Kontakt zu institutionellen Gemeinschaften, die in der Gesellschaft das Gespräch über Sinn, Religiosität und Glaube wachhalten, ist unverzichtbar. Wenn diese Identitätsbildung nicht ausreichend vollzogen wurde, hat dies für die betreffende Person zur Folge, daß sie nur ein undeutliches Bild von sich selbst hat. Ebenso wirkt sie auch im Kontakt mit anderen vage; sicher dann, wenn es sich um Repräsentanten der genannten institutionellen Gemeinschaften handelt. Häufig läßt sich eine große Abhängigkeit gegenüber der Gemeinschaft beobachten. Diese äußert sich in einer gewissen Erstarrung in bezug auf die eigene Rolle ohne Vermögen. damit frei umzugehen und in einer Vermeidung von Risiken, die zu einem Konflikt mit der Rolle oder der Gemeinschaft führen könnten. Solche Menschen sind immer „wachsam“, allerdings eher im Sinn einer etwas ängstlichen Wachsamkeit.

Daß dies für die Arbeitsfreude nicht gerade förderlich ist, leuchtet sofort ein. Sie wird dann eher über den Einklang mit der institutionellen Gemeinschaft gesucht, als über die eigene Tätigkeit. Ein Beispiel dafür ist vielleicht der Priester Eli, der am Türpfosten des Tempels auf dem Stuhl sitzt, als Hanna kommt, um vor dem Herrn ihren Kummer zu beklagen. Die ganze Geschichte ist von einer Stimmung voll Müdigkeit und Freudlosigkeit geprägt. Eli hat keine so starke Identität. Als er schon sehr alt ist und Samuel, das Kind, das Hanna sich erbeten hatte, bereits im Tempel diente, benehmen sich seine Söhne immer wieder daneben. Jahr für Jahr wünscht Eli deshalb den Eltern von Samuel weitere Söhne, die sich auch als heiliger erweisen sollten als seine eigenen es waren. Ihm selbst wird am Ende seines freudlosen Lebens von einem Gottesmann der Untergang seiner eigenen Sippe angedroht. Sein letztes Wort, von dem uns berichtet wird, ist: „Es ist der Herr. Er tue, was ihm gefällt" (1 Sam 1–3).

Salomo vollstreckt dann später dieses Priesterorakel (1 Kön 2, 26).

Eine nicht ausreichend entwickelte Fähigkeit, anderen Menschen wirklich zu begegnen. E. H. Erikson spricht in diesem Zusammenhang von einer Grundhaltung, die einer Person gleichzeitig Intimität und Distanz ermöglicht. Echte Begegnung setzt Identität voraus. In seinem häufig besprochenen Buch „Kleriker" geht Drewermann näher auf die Wurzeln dieses Unvermögens ein.[4] Er skizziert dabei in einigen Bildern erkennbar ein unausgereiftes Lebensverlangen, das unter anderem für das Fehlen von ansteckender Freude am Beruf verantwortlich ist. Wenn sich jedoch die Fähigkeit zur Begegnung wirklich entfaltet, dann birgt gerade diese Arbeit reichlich Genugtuung, Freude und Lebenserfüllung. Sie entspringen einem gegenseitigen Geben und Nehmen aus dem Bewußtsein, daß sich im Durchleben der Schwierigkeiten und Freuden des Weges das Lebensgeheimnis jedes und jeder einzelnen weiter entfaltet. Die Bedeutung dieser Fähigkeit zur Begegnung mit den anderen kann nie ausreichend betont werden. In Bezug auf Jesus wird wiederholt davon berichtet, welche Freude er daran hatte, daß sich das Reich Gottes im Leben der Menschen entfaltete. Dies stellte sich für ihn keineswegs als leichte Aufgabe dar, wie aus den Evangelien deutlich wird. Eine echte Zufriedenheit bei der Arbeit speist sich aus dreierlei: erstens aus sichtbaren Resultaten der eigenen Arbeit; dann aus der Erfahrung wirklich mit anderen Menschen in Kontakt zu stehen; und letztlich aus dem Gefühl, mit der eigenen Arbeit zum Reich des Vaters beizutragen, der nach den Worten Jesu im Johannesevangelium „immer am Werk ist" (Joh 5, 17). Die unbefangene Freude an der Arbeit entsteht erst, wenn jeder dieser drei Aspekte in gleicher Weise miteinbezogen ist. Werden die ersten beiden nicht berücksichtigt, trägt dies zu einer ungesunden und unwirklichen Spiritualisierung bei; wird der letzte außer acht gelassen, nimmt man der Arbeit ihre Perspektive und beeinträchtigt deren maßvolle Einschätzung, die auch ihre Grenzen sichtbar machen könnte. Im ersten Kapitel des Markusevangeliums wird ein „Arbeitstag Jesu" detailliert beschrieben. Dabei lassen sich alle drei Quellen, aus denen er seine Arbeitsfreude schöpft, gut wiedererkennen.

[4] E. Drewermann, Kleriker.

Fehlende Generativität. Generativität besteht zu einem guten Teil darin, inneren Impulsen zur Fürsorge für andere nachzugeben. Nach E.H. Erikson läßt sich an ihr geistliches Erwachsensein erkennen. Menschen, bei d enen sich solche Impulse nicht bemerkbar machen, könnten dementsprechend nicht als erwachsen im vollen Sinn des Wortes betrachtet werden. Die Freude, die solcher Fürsorglichkeit entspringt, hat ihrem Charakter nach damit zu tun, daß man etwas von dem an andere weitergeben kann, was man selbst erworben hat. Dies ist nicht nur im Sinne einer Privatangelegenheit zu verstehen, sondern auch im Sinne einer Brücke zwischen den Generationen der Menschheit. In einer echten Fürsorglichkeit wachsen Menschen über sich selbst hinaus. Die daraus entspringende Freude hat verbindende Züge; sie bezieht andere Personen mit ein. In der geistlichen Begleitung wird sie eigens berücksichtigt, da es hier um Werte geht, die sich schon in sehr alten Traditionen wiederfinden lassen. Ist jemand noch n icht ausreichend erwachsen, so wird diese höchste Form der Arbeitsfreude sehr beeinträchtigt. Ein Beispiel dafür liefert die Figur des Salomo. Nach einem eindrucksvollen Amtsantritt, der viel Fürsorglichkeit gegenüber dem Volk sowie seine Nähe zu Gott erkennen läßt, gelingt es ihm n icht, in seinem Glauben wirklich erwachsen zu werden. Die blinden Flecken seiner Generativität wirken sich aus, als er den Bund mit Gott bricht und beginnt, das Volk um seines eigenen Macht- und Ehrbedürfnisses willen auszubeuten. Er fühlt sich nicht mehr als Brücke zwischen den Generationen und übernimmt keine echte fürsorgliche Verantwortung mehr. Nach seiner Regierungszeit fällt das Reich dann auch auseinander. Die Chronik enthält viele ausdrückliche Anmerkungen zu seinem Gemütszustand. Aber der Verlauf seiner Amtszeit verdeutlicht, daß er die Weisheit verlor, die ihm Gott zu Beginn geschenkt hatte. Im Modell von E.H. Erikson sind Generativität und Weisheit ungefähr dasselbe; und in der Bibel werden Weisheit und Freude immer in einem Atemzug genannt (Koh 2, 26; Sir 24, 1–22; Weish 8, 18 usw.).

3. Kompetenz

In Bezug auf die Kompetenz kommen bei der geistlichen Begleitung zwei Dimensionen in den Blick. Die erste betrifft die notwendigen Kenntnisse und Fertigkeiten, über die geistliche Begleiter und Begleiterinnen verfügen müssen, wenn sie ihre Aufgabe gut erfüllen wollen. Sie umfaßt allerlei theoretisches Wissen über das Fachgebiet sowie über die konkrete Praxis in diesem „Fach“. Außerdem umfaßt diese Dimension noch konkrete

Fertigkeiten, wie etwa den Umgang mit Texten, mit Ritualen und Symbolen, mit der Lebensgeschichte, das Zuhören, die Wertschätzung der anderen, oder auch die Berücksichtigung des Bezugsrahmens, des Handlungskreises etc. … Das alles stellt sozusagen das Material dar, mit dem auf der Ebene der zweiten Dimension der Kompetenz gearbeitet wird. Diese zweite Dimension beinhaltet dann das *durchlebte Selbstverständnis als Begleiterin oder Begleiter,* dessen man sich in der Regel nicht einmal so deutlich bewußt ist. Eher erlebt man sich von einer vitalen Überzeugung getragen, das tatsächlich Geforderte zu „können". Kompetenz ist in diesem Sinn ein Grundgefühl, das man sich, jeweils mit einer ganz persönlichen Geschichte, angeeignet hat. Es vermittelt uns, daß wir mit einer gewissen Selbstverständlichkeit gute Arbeit leisten, wobei Fehler natürlich nicht ausgeschlossen sind. Aber diese Fehler können in den Blick genommen werden, ohne das Selbstwertgefühl zu beeinträchtigen und überzogene Minderwertigkeitsgefühle, Schuldbewußtsein, innere Unsicherheit oder Mißtrauen gegenüber sich selbst zu wecken.

Vollwertige Kompetenz setzt beide Dimensionen voraus. Mit Blick auf das Erlernen des Fachs und auf die Arbeitsfreude, von der soeben die Rede war, ist es wichtig, zwischen beiden Dimensionen zu unterscheiden. Für das Erlernen des Fachs ist es deshalb wichtig, weil sich immer wieder zeigt, daß das Erwerben von theoretischen Einsichten und Fertigkeiten nicht ausreicht, um wirkliche geistliche Begleitung garantieren zu können. Dabei geht es für die Begleitenden eben auch und vor allem darum, im eigenen Handeln wirklich präsent zu sein. Hier genügen Kenntnisse und Fertigkeiten alleine nicht. Dazu ist die zweite Dimension nötig, die faktisch eine der acht von Erikson entworfenen Existenzformen darstellt.[5] Sie stellen allesamt Formen einer sich entwickelnden Identität dar. Diese Identität, die die Entwicklung einer Person selbst betrifft, macht im Leben eines Menschen eine lange Geschichte durch. Natürlich kann im Rahmen von Ausbildungen daran gearbeitet werden; aber die Thematik an sich geht weit darüber hinaus. Wenn sich jemand wirklich nicht ausreichend entwickeln konnte, dann sind besondere Maßnahmen notwendig, soll die Ausbildung abgeschlossen werden.

In der konkreten Ausübung des Fachs müssen die zwei Dimensionen in der Person des Begleiters oder der Begleiterin vereint sein. Das typische dieser Kompetenz besteht in der bereits erwähnten „Nabenfunktion", also darin, den geistlichen Raum zu bereiten helfen, in dem das Geistliche und Gottes Geist auf uns einwirken können.

[5] Eine breitere Ausarbeitung des Begriffs findet sich bei R. White, 1960 [5]1969, 1972.

Ausgehend vom Gespräch Jesu mit der Samariterin am Jakobsbrunnen bei Sichar (Joh 4,1–29) will ich konkret veranschaulichen, worum es hier geht. Jesus ist allein und bittet die Frau um etwas Wasser. So eröffnet er das Gespräch. Als sich die Frau darüber verwundert äußert (Juden würden normalerweise keinen Samariter, und schon gar keine Frau um so etwas bitten), antwortet er: „Wenn du wüßtest, worin die Gabe Gottes besteht und wer es ist, der zu dir sagt: Gib mir zu trinken, dann hättest du ihn gebeten, und er hätte dir lebendiges Wasser gegeben." (Joh 4, 10) In dieser Antwort, die zudem auf einer tieferen Ebene ein Gesprächsangebot darstellt, wird Jesus persönlich gegenwärtig. Er macht sich selbst präsent. Er tut dies jedoch nicht im Sinne einer Demonstration um seiner selbst willen, sondern im Rahmen der Beziehung zu der Frau, so daß sich diese Beziehung weiterentwickeln kann. Kennzeichen seiner Präsenz ist nicht eine „Vorführung" seiner Kompetenz. Sie gründet im Gegenteil in der Situation, die sich gerade entwickelt, und ist ihrer Art nach relational. Dies bedeutet, daß sie ausdrücklich für weitere Begegnungen offensteht. Gleichzeitig ist sein „Können" sehr wohl im Spiel, nämlich im Rahmen seines Auftrages für das Reich Gottes. Dies ist kennzeichnend für die zweite Dimension der Kompetenz, so wie sie oben beschrieben wurde. Bei der geistlichen Begleitung geht es um eine Präsenz im Rahmen einer Rolle und eines Auftrages. In diesem Sinn ist die Kompetenz funktional. Sie ist aber auch in einem hohen Maße relational: Was an Kompetenz sichtbar wird, stellt keinen Wert für sich selbst dar, sondern ist auf das Wohl und auf den Weg der anderen ausgerichtet („Nabenfunktion"). Generativität und Kompetenz kommen also jeweils zusammen. Aus der Antwort der Frau wird deutlich, daß sie Jesu Botschaft in bezug auf seine Präsenz gut verstanden hat: „Du willst doch nicht behaupten, Du seist mehr als Jakob". Aus ihrer Antwort wird auch ersichtlich, daß bei diesem beiderseitigen Füreinander-gegenwärtig-Werden wirklich etwas geschieht. Die Begleitung ist nicht von der Präsenz losgelöst, sondern vollzieht sich in dem Raum, der durch die beiderseitige Präsenz eröffnet ist. Jesu Entgegnung konzentriert sich auf die Kernfrage der Frau, nämlich: „Bist du mehr als Jakob?" Er suggeriert damit deutlich: „Ja, denn wer von dem Wasser trinkt, das er gibt, wird nicht nur keinen Durst mehr leiden; vielmehr wird es in ihr selbst zur Quelle ewigen Lebens." Wie geschieht dies?

Jesus läßt erkennen, daß er genau weiß, worum es der Frau geht. Er gibt außerdem zu erkennen, daß er ihr wirklich zuhört und ihre Denkweise (ihren Bezugsrahmen) ernstnimmt. Sie stehen in einer gemeinsamen Tradition, die sie beide kennen und akzeptieren. Die Frau ist auf ihre Weise authentisch und direkt; Jesu Antwort ist es auf seine Weise ebenfalls. Er verwendet das Hauptthema „Wasser und Quelle“ in symbolischer Weise. Die Frau bewegt sich noch stark auf der inhaltlichen Ebene, aber sie läßt dabei doch unmißverständlich eine Überzeugung mitklingen. Genau auf diese Überzeugung spricht sie Jesus von seiner Überzeugung her an. Mit Begriffen der Gesprächsanalyse könnte man sagen, daß auf dem Niveau von Überzeugungen eine subtile Diskussion stattfindet. Gleichzeitig fällt auf, daß Jesus hier eine konzeptuelle Strategie anwendet. Dies hängt sicher damit zusammen, daß das Gespräch noch kaum in Gang gekommen ist. Es ist sicher noch zu früh dafür, der Frau ihren Zustand, in dem sie sich gerade befindet, bewußt zu machen. Es ließe sich damit noch nicht fruchtbar weiterarbeiten. Sie geht dann auf das ein, was Jesus sagt, bewegt sich aber auf einer inhaltlichen, nicht auf der symbolischen Ebene. Sie bittet ihn ganz konkret um das Wasser, von dem er spricht und durch das sie allerlei Mühen los wäre, die ihre Arbeit bisher für sie mit sich brachte. Ihrer Antwort nach befindet sie sich in dem Gemütszustand, den wir als erste Phase des Verlangens skizziert haben, nämlich in dem der Bedürftigkeit. Und man kann sich fragen, ob sie wirklich meint, was sie sagt. Denn es ist ziemlich unwahrscheinlich, daß sie tatsächlich denkt, es gäbe ein konkretes Wasser, das man nicht mehr zu schöpfen brauche, so daß dazu auch keine Eimer mehr nötig wären. In diesem Fall hätte ihre Frage auch einen etwas ironischen, ja beinahe spöttischen Beiklang, was durchaus ein sehr passender Ausdruck ihrer Lebenshaltung sein könnte. Aber dennoch besteht auch die Möglichkeit, daß ihr Wundergeschichten aus der Tradition durch den Kopf gingen. Auf jeden Fall gibt Jesus dem Gespräch auf machtvolle Weise eine plötzliche Wendung (zweite Dimension der Kompetenz). Er forderte sie auf, ihren Mann holen zu gehen. Aus dieser Aufforderung kann man auch etwas Ironie heraushören, da die Erfüllung seines Auftrags für die Frau ebenso unmöglich ist wie ihre Antwort. Die Begegnung kommt hier an einen sehr kritischen Punkt. Für Jesus ist es sehr wichtig. zu „durchschauen“, was in diesem Moment in dem Gespräch geschieht und welchen kritischen Punkt er bei der Frau in bezug auf deren Weg anspricht. Eigentlich schafft er hier die „Ausgangssituation“, in der der „Ruf“ vernommen wird. Beide Dimensionen der Kompetenz verbinden sich hier in einer riskanten Intervention.

In ihrer Antwort gibt die Frau zu erkennen, sie habe keinen Mann und könne ihn folglich auch nicht holen gehen. Jesus stimmt ihr darin ausdrücklich zu: Nach fünf Liebschaften kann sie tatsächlich nicht „ihren“ Mann holen. Trotz all der Männer hat sie keinen Mann. Mithilfe einer brillianten „Bewußtseinsstrategie“ legt er hier den Fi nger auf die Wunde. Diese Wunde könnte heilen, wenn sie von dem lebendigen Wasser trinken wollte.

Er ist hier außergewöhnlich stark präsent, was sich auch aus der Reaktion der Frau ersehen läßt: „Ich sehe, daß Du ein Prophet bist". Diese Kraft in seiner Präsenz wirkt sich auf das aus, was er über den Lebenslauf der Frau feststellt. Er faßt ihn in machtvoller Weise zusammen; machtvoll deshalb, weil dabei auch einen Annahme des Lebensdramas der Frau spürbar ist. Hier geht es nicht um eine Interpretation, sondern um eine Bestätigung: „In der Tat, so sieht es aus; mache es Dir klar". Auch hier ist eine enge Verbindung zwischen der ersten und der zweiten Dimension der Kompetenz zu erkennen.

Von diesem Moment ab verläuft das Gespräch in einer anderen Stimmung. Jetzt geht es um eines der Hauptthemata, bei dem Juden und Samariter geteilter Meinung waren. Eigentlich ist es das Thema, das die Frau schon in ihrer ersten Antwort angesprochen hatte. Wer hat Recht: Die Juden, die behaupten, Gott müsse in Jerusalem verehrt werden oder die Samariter, die behaupten, daß es „auf diesem Berg" sein müsse. Ein Prophet hat in dieser Hinsicht etwas zu sagen. Die Frau fragt ihn dazu, (was auf die dritte Phase des Verlangens hindeutet). Zweifellos steht die Frage noch in Beziehung zu ihrem Bedürfnis, zumal nach dieser Konfrontation. Abe r mit dieser Frage weitet sie das Problem doch von ihrem eigenen Leben auf einen größeren Kontext aus. Das Gespräch gipfelt dann in Jesu Selbstoffenbarung: Er ist tatsächlich der „versprochene Retter, der ihnen alles sagen wird". Aber er gibt sich nicht als Retter aus eigener Kraft zu erkennen, sondern ordnet seine Selbstoffenbarung in den Rahmen der Wie dergeburt ein, die allein aus Gott, aus dem machtvollen Geist, erfolgen kann. Er spricht hier seine eigentliche Kompetenz aus, die ganz deutlich eine Form höchster Identität ist. Jedoch besteht sie nicht um seinetwillen, sondern sie ist der Wirkkraft von Gottes enthüllendem Geist unterstellt. Hier wird ein sehr wichtiger Aspekt der Kompetenz sichtbar, nämlich ihre dienende Funktion gegenüber dem Reich Gottes. Geistliche Kompetenz ist Teilnahme. Sie ist Teil eines größeren Ganzen. Teil des Wirkens Gottes. Geistliche Begleitung ist Teilnahme an einem „Größeren Werk". Und da es dabei um das entscheidende Glück des Menschen geht, ist sie entweder generativ, oder aber sie entartet zu einer narzistischen Quasi-Identität. Die Frau ist nicht gänzlich überzeugt. Zur wirklichen Frage mit all ihren Konsequenzen ist sie noch nicht vorgedrungen. Aber sie ist ihr doch auf die Spur gekommen. Dies zeigt sich an dem, was sie den Mitbewohnern ihres Dorfes berichtet: „Vielleicht ist er der versprochene Retter".

Dies reicht zur Illustration der Kompetenz aus. Die Absichten, die der Evangelist mit der Geschichte verfolgt hat, ihren großen Symbolgehalt und ihren weiteren Verlauf berücksichtige ich hier nicht weiter. Es ist allerdings auffallend, daß Jesus die Frau nicht zurückhält, als sie weggeht. Er sieht offensichtlich noch keine Notwendigkeit oder Möglichkeit darin, den Handlungskreis weiter abzurunden, (was er dagegen beispielsweise in dem Gespräch mit dem reichen Mann in Mt 19, 16 macht).

Im Überblick über das Vorausgehende wird deutlich, welche Aspekte die Kompetenz in beiden Dimensionen umfaßt:

- Eine Präsenz, die zwar zielstrebig eingesetzt wird, aber dem Wirken Gottes untergeordnet bleibt.
- Das Festhalten am Fokus mit Rücksicht auf die Beziehung.
- Das aktuelle Geschehen auf den Hintergrund des Lebensganzen eines Menschen hin zu durchschauen.
- Aufmerksamkeit für das Niveau, auf dem sich das Gespräch befindet, wenn möglich auch der Übergang auf ein tieferes Niveau.
- Aufmerksamkeit für die Phase, in der sich jemand in bezug auf die Entwicklung des Verlangens befindet.
- Die Einschätzung, wann eher konzeptuelle und wann eher bewußtseinsorientierte Interventionen an der Reihe sind.
- Das Ausloten der Möglichkeiten, weitere Schritte im Handlungskreis einzuleiten.

Was die Arbeitsfreude betrifft, so spricht Jesus diese in einem Gespräch mit seinen „Kollegen" ausdrücklich an. Er sagt: „Meine Speise ist, daß ich den Willen dessen tue, der mich ausgeschickt hat, und sein Werk vollende. Sagt nicht ihr selber: Noch vier Monde, dann kommt die Ernte. Da! Ich sage euch: Hebt eure Augen und schaut: Die Ländereien sind weiß zur Ernte. Schon empfängt der Erntner Lohn und sammelt Frucht zu unendlichem Leben, so daß der Sämann sich zugleich mit dem Erntner freut. Ja, hierin ist das Sprichwort wahr: Einer ist der Sämann, ein anderer der Erntner. Ich habe euch gesandt, zu ernten, um was ihr euch nicht gemüht habt. Andere haben sich gemüht, und ihr seid in ihre Mühe eingetreten." (Joh 4, 34–38) Diese Arbeitsfreude ist für ihn ganz offensichtlich keine egozentrische Freude, aber sie betrifft ihn sehr wohl auch selbst. Deutlicher und nuancierter kann man die eigentümliche Qualität der Arbeitsfreude bei der geistlichen Begleitung gar nicht wiedergeben.

Kapitel XII
Zeitgestaltung

„Noch ist es aber dir Zeit“
(F. Hölderlin)

Will man dem Geistlichen im eigenen Leben und im Leben der anderen Aufmerksamkeit schenken, so braucht man dazu auch Zeit. Und so taucht in der geistlichen Begleitung immer wieder die Frage nach dem Umgang mit der Zeit auf. Viele Menschen, auch Seelsorger, haben mit einer hohen Arbeitsbelastung zu leben. Damit steht die Zeit in einem eigenen geistlichen Kontext, der demnach auch für den Umgang mit ihr maßgebend ist. Dieser Kontext zielt darauf ab, dem Leben eine Richtung, einen Rhythmus und eine Einheit zu geben. Gerade in Hinsicht auf diese einheitstiftende Wirkung der geistlichen Dimension der Zeit, besteht ein kra sser Gegensatz zur verstückelten Zeit des Terminkalenders. Spiritualität ist der Weg zur Mitte. So wie Menschen einen biologischen und einen psychischen Rhythmus haben, gibt es auch einen geistlichen Rhythmus. Er stellt ein unverzichtbares Element in der Kultur des geistlichen Lebens dar. Hiermit wird schon angedeutet, welche Themen in diesem Kapitel angesprochen werden.

1. Die geistliche Dimension der Zeit

Wir können uns leichter einen Zugang dazu verschaffen, wenn wir sie der äußerlichen Dimension der Zeit gegenüberstellen, also der Kalenderzeit, wie sie uns in unserer Gesellschaft begegnet, wo sie noch in Sekunden und Hundertstelsekunden unterteilt wird. In der berühmten Passage, die Augustinus in seinen „Bekenntnissen“ der Zeit widmet, kommt der große Unterschied sprechend zum Ausdruck. Frei zitiert, schreibt er: „Mit keiner Feder ließen sich Deine Fingerzeige beschreiben, die Furcht, die Du mir einflößt, Deine Tröstungen und die Führung, die Du mich bisher hast erfahren lassen… und ich möchte nicht, daß die Stunden, die mir neben körperlicher Entspannung, geistlicher Anstrengung und der Sorge für Mitmenschen noch bleiben, auseinanderfallen, anstatt daß ich sie für Dein Wort verwende. Zu kostbar sind mir diese Augenblicke.“[1] Augustinus

[1] Augustinus, Confessiones XI, 2, 2.

berührt hier den spirituellen Zeitbegriff, wie er unter anderem auch in der Bibel Verwendung findet. Dort kommt Zeit kaum als objektives Maß für die Dauer von Ereignissen vor. Zeit als „Chronos" und „Chronometer" spielen dort keine Rolle. Vielmehr wird die Zeit von dem her erfahren, was ich dabei *ereignet*. „Zeit" steht für „den richtigen Moment", für das „was jetzt gefordert ist" oder für das, „was uns bevorsteht". „Zeit" ist dort auch „Chance", „Eröffnung", „entscheidender Moment". In praktisch allen Situationen, in denen es um Zeit geht, hat Gott entscheidenden Einfluß. „Zeit" hat mit dem zu tun, womit Gott sie ausgefüllt sehen will. Dies gilt selbst für die Jahreszeiten; mit einer Zeit für die Aussaat und einer Zeit für die Ernte. Gleiches gilt insbesondere auch für die Ruhezeit, die die Menschen und das Ackerland brauchen. Es liegt nahe, bestimmte Ereignisse im Leben eines Menschen auch hiermit in Verbindung zu bringen. Dazu paßt die Vorstellung, daß das Dasein in seiner geistlichen Dimension auf einen bestimmten, von Gott vorgesehenen, Rhythmus angewiesen ist.

Der biblische Zeitbegriff unterscheidet sich von dem mythischen größtenteils dadurch, daß er grundsätzlich von einem linearen und nicht von einem zyklischen Verlauf ausgeht. Die „Heilige Erzählung" läßt als roten Faden erkennen, daß Gott trotz aller Mißerfolge auf eine Vollendung hin wirkt. Die biblische Zeit verläuft jedoch nicht so streng linear, wie die kalendarische Zeit, bei der Jahre und Tage einfach durchgezählt und aneinandergereiht werden, ohne dabei eine innere und inhaltliche Struktur zu besitzen. Ihre Linearität weist immer wieder Unterbrechungen auf, Zeichen von Diskontinuität. Ihr Geradeauslauf wird immer wieder durch Gottes souveränes Eingreifen gestört. Damit schafft er unerwartete Gelegenheiten und Ereignisse, die vom biblischen Lebensgefühl her überhaupt nicht verständlich werden, betrachtete man sie auf dem Hintergrund einer streng linear verlaufenden Zeit mit den strengen Abfolge von Ereignissen.

All diese Aspekte sind für den geistlichen Weg von Bedeutung. Zweifellos ergibt sich daraus häufig eine spiralförmige Bewegung. Aber sie beinhaltet einen wirklichen Fort– oder Rückschritt. Außerdem erleben wir manchmal, daß geistliche Erfahrungen regelrecht in unser Leben hereinbrechen. In allen Religionen, und überhaupt bei Menschen, die sich mit dem Sinn ihres Daseins auseinandersetzen, kommt es gelegentlich zu eingreifen den Ereignissen, die sich nicht einfach kausal aus dem gewöhnlichen Lauf der Dinge ableiten lassen. Für das Verstehen der eigenen Lebensgeschichte ist dies sehr wichtig.

Die Bibel kennt auch den Begriff des „Chronos". Er steht in einem gewissen, jedoch relativen Gegensatz zu dem, was bisher gesagt wurde. Wo in der Bibel von „Chronos" die Rede ist, geht es immer noch um eine

Art „Wartezeit". Das Wort beinhaltet nebenbei auch Bezüge zum „umherirren" und zum „noch nicht". Dadurch wird sugg eriert, man solle die Zeit nicht unnütz verstreichen lassen, indem man nur „abwartet", bis es soweit ist. Mit dem kirchlichen Advent war ursprünglich dasselbe gemeint.

Zeit in ihrer geistlichen Dimension ist also existentiell bedeutsame Zeit. Was jahrein jahraus geschieht, wird daraufhin befragt, was es für eine Bedeutung im Blick auf die Sinnfrage hat, welche Richtung es meiner Existenz geben kann, wie es mir auf der Suche nach meinem Weg weiterhilft oder was auf ein Eingreifen Gottes hindeutet. Daher wird diese Zeit durch ein Rad symbolisiert. Die Nabe versinnbildlicht die Ewigkeit und das äußere Rund die konkreten Ereignisse. Letztere sind alle über die Mitte, die Nabe, miteinander verbunden und stehen so in einem Zusammenhang. Dadurch kann die Zeit in diesem Symbol zu einem bewegenden Bild für die unbewegliche Ewigkeit werden. Dieser Gedanke spielt in der Mystik vieler Religionen eine Rolle. Wenn die geistliche Dimension der Zeit aus dem Auge verloren wird, macht sich der alte Mythos von Chr onos geltend, der seine eigenen Kinder verschlingt.[2] Es geht hier um eine Erfahrung, die Menschen heute noch machen: Wir verlieren uns an die Zeit, wenn wir ihre geistliche Dimension nicht ernst nehmen. Hierin besteht zweifellos der Grund dafür, daß uns dieses Thema in der geistlichen Begleitung immer wieder begegnet.

2. Andere Dimensionen der Zeit

Folgende Aspekte der Zeit spielen bei der geistlichen Begleitung eine Rolle:
- Die Bedeutung einer ruhigen Ausstrahlung von Seiten der geistlichen Begleiterin oder des Begleiters (Zeit als geistlicher Raum).
- Die Art einer echten Vorbereitung.

[2] Es ist hier zwischen „Kronos" und „Chronos" zu unterscheiden. In der griechischen Mythologie, von der unsere Vorstellungswelt noch stark beeinflußt wird, ist „Chronos" zwar sehr wohl eine Symbolfigur für die Zeit, aber in einem ganz anderen Sinn, als der andere. „Chronos" erschafft sich selbst aus dem stillen Äther und dem Chaos, dem stockdunklen und bodenlosen Raum. Er schuf für den Äther ein silbernes Ei, das sich um seine eigene Achse dreht (!). Damit war aber die wirkliche Trennung zwischen Äther und Chaos noch nicht vollbracht. Diese vollzog sich erst, als der Sohn des Äther, Phanes – „der ans Licht bringt" – erschien. Das silberne Ei erwies sich als als sein blendendes weißes Gewand. Niemand konnte sein wahres Gesicht sehen außer der „Heiligen Nacht". Alle anderen Wesen sahen nur sein Licht, nicht ihn selbst. Chronos wird nie alt. (K. Kerenyi 1966; R. Graves 1980).

- Die Art und Weise, in der Raum und Zeit im eigenen Verhalten Gestalt bekommen.
- Das Augenmaß dafür, wann ein Thema sinnvoll angesprochen werden kann (Zeit zum Austragen und Aushalten).[3]
- Das Abhandeln konkreter Angelegenheiten reicht in der geistlichen Begleitung nicht aus.
- Die Bedeutung einer gewissen Regelmäßigkeit.
- Ausreichender Abstand zwischen geistlicher Begleitung und Berufstätigkeit.
- Die Frage nach dem günstigsten Zeitraum in bezug auf das eigene Leben (biblischer Zeitbegriff!).
- Die Bedeutung von Lebensabschnitten als neue Möglichkeiten, geistliche Erfahrungen zu machen (Zeit als Chance).
- Die nötige Zeit, um den Weg im Gehen finden zu können (die von Gott bemessene Zeit; Weg-Zeit).
- Die Vorläufigkeit, die jede Einsicht und jede Erfahrung kennzeichnet (Zeit als Zukunft, die auf uns zu kommt; zukunftsoffene Zeit).
- Der fortwährende Einfluß der Aktualität (Zeit als „Inhalt"; inhaltlich bestimmte Zeit).
- Zeit um das Verlangen selbst hervortreten zu lassen („Zeit zum Warten" und „Weg-Zeit")

Die Aufzählung ist sicher nicht vollständig, aber sie wirft wohl ein Licht darauf, wie wichtig unser Thema ist. In der Praxis der geistlichen Begleitung kommt noch ein wichtiger Aspekt hinzu. Die eben genannten Aspekte betreffen alle die geistliche Begleitung selbst, so wie sie konkret in der Begegnung von Menschen stattfindet. Aber die Begleitung zielt eigentlich darauf ab, daß die geistliche Dimension der Zeit in der „alltäglichen" Zeit im täglichen Leben eine reelle Chance erhält. Dazu nämlich wird die Zeit gegeben. Augustinus unterscheidet in dem oben angeführten Zitat zwischen Stunden, die er für körperliche Entspannung, geistige Anstrengung und für den Dienst an seinen Mitmenschen investiert, und Stunden, die ihm frei bleiben. Vor allem die „Tropfen des letzten Moments" sind ihm kostbar. Die Unterscheidung, die er hier in bezug auf die Zeit einführt, kennt man in der geistlichen Begleitung auch, wo immer es um Zeitplanung geht. Diese Unterscheidung leitet sich von der alten monastischen Lebensform ab, bei deren Tagesrhythmus deutlich zwischen Arbeitszeiten, Gebetszei-

[3] Im Niederländischen: „verwachtingstijd". Dieser Begriff beinhaltet dort auch direkte Bezüge zur Schwangerschaft. Vgl. dazu i. dt. Sprachgebrauch etwa: „Mit einer Idee eine Zeitlang schwanger gehen" (d. Ü.).

ten und Ruhezeiten unterschieden wurde. Eine der Zielsetzungen der geistigen Begleitung ist es jedoch, die geistliche Dimension der Zeit im alltäglichen Leben und Arbeiten durchkommen zu lassen. Die meisten Menschen sind heute nicht in der Lage eines Augustinus und führen kein Mönchsleben.[4] Sehr viele leben in einem ganz und gar säkularisierten Kontext. Das bedeutet, das für das Geistliche kein gesonderter Platz im Terminkalender freigehalten ist. Wenn sie von ihrer Arbeit kommen, werden sie von verschiedenen Aufgaben innerhalb der Familie oder anderswo in Anspruch genommen. Die geistliche Begleitung zielt darauf ab, so mit den „irdischen Dingen“ umgehen zu lernen, daß diese für das Wirken Gottes, für das Bewußtwerden der eigenen Bestimmung und für ein erfülltes Dasein offen bleiben. Global gesehen läßt sich sagen, daß Zeitprobleme dann entstehen, wenn es uns nicht gelingt, die Zeitdimensionen unseres alltäglichen Lebens und unserer Arbeit mit deren geistlicher Dimension zu verbinden.

Ich unterscheide dabei drei Zeitdimensionen, nämlich:

- *Die „Projekt“-Dimension.* Dabei geht es um eine einseitige Dominanz unseres Lebensprojekts. Darunter fällt all das, was wir uns in Form sogenannter Grundentscheidungen vorgenommen haben, mitsamt den Konsequenzen, die diese Vorauswahl für uns mit sich bringt. Wichtige Aspekte unseres Lebensprojekts sind: berufliche Beziehungen, Familienleben, Freundschaften und Partnerschaften, Wohnen und Freizeitgestaltung, Teilnahme am religiösen, politischen und gesellschaftlichen Leben, kurzfristige und langfristige Ziele. Die angesprochenen Grundentscheidungen nun werden von denjenigen Aspekten geprägt, die wir in bezug auf uns selbst für die wichtigsten halten. Sie werden für unser Leben bestimmend und bündeln am meisten Energie. Offensichtlich werden in die Grundentscheidungen nie mehr als vier solcher Aspekte einbezogen. Diese bilden dann das, was manche auch „Lebensstruktur“ nennen.[5] Die Lebensstruktur ist für das Lebensprojekt bestimmend. Daher ist es möglich, von der „Projekt“-Dimension der Zeit zu sprechen. Wenn Zeitprobleme entstehen, kann es sehr hilfreich sein, Grundentscheidungen und Lebensstruktur der betreffenden Person genauer zu betrachten. Sollte es um eine genaue Beschreibung der faktischen Zeitgestaltung (= Selbstrechenschaft) gehen, so bietet diese Lebensstruktur mit ihren Grundentscheidungen einen ersten Ausgangspunkt für die Analyse der Daten.[6] Dabei sind folgende wichtige Anmerkungen zu

[4] F. Merr u.a. 1959.
[5] D. Levinson 1978.
[6] Vgl. L. Becker 1981.

machen: Die Teilnahme am religiösen Leben läßt sich auch der Projektdimension zuordnen, was aber einem typ isch *außenorientierten* Zugang entspräche. Soll der geistlichen Dimension Raum verschafft werden, geht es jedoch gerade darum, das Geistliche nicht zu einer gesonderten Rubrik im Lebensprojekt zu machen. Die Gefahr, daß dies doch geschieht, besteht vor allem dann, wenn im Terminkalender Zeit für geistliche und religiöse „Aktivitäten" eingeplant wird. Wird dies nicht ausreichend erkannt, kommt es dazu, daß Leute sagen, sie hätten ihre „Übungen" noch nicht gemacht. Zwar kann so etwas ein erster Schritt sein, aber auf dem geistlichen Weg geht es eigentlich um etwas anderes; nämlich den Alltag selbst am Geistlichen teilhaben zu lassen. Das heilt, es wird angestrebt, daß sich das Alltägliche innerhalb der geistlichen Dimension vollzieht. Die Projektdimension der Zeit verführt immer dazu, uns in unserem Lebensprojekt einzuschließen.

– *Die strukturelle Dimension.* Sie wird durch die Struktur geprägt, in der sich das tägliche Leben vollzieht. Diese ist nicht nur von den gefällten Grundentscheidungen abhängig, sondern eben auch von den Regeln und Gesetzmäßigkeiten des gesellschaftlichen Umfeldes, in dem diese Entscheidungen getroffen werden. Zu dieser strukturellen Dimension gehören: Fahrzeiten, achtstündiger Arbeitstag, die Einteilung der Woche in Werktage und Wochenende, die Stellung am Arbeitsplatz (untergeben, leitend, freiberuflich) und in der Lebensgemeinschaft (Familie, Wohngemeinschaft, Nachbarschaft, Verein, Partei usw.). All das nimmt mit einer gewissen Regelmäßigkeit unsere Zeit und Energie in Anspruch und beeinflußt unseren Rhythmus oder sorgt für Streß. Häufig kommt es vor, daß Menschen dem Einfluß dieser Struktur nicht gewachsen sind, selbst wenn sie ausgewogene Grundentscheidungen getroffen haben. Es fehlt ihnen keineswegs an gutem Willen, aber die Struktur erweist sich als mächtiger und verhindert, der geistlichen Dimension gerecht werden zu können. Davon sind sogar oft Leute betroffen, bei denen man es angesichts ihrer Grundentscheidungen nicht vermuten würde (Klöster, geistliche Begleiter). Für die Analyse der eigenen Zeitgestaltung liegen hier einige wichtige Kriterien, die in den betreffenden Menschen häufig einen scharfen Konflikt zwischen ihrem Verlangen und der tatsächlichen Situation provozieren können, wenn man gelernt hat, sie richtig anzuwenden. *In diesem Konflikt verschafft sich die geistliche Dimension ihren Raum.* Dementsprechend handelt es sich dann auch jeweils um existentielle Konflikte. Sie können wichtige Veränderungen für das eigene Leben und die Arbeit zur Folge haben. Augustinus, Ruusbroeck, Bruder Klaus, Pascal und nicht zuletzt auch die ersten Jünger k önnen dafür als berühmte Beispiele dienen. Die Analyse der vorliegenden Struktur führt häufig direkt zur nächsten, noch zu besprechenden, Dimension der Zeit.

- *Die Gewissens-Dimension.* Hierbei spielen vor allem Normen eine Rolle, die sich jemand in bezug auf seine oder ihre Zeiteinteilung angeeignet hat. Sie sind von sehr verschiedenem Ursprung, und die Quellen, denen diese Normen entspringen, unterscheiden sich qualitativ. Der Druck, den sie auf die betreffenden Personen ausüben, ist dann auch von unterschiedlicher Qualität. So ist es ein wichtiger Unterschied, ob Mensch en das, worin sie ihre Zeit investieren, als „Bestimmung" erfahren oder als Aufgabe von Seiten des Arbeitgebers, der Hausgemeinschaft oder der Familie; als Gewohnheit, die ihnen einfach schon immer vorgegeben w ar; als „Indoktrination" aufgrund einer bestimmten Spiritualität; als „Verantwortung" gegenüber sozialer und gesellschaftlicher Normen; als „Schwäche", weil sie nicht „nein" sagen können; als „Über-Ich", das sie unbarmherzig aufscheucht; als „Statussymbol", da es ihnen gut ansteht, viel zu tun zu haben; als „Ehrgeiz" oder eventuell als „Wettk ampf", da sie sich nicht von anderen den Rang ablaufen lassen wollen oder mit der „Angst" davor, andere könnte n zur Ansicht kommen, sie setzten sich nicht genügend ein usw. Immer wieder zeigt sich, daß es für die Zeitgestaltung wichtig ist, diesen Faktoren nachzugehen. Will man der geistlichen Dimension Raum geben, so reicht es nicht aus, einen gewissen Zeitraum dafür einzuplanen. Es geht um die *Qualität* der Zeit.

3. Zeitnot

Kollidieren diese drei Dimensionen mit der geistlichen Dimension der Zeit, kommt es zur „geistlichen Zeitnot", die die Entwicklung eines authentischen geistlichen Lebens stark behindern kann. Die Kunst der geistl ichen Begleitung besteht darin, diese Dimensionen für die geistliche Dimension öffnen zu helfen, wie es der vorher umschriebenen Skizze entsprechen würde. Es ist für uns außergewöhnlich schwierig, unsere Zeit für diese Dimension offen zu halten. Genaues Haushalten mit der Zeit, eine Neustrukturierung des Arbeitsbereichs, das bewußte Einbauen von geistlichen Momenten und viele andere gute Vorsätze erweisen sich jedesmal von Neuem als unzureichend. Sie können erst dann Wirkung zeigen, wenn das Verlangen nach mehr geistlichem Leben wirklich Fuß gefaßt hat und sich die Neustrukturierung mehr auf die *Lebensweise* bezieht als auf die

Zeiteinteilung an sich. Es geht nicht darum, im täglichen Tun einige Zeit für „monastische Momente“ auszusparen, wenngleich dies auch für sich eine wertvolle Sache darstellt. Vielmehr geht es darum, die Zeit zu einer inhaltlich gefüllten Zeit werden zu lassen und zwar in dem Sinne, daß existentielle Erfahrung, Sinnerfahrung, religiöse Ausrichtung und Berufung dabei eine Rolle zu spi elen beginnen. Der biblische Zeitbegriff kann bei der geistlichen Begleitung als Modell dafür dienen. Bei ihm geht es um Zeit als Chance, um Zeit, die sich öffnet, um Zeit für Aufträge und für Erfüllungen, um Zeit der Erwartung, um zukünftige Zeit, um Weg-Zeit und um den „Kairos“. Dies führt uns zu einigen, aus der Erfahrung gewonnenen Richtlinien.

1. Im Umgang mit Zeitproblemen eignen sich Bewußtseinsstrategien sehr. Hierbei geht es nicht so sehr darum, die Zeiteinteilung zu verändern, sondern eher darum, ein Zeitbewußtsein zu wecken. Vom Vorausgegangenen her gesehen bedeutet dies, daß man sich über die verschiedenen Zeitdimensionen bewußter wird. Angestrebt wird damit, daß die betreffenden Personen erfahren, mit welcher Dimension von Zeit sie es zu tun haben. Es reicht aus, sich dieser bewußt zu werden. Denn es ist gar nicht möglich, sich dauernd etwas bewußt zu machen, ohne sich dadurch auch selbst zu verändern. Dies setzt allerdings die Einsicht voraus, daß diese Dimensionen wirklich zu beachten sind. Außerdem muß vorher klar sein, welche Rolle sie im Leben und beim Arbeiten spielen, sowohl individuell als auch in einer Gemeinschaft. Eigentlich geht es nur darum, dies immer wieder neu im täglichen Leben und Arbeiten festzustellen. Dies hat offensichtlich schon eine sehr beträchtliche Wirkung. In der Regel kommt dann von selbst ein ungemütliches und befremdliches Gefühl auf, wenn die geistliche Dimension vermißt wird, ganz gleich ob bei der Arbeit, im sozialen Leben oder einfach im Alltag. Geistliche Begleitung ist keine Planungs- und Leitungsinstanz, sondern sie ist darauf ausgerichtet, eine Empfänglichkeit für das Geistliche im „normalen“ Leben zu wecken.

2. Deswegen sollte dann auch der Schwerpunkt nicht so sehr auf die Umstrukturierung der Arbeit gelegt werden. Fürs erste scheint dies nicht Aufgabe der geistlichen Begleitung zu sein, die meist auch nicht über das notwendige Handwerkszeug dazu verfügt. Bei einer solchen Umstrukturierung kommt es dann häufig vor, daß die umschriebenen geistlichen Aktivitäten in die Projekt-Dimension aufgenommen werden, sozusagen zu einem festen Termin werden. Auf diese Weise können sie neue Spannungen verursachen, da sie dann zu den vielen Dingen gehören, die man sowieso schon zu tun hat (Gewissens-Dimension!). In der Tradition der geistlich en Begleitung kennt man den uralten, berühmten Ratschlag, die Meditati-

onszeit zu verdoppeln, wenn man zu wenig Zeit hat. Zu Unrecht hat man sich über diesen Rat oft lustig gemacht. Der Sinn des Ratschlags besteht nicht darin, mehr Zeit für die Meditation zu verwenden, sondern darin, die Empfänglichkeit für das Geistliche zu steigern und sich ihm mehr zu widmen. Gegen den Nutzen einer chronologischen Analyse der Zeiteinteilung ist nichts einzuwenden. Aber in der geistlichen Begleitung steht sie nicht im Vordergrund. Es geht nicht um eine Erhöhung der Rendite.

3. Damit ist noch nicht ausgeschlossen, daß nicht auch in der konkreten Arbeit etwas verändert werden muß. Zu Beginn ist dies manchmal mit Blick auf eine erste vorläufige Struktur notwendig. Diese Struktur kann zum Beispiel in der Vereinbarung regelmäßiger geistiger Begleitung bestehen. Ist sie einmal vorhanden, dann ist ihr weiterer Ausbau und ihre inhaltliche Füllung innerhalb des Prozesses einzubauen. Geschieht dies nicht, dann wird zwar viel organisiert, das aber dann nicht dem Weg entspringt, den jemand geht. Dies wäre jedoch höchst notwendig, da es sich um einen sehr persönlichen Weg handelt, der sehr stark von dem jeweiligen Kontext abhängig ist, in dem jemand lebt und arbeitet.

4. Wichtig ist es, die „rechte Zeit" festzustellen. Damit ist der Tagesabschnitt gemeint, in dem man – in Anbetracht des Zusammenspiels von Leben, Arbeit und momentaner Situation – die größte Aufnahmebereitschaft für eine ausdrückliche Beschäftigung mit dem Geistlichen fühlt. Diese „rechte Zeit" ist offensichtlich etwas sehr Individuelles. Der Arbeitsrhythmus, das Familien- und Gemeinschaftsleben, der biologische Rhythmus, die Tageszeit, Stimmungselemente, ein Gefühl für die innere Freiheit, Beziehungen und das Entspannungsbedürfnis spielen dabei eine Rolle. Man sollte nicht davon ausgehen, daß diese „rechte Zeit" bei jedem Menschen in den frühen Morgenstunden liegt. Für viele Menschen sind diese Stunden sogar schlechthin ungeeignet.

5. In der geistlichen Begleitung sollte die geistliche Dimension der Zeit nicht isoliert für sich besprochen werden, sondern besser mit Blick auf das Leben und die Arbeit. Viele Menschen neigen dazu, nur ihre Gebets- und M editationserfahrungen anzusprechen. Dagegen ist selbstverständlich nichts einzuwenden. Aber die Begleitung wird fruchtbarer, wenn auch danach gefragt wird, wo diese Erfahrungen im Alltag weitergewirkt haben. Andere Fragen könnten lauten: „Gibt es bestimmte Themen. die immer wieder auftauchen; und wenn ja, wann?" – „Hat sich das Thema im Laufe des Tages oder der Woche verloren; wann war das?" – „Gibt es Menschen, mit denen sie darüber reden konnten?" – „Tauchte es bei bestimmten Ereignissen wieder auf?" – „Arbeiten Sie mit kleinen Symbolen, mit denen sie es sich immer wieder vergegenwärtigen?" – „Gibt es Momente, in

denen es Ihnen leicht fällt, das Thema aufzugreifen und es mit dem in Verbindung zu bringen, was gerade zu tun ansteht?" Das alles bedeutet nicht, daß geistliche Themen als solche nicht auch die Aufmerksamkeit fordern könnten. Aber wir kennen auch die Reaktion des Zen-Meisters auf einen Schüler, der ihn allzu häufig und allzu nachdrücklich nach der Buddha-Natur fragt: Er verzieht sein Gesicht, als ob er einen schlechten Geschmack im Mund hätte und spuckt auf den Boden.

6. Wo die geistliche Dimension auf die drei anderen stößt, entsteht ein Konflikt, der durchlebt werden will. Wenn dem eigentlichen Kern der Konflikterfahrung nachgegangen wird, dann erhält man richtungsweisende Anhaltspunkte zur Orientierung der betreffenden Person oder Gemeinschaft. Aber auch für die Themen, die in diesem Konflikt als Beweggründe auftreten. Man kann sozusagen einen ganzen Prozeß einleiten, in dem der Inhalt von derlei „kritischen Vorfällen" verarbeitet wird. Dabei wird dann abgesprochen, daß die betreffende Person (oder Gruppe) bei den Treffen vorzüglich solche Konflikte als Ausgangspunkte für die Gespräche auswählt. So verschafft man sich möglicherweise in relativ kurzer Zeit viel Klarheit über die Richtung, in der sich jemand bewegt oder in der sich jemand weiterbewegen will.[7]

7. Als aufschlußreiches Modell für die geistliche Dimension der Zeit kann die Passage in Mk 1, 21–39 dienen. Hier wird der Verlauf eines (Sabbat)-Tages aus dem Leben Jesu genau beschrieben. Folgende „Tagesordnungspunkte" lassen sich festhalten:

- Unterricht in der Synagoge.
- Heilung eines Mannes mit einem unreinen Geist.
- Rückkehr nach Hause.
- Heilung der Schwiegermutter des Petrus im Privatbereich.
- Gemeinschaft und Mahlzeit.
- Pause.
- Abends nach dem Sonnenuntergang, mit dem der Sabbat endete: Heilung von vielen (nicht allen!) Kranken und Besessenen.
- Ruhe.
- Gebet am früher Morgen.
- Weigerung, sich an einen Ort zu binden.

Die Passage läßt sich sowohl in der Einzel- als auch in der Gruppenbegleitung, im Bibliodrama, in der Liturgie oder auch anderswo gut verwen-

[7] Zu einem systematischen Umgang mit kritischen Vorfällen vgl. H. Andriessen/R. Miethner 1985.

den, um der geistlichen Dimension der Zeit auf die Spur zu kommen. Während einer Besinnungswoche zu diesem Text entdeckte eine Gruppe von Leuten, die in der Seelsorge tätig waren, in dieser Passage folgende geistliche Dimensionen: wirkliche Präsenz; unter Gottes Augen sein; für andere Menschen eine wichtige Rolle spielen; Auftreten mit einem echten Sendungsbewußtsein; sich selbst entfalten können; Autonomie in dem Sinn, daß man selbst bestimmt, was geschieht, und sich nicht durch das Andrän gen der anderen unter Druck setzen läßt.

Kapitel XIII
E. H. Eriksons Modell in der Praxis

„Das individuelle Ego kann nur stark sein durch die gegenseitige Garantie von Kraft, gegeben und empfangen."
(E.H. Erikson)[1]

1. Begriffe

Eriksons Gedankenführung wurde lange Zeit als rein psycho-dynamisches Modell betrachtet.[2] Es beschreibt auch zunächst einmal die psycho-sexuelle Entwicklung einer Person. Tatsächlich aber beinhaltet diese B eschreibung viel weitreichendere Implikationen; was in jüngeren Studien auch erkannt und aufgezeigt wurde.[3] So betrifft das Modell in Wirklichkeit auch die geistliche Gesundheit und die existentielle Entfaltung einer Person.

Das Modell beschreibt die existentiell-geistliche Entwicklung anhand von acht Spannungsfeldern, die in ihrer Abfolge („epigenetisch") das menschliche Dasein kennzeichnen. Entwicklung, Stagnation oder Regression einer Person sind mit davon abhängig, in welcher Weise es ihm gelingt, in ihrem Leben immer wieder neu die „Mitte" in diesen Spannungsfeldern zu finden. Wie in vielen Entwicklungsmodellen baut auch hier das eine Stadium auf das andere auf. Stadien, die bereits durchschritten sind, bleiben auch später präsent. Sie hinterlassen ihre Spuren und prägen das existentielle Grundgefühl[4], die Lebensweise, die Erlebniswelt und das Verhalten der Person.

[1] E. H. Erikson 1964, S. 157.

[2] Eine ausführliche Zusammenfassung findet sich in: P. Köster/H. Andriessen 1991. Eine gründliche Besprechung bietet: H. Andriessen ^{4}1991.

[3] Siehe dazu u.a. H. Zock 1990, M. Klessmann 1980.

[4] Andriessen spricht hier im Niederländischen von „bestaanswijze", wenn er auf den zentralen Begriff des „basic sense" aus dem Entwicklungsmodell Eriksons rekurriert. (Seine Terminologie ist jedoch nicht streng einheitlich). In deutschen Übersetzungen finden sich verschiedene Versuche, dafür einen gleichwertigen Terminus zu finden. Im Wesentlichen geht es um ein tiefes Wahrnehmen der eigenen Befindlichkeit in den verschiedenen Entwicklungsphasen um ein korrespondierendes Selbstgefühl und um korrespondierendes Vertrauen. Hier wird weitgehend der Begriff „existentielles Grundgefühl" dafür eingesetzt. Gelegentlich werden aber auch die Ausdrücke „Grundhaltung" oder „Daseinsgefühl" verwandt, um den „basic sense" zu umschreiben. Wo diese besser passen, werden sie ebenfalls verwandt (d. Ü.).

Das Modell nimmt acht aufeinanderfolgende und miteinander verflochtene Spannungsfelder an:
1 . Vertrauen – Mißtrauen
2. Autonomie – Unsicherheit und existentielles Schamgefühl
3. Initiative – Schuld
4. Kompetenz – Minderwertigkeit
5. Identität – verschwommene Identität
6. Intimität und Distanz – Einkapselung und Isolierung
7. Generativität – Stagnation in der existentiellen Entwicklung
8. Integrität – existentielle Verzweiflung, Lebensekel

In der frühen Kindheit erlernen die Menschen während der ersten drei Stadien drei grundlegende Weisen, dem Leben, sich selbst, den anderen und dem Göttlichen zu begegnen. Diese sind ihrer Art nach ebenfalls polar und tauchen auch in allen späteren Stadien wieder auf. In diesem Sinn stellen sie die Basis unseres ganzen Handelns dar. Weil sie für die individuelle Entwicklung so grundlegend sind, werden sie auch kennzeichnend für die Weise, in der jemand mit sich selbst und mit anderen umgeht.

Diese Umgangsweisen sind:
1. Geben und empfangen.
2. Loslassen und festhalten.
3. Auf die Welt zugehen und sich auf sich selbst zurückziehen.

Die auch religiöse Bedeutung dieser Umgangsformen ist augenfällig.

1. Über das Geistliche haben wir keine Macht. Dabei durchdringt es als Geschenk unser ganzes Tun und Lassen und bildet die Quelle all dessen, was unser Dasein typisch menschlich macht. Für den Glauben gilt dies noch in stärkerem Maße: In allen heiligen Schriften wird er als Gabe dargestellt, die darüber hinaus auch einen ec hten Einsatz verlangt.

2. So wie jedes Leben mit Geben und Empfangen beginnt, wobei das kleine Kind erst dann echt empfangen kann, wenn es sich selbst gibt und sich selbst erst dann echt geben kann, wenn es auch empfangen wird, so geht das Leben weiter mit Loslassen und Festhalten. Loslassen und Festhalten sind keine Automatismen oder Reflexe, sondern Handlungen; und als solche stehen sie in bezug zu unserer Person und müssen gelernt werden. Der Glaube besteht zu einem großen Teil im Festhalten am Zeugnis der Väter; nicht nur in bezug auf uns er Sprechen, sondern auch im ganzen Umgang mit unserem Leben. Gleichzeitig ist es eine Grundüberzeugung des Glaubens, daß wir das Leben loslassen müssen, um es zu finden.

3. Im Geben und Empfangen, im Festhalten und Loslassen werden wir darauf vorbereitet, selbst an dem geistlichen Charakter menschlicher Exi-

stenz mitzuwirken. Es ist sowohl nötig, auf die geistliche Welt und die Welt des Glaubens zuzugehen als auch, sich manchmal aus ihnen zurückzuziehen. Genauso, wie an den Konsum irdischer Güter, kann man sich auch an das Geistliche ausliefern. Geistliche Schriftsteller zählen die „geistlic he Freßsucht“ infolgedessen auch zu den gefährlichsten Geisteshaltungen. So kann man durch das Geistliche ebenso in eine Isolation geraten wie durch materielle Dinge. Dies entartet dann in Fanatismus.

Die drei Grund-Umgangsformen haben in der existentiellen Ausprägung aller acht aufgezählten Stadien ihre Bedeutung. Sie stellen die Grundmuster dar, nach denen wir mit uns selbst, mit der Umgebung, mit den wesentlichen Ereignissen in unserem Leben und im Leben anderer, mit dem anderen Menschen überhaupt, mit dem Geistlichen und dem Göttlichen umgehen.

2. Praxis

In der Praxis geht es darum, wie sich herausfinden läßt, welches existentielle Grundgefühl die betreffende Person gerade vorwiegend bestimmt und in welche Richtung sie sich bewegt. Selbstverständlich geht es dabei nicht um Etikettierungen, sondern darum, respektvoll danach zu suchen, wo der oder die Betreffende steht. Bei den folgenden Beschreibungen gehen wir jeweils von der Situation Erwachsener aus. Wir vernachlässigen also den Aspekt der chronologischen Entwicklung, so wie Erikson ihn beschreibt.

Vertrauen – Mißtrauen
Dieser Zusammenhang tritt in vielfältigen Formen auf, jedoch jeweils mit derselben Grundstruktur. Es geht nämlich um die Frage, ob jemand bereit ist, sich dem Weg anzuvertrauen (sich selbst zu geben) und die Zukunft zu empfangen. Das läßt sich auf vielerlei Weise erleben: beim Lesen eines Textes, in Verbindung mit einem Lebensbild, in einer Beziehung zu einer Gemeinschaft, es kann um die Beziehung in der geistlichen Begleitung gehen oder um die Zukunft, soweit sie sich erkennen läßt. Es kann auch um Ereignisse gehen, die wie eine Fügung Gottes anmuten, um das Ablegen von Gelübden oder auch um den Beschluß, eine Reise zu machen. Das klassische biblische Beis piel dafür ist die Begegnung der Ureltern mit der Schlange. In dieser Situation steht letztlich das Vertrauen auf Gott auf dem Spiel. Sie ist paradigmatisch für viele Situationen, die in der geistli-

chen Begleitung vollkommen: Hält jemand an den eigenen Erwägungen und Berechnungen fest, an der eigenen Meinung, an der vertrauten Lebenspraxis, an der vertrauten Religiosität, an bestehenden Normen oder an Gottes Gesetz, wie es bis seither befolgt wurde? Oder ist jemand dazu in der Lage, dies alles loszulassen und dabei ein wichtiges Stück von sich selbst zu verlieren? In der Bergpredigt sind dazu auch zahllose Anspielungen enthalten. Nimmt man das Wagnis auf sich, in das Neue Reich einzutreten, alte Richtlinien neu zu verstehen und alte, vertraute Sicherheiten aufzugeben? Auch die dritte Grund-Umgangsform begegnet uns in allerlei Situationen. Dabei kann es sowohl darum gehen, eine Entscheidung mit Konsequenzen zu verbinden, als auch um die Wahl einer Lebensform oder auch um die Einsicht, gerade nichts verändern zu sollen.

In keiner dieser Situationen ist von vornherein vorgegeben, wo für jemanden die „Mitte" liegt. Diese läßt sich erst in Zusammenhang mit der langsam sichtbar werdenden Bestimmung der betreffenden Person finden. Häufig sind die drei Umgangsformen ineinander verwoben. Am Beispiel einer Ordensschwester, die von ihrer Leitung einen Auftrag erhält, läßt sich dies etwa erläutern: Sie kann sich Fragen, ob der Beschluß ihrer Oberen vernünftig war (Geben – Empfangen), oder ob der Auftrag mit dem übereinstimmt, wie sie sich selbst ihr Leben vo rstellt (Festhalten – Loslassen), oder ob sie den neuen Auftrag annehmen oder ablehnen soll (in Bewegung kommen – bei sich selbst bleiben). Begleiter oder Begleiterinnen haben hier zwei Aufgaben: Sie müssen erstens auf die verschiedenen Handlungsaspekte aufmerksam machen, die die geistliche Existenz beinhaltet; und zweitens haben sie darauf hinzuweisen, was diese für die Bestimmung der betreffenden Person bedeuten.

Innere Selbständigkeit – Unsicherheit

Hier geht es um ein Spannungsfeld, in dem sich einerseits eine ruhige Selbstbestimmtheit und andererseits mangelnde Entscheidungsfähigkeit gegenüberstehen. Daneben steht auf der zweiten Seite auch Unsicherheit und – was sehr häufig übersehen wird – ein verborgenes Schamgefühl in bezug auf sich selbst. Nebenbei bemerkt: Es ist kein Wunder, daß die Scham als existentielle Erfahrung unmittelbar nach dem Genuß der verbotenen F rucht genannt wird. Selbständigkeit und Unsicherheit als existentielle Grundgefühle kommen überall im Leben vor. Bei der geistlichen Begleitung wird sich von selbst in der Beziehung zur Begleiterin oder zum Begleiter zeigen, inwiefern beide Pole eine Rolle spielen und welches Spannungsfeld sie erzeugen. Das wird auch in der Weise deutlich, in der jemand mit der geistlichen Begleitung umgeht und die Themen vorgibt:

abhängig, vertrauensvoll, mit Widerstand, selbständig, aus eigener Initiative handelnd oder abweisend. Verständlicherweise gilt dies nicht nur in bezug auf diejenigen, die begleitet werden!

Geben und Empfangen begegnen uns hier wieder in der Offenheit, mit der jemand auf das eingeht, was die begleitende Person einbringt; oder auch in der fehlenden Bereitschaft dazu. Festhalten und Loslassen zeigen sich in der Empfänglichkeit für neue Erfahrungen oder gerade an einem krampfhaften Festhalten am Alten. Diese Offenheit für neue Erfahrung oder eben die Vorbehalte dagegen tragen während allen Phasen der existentiellen Entwicklung wesentlich zu deren Verlauf bei. Sie ermöglichen ein Weiterkommen auf dem eigenen Weg oder legen jemanden eher im Sinne einer Routine fest die stets „seinesgleichen" sucht, immer zu bewahren trachtet und einen eventuell vollends erstarren läßt. Festhalten und Loslassen sind hier fundamentale Umga ngsformen. Sie bestimmen auch in starkem Maße mit, inwieweit jemand in Bewegung kommt oder bei sich selbst bleibt. Sich auf etwas zuzubewegen, wirklich einem Weg nachzugehen, das verlangt eine feine Balance zwischen Festhalten und Loslassen. An der Art, wie beispielsweise Petrus in den Evangelien beschrieben wird, läßt sich andauernd wahrnehmen, daß diese Pole bei ihm nicht ausgewogen sind (Mt 28–32; 18, 21; 19, 27; 26, 33–35. 40; Mk 8, 32–33; 14, 54; außerdem viele Stellen in der Apg). Wenn Jesus vom Pflug spricht, den es zu ergreifen gilt, ohne noch einmal dabei umzusehen (Lk 9, 62), faßt er diese Polarität prägnant zusammen.

Unternehmungslust und Schuld

Das Spannungsfeld, das durch diese beiden Pole erzeugt wird, umschreibt das Risiko, das Menschen auf dem geistlichen Weg konkret einzugehen wagen. Vertrauen und Mißtrauen, Selbständigkeit und Unsicherheit wirken sich dementsprechend auch hier aus. Sie bilden die Vorgeschichte dieses existentiellen Grundgefühls, das in der heiligen Schrift eine ausschlaggebende Rolle spielt. In der Erzählung der Heilsgeschichte fällt auf, daß Gott immer wieder neu Risiken auf sich nimmt und die Menschen jeweils Garantien erhalten für den Fall, daß sie auf diese Risiken eingehen. Im Hebräerbrief wird das Wagnis des Glaubens in eindrucksvoller Weise beschrieben (Hebr 11–2, 3). Die Beschreibung läßt erkennen, daß keiner der Erzväter Israels diesem Risiko entgangen ist. Außerdem wird versichert, daß bei Gott gerade in diesem Risiko das noch Unbekannte jeweils Zeichen dafür war, daß er etwas Besseres vorgesehen hatte (Hebr 11, 40). Den Gegenpol dazu stellt die schuldige Grundhaltung dar. Die Schuld hat hier einen existentiellen Charakter. Über viele verschiedene psychologisch relevante Situationen läßt sich ein Zugang dazu gewinnen. Im Kern geht es bei der existentiellen Schuld darum, daß man sich mit der Weigerung, das Wagnis des eigenen Weges zu gehen, eigentlich seiner eigenen Bestimmung entzieht. Dies ruft nicht nur ein (häufig verborgenes) Schuldgefühl hervor; vielmehr rührt es auch an die Existenz selbst, da sie sich nicht mehr in der Ordnung vollzieht, die ihr der Art nach entspräche. In der geistlichen Begleitung läßt sich so etwas am Umgang mit dem Lebensprojekt und der Lebensbestimmung erkennen. Diese werden nicht nur empfangen, sondern verlangen, daß man sich ihnen hingibt und widmet. Man soll sie nicht nur festhalten und schützen, sondern sie müssen auch losgelassen werden können, wenn sich zeigt, daß die Realität und die eigene existentielle Wahrheit es erfordern. Sie sollten im Verlauf des weiteren Lebensweges ausgebaut werden. Gleichzeitig sollte man sich davor bewahren, sich in diesem Ausbau zu verlieren und bei sich selbst bleiben können. Bei vielen Menschen wird gerade dieses Gleichgewicht andauernd gestört. Häufig geht der Impuls, sich geistliche Begleitung zu suchen, gerade von hier aus. Es ist also durchaus wichtig, wahrzunehmen, daß mit den aufeinander folgenden Lebensphasen in unserer Kultur gerade in diesem Punkt verschiedene Akzentsetzungen verbunden sind. In dem Abschnitt des Lukasevangeliums, in dem erzählt wird, wie Jesus sich mit den Jüngern nach deren Arbeit an einen ruhigen Ort zurückzieht, stellt er dieses Gleichgewicht wieder her (Lk 9, 1–10).

Im Leben vieler großer, geistlich lebender Menschen läßt sich die Spannung zwischen diesen beiden Polen entdecken. Augustinus spricht wiederholt über diese Spannung. Dieses konstruiert sich in der Auffassung, die die Menschen von ihrem eigenen Leben haben. Einen konkreten Hinweis findet man in der Art und Weise, wie Menschen ihre Rollen im Leben auffassen. Zu denen sind auch die Rollen der „Anhänger des Weges" oder der „Schüler" und „Schülerinnen" zu rechnen. In jeder sozialen Rolle, die wir übernehmen, kann uns diese Spannung wieder begegnen, Diese Rollen kommen in der geistlichen Begleitung auf verschiedene Weise zur Sprache. Und ebenso viele verschiedene Möglichkeiten gibt es dann auch, der Frage nachzugehen, inwieweit es der betreffenden Person gelingt, in ihren Rollen eine Mitte zu wahren, ihrer eigenen Bestimmung zu entsprechen. Auch die Rolle der geistlichen Begleitung kann so verstanden werden. Der Begleiter und die Begleiterin stehen so auch immer wieder vor der Frage, ob sie in ihrer Rolle persönlich präsent sind und von ihrer Mitte her auftreten.

Bei Leuten, bei denen in diesem Spannungsfeld der Pol der Schuld überwiegt, kommt es eher vor, daß sie sich in beinahe ritualistischer Weise an ihren Rollen klammern, ihr sozusagen unterworfen sind. Sie messen dem, was andere, vor allem Autoritäten und Machthabende, von ihnen erwarten, großes Gewicht bei. Sie finden kaum zu einem schöpferischen Umgang mit dem Geistlichen, mit dem Lebensweg und der Erfahrung der eigenen Bestimmung, sofern sie diese überhaupt schon für sich entdeckt haben. In der geistlichen Begleitung sehen sie häufig etwas Angstbeladenes, Ernstes; Verspieltheit und Humor haben hier keinen Platz. Sie verhalten sich auffallend vorsichtig, wenn es darum geht, etwas von sich selbst zu geben. Eher interessieren sie sich für das, was die Begleitung von ihnen erwartet. Das aber nehmen sie nicht frei an, sondern erfahren es leicht als etwas, das sie verpflichtet und somit auch wieder Angst weckt. Sie betonen manchmal ausdrücklich, daß der Begleiter nicht zu viel von ihnen zu erwarten habe und auch nicht darauf aus sein sollte, sie allzu sehr zu verändern. Sie sind sehr bedacht, sich sorgfältig an das zu halten, was sie in der Begleitung lernen (Notizen, Fragen nach Literatur). Aus eigenem Antrieb werden sie daran nicht leicht etwas ändern. Schneller bereit sind sie dagegen, ihre eigenen Ansichten gegen die ihres Begleiters aufzugeben (außer, wenn es um ihre Schuld geht).

Lebenstüchtigkeit – Minderwertigkeit
Das eigentliche Spannungsfeld besteht hier zwischen „können" und „nichtkönnen". Auch hier geht es um ein Feld von Risiken, die sich jedoch mehr auf die sozialen Beziehungen auf dem geistlichen Weg konzentrieren. „Ich kann mich mit anderen auf den geistlichen Weg begeben", so könnte man dieses existentielle Grundgefühl umschreiben; oder eben: „eigentlich kann ich es nicht". Der geistliche Weg steht hier in einer merkwürdigen Spannung. Man kann weder über den Weg selbst, noch über diejenigen verfügen, mit denen man ihn geht. Und doch muß man ihn wirklich gehen. Im Johannesevangelium begegnet uns dieses Paradox andauernd, vor allem in den letzten Gesprächen, die Jesus mit seinen Jüngern führt. Aber schon in dem Abschnitt, der vom brennenden Dornbusch erzählt und in der Geschichte vom Auszug, ist es ein Hauptthema. Der Exodusgeschichte wurden viele andere alttestamentliche Erzählungen nachgeformt. Der geistliche Weg fordert sowohl Engagement als auch eine gewisse Eignung; trotzdem ist er ein Geschenk, das es anzunehmen gilt. Dieses Thema begegnet uns, in allerlei Variationen, bei fast jedem geistlichen Gespräch. Geben und Empfangen heißt hier, sich den konkreten Aufgaben und den konkreten Menschen anzuvertrauen, mit denen man auf dem Weg ist. Es heißt auch, darauf zu vertrauen, daß das uns dazu Nötige auch zukommen wird.

Liegt der Schwerpunkt auf dem negativen Pol, dann überwiegen Gefühle von Ohnmacht und Angst, eine fast starre Fixierung auf vorgegebene Handlungsmuster und eine große Abhängigkeit von geistlichen Texten, Lehrern und Begleiterinnen. Außerdem steht eine gewisse Neigung, nach dem „optimalen" Begleiter zu suchen.

Loslassen und Festhalten zeigen sich konstruktiv in einem freien und spielerischen Umgang mit all dem, was auf dem geistlichen Weg vorgeschrieben ist. So finden Menschen zu ihrem eigenen Stil, und geistliche Begleitung nimmt eher die Form von Zusammenarbeit an. Die geistliche Eigenart der Person wird sichtbar. Sie wird kennzeichnend für ihr existentielles Empfinden, ihr Leben, ihr Tun und Lassen.

Überwiegt hier der negative Pol, dann fehlt die geistliche Freude. Häufig ist dann auch eine gewisse Schwerfälligkeit im Spiel, nicht selten auch Eifersucht und Kompensationsverhalten. Man verstrickt sich in den Mängeln und kann sich dies selbst nicht verzeihen. In der geistlichen Begleitung hat es dann nicht viel Sinn, immer wieder auf allerlei konkrete, häufig mit einem klagenden Unterton geäußerte, Details einzugehen. Wichtiger ist es, das existentielle Grundgefühl zu durchschauen, das sich hierin ausdrückt, und zu versuchen, dieses wandeln zu helfen.

Wenn der positive Pol überwiegt, sind neue Entdeckungen möglich. Da diese als fruchtbar erfahren werden, wirken sie als Stimulans auf dem weiteren Weg. Auf diese Weise kristallisiert sich die eigene Lebensform heraus, zugunsten der Umgebung und häufig auch mit ihr zusammen. So wird man von dem Gefühl getragen, wirklich etwas zu können, wobei ein großer Teil Dankbarkeit mitschwingt. Ist das Gewicht allerdings mehr zum negativen Pol hin verschoben, dann haben Erfolge und positive Erfahrungen keine so stimulierende Wirkung. Sie werden stark relativiert, dem Zufall zugeschrieben oder allein Gott zugesprochen. Der eigene Anteil daran wird sehr klein gehalten und kaum als wirkliche Genugtuung erlebt. Das Geistliche, dem man nachzugehen versucht, wird wenig gewürdigt; man hat vor allem die Situationen im Auge, in denen etwas scheiterte. Außerdem läßt sie der Gedanke nicht los, daß man eigentlich noch mehr tun und es auf alle Fälle auch noch besser machen sollte. Geistliche Begleitung hat es hier nicht leicht, da sie nicht von Freude und Genugtuung getragen wird, und da sie die Dynamik entbehren muß, die etwa vom offenen Verlangen ausgeht.

Identität – Diffusion

Dieses Begriffspaar ist für Erikson von zentraler Bedeutung. In der Identität als Existenzform drückt sich das aus, was jemand zur eigenen Persönlichkeit entwickeln konnte. Eine verschwommene Identität läßt erkennen, was am Wegrand liegengeblieben ist und was nicht wirklich zur eigenen Persönlichkeit integriert wurde. Denn Identität entsteht durch die Aneignung eines Teils der vielen Identifikationsmöglichkeiten, die Menschen in ihrem Leben angeboten bekommen. So gesehen ist die Identität die persönliche und einzigartige Auswahl aus diesen Möglichkeiten, wie sie für sich selbst als passend erfahren wird. Der soziale Aspekt spielt hierbei eine Rolle, da man von der Umgebung die Antwort erhält, daß sie diese Auswahl wahrnimmt und bestätigt. Diese Auswahl ist es dann auch, auf die jemand als Person angesprochen wird. In der geistlichen Begleitung ist die geis tliche und gläubige Identität sehr wichtig. Selbstverständlich bleiben immer auch „Schwachstellen" übrig, entwickelt sich eine Identifikation stärker als die andere. Wo es nur zu wenigen oder nur zu undeutlichen Identifikationen kommt, entsteht eine verschwommene Identität. Diesen Menschen fehlt dann eine eigene Prägung und ein deutlicher Charakter. Auf bestimmte Haltungen und Eigenschaften lassen sie sich dann nicht persönlich ansprechen. Außerdem ist eine gewisse Neigung erkennbar, sich von einer Gruppe oder von autoritären Persönlichkeiten abhängig zu machen. Daraus entsteht das Spannungsfeld, das für diese Polarität kennzeichnend ist. Überwiegt jedoch der Einfluß des positiven Pols, also der der starken und konstruktiven Identifikationen, dann zeigt sich dies in der Begleitung an den reellen Fragen und Aufgaben, die sich die Leute selbst stellen. Sie wollen sichtbar auf ihrem einmal eingeschlagenen Weg weiterkommen und entwickeln klare Identität auch an denjenigen, die sie begleiten, weiter. Viele schmerzhafte Entdeckungen kommen hier beim weiteren Ausbau der Identität zum Zuge. Bei jungen Menschen sollte dieser Prozeß nicht übereilt werden. Erikson kennt den Begriff der „vorzeitigen Identität". Dabei erhalten die angebotenen Modelle ein zu großes Gewicht gegenüber der noch im Werden begriffenen Persönlichkeit. Der unausgefüllte Raum der „noch-nicht-Identität" wird zuwenig ausgelotet und vorzeitig ausgefüllt. Dies behindert das weitere authentische persönliche Wachstum. Der ganzen geistlichen Begleitung muß es im übrigen darum gehen, den Weg offen zu halten. damit das Geistliche und der Geist weiter wirken können. Überwiegt der negative Pol, dann erhält das Leben, aus geistlicher Perspektive, keine deutliche Kontur. Augenblicklich begegnet uns dies bei vielen Menschen, da sie in ihrer Umgebung wenig Identifikationsmöglichkeiten finden. während die eher kollektive Struktur der Kirche keinen ausreichenden Ausgleich mehr bieten kann. Für die geistliche Begleitung bedeutet dies, daß vielfach eine Menge nachgeholt werden muß. Dies gilt nicht nur im Bereich der geistlichen Erfahrung als solcher, sondern auch im Bereich von Einsichten, Methoden, Kenntnissen, von Gesprächsverhaltensweisen, die erlernt werden können, und im Bereich der Kommunikation über geistliche Inhalte. Es fehlt allmählich immer mehr an Vertrautheit mit der Tradition, während es vielen geistli chen Begleitern auf der anderen Seite schwer fällt, in der modernen Erfahrung Bezugspunkte zur Tradition zu finden.

Erikson betont, daß sowohl die klare als auch die verschwommene Identität einen sozialen Charakter haben. Er meint damit, daß es sich bei der Identität einer Person nicht um ein privates existentielles Grundgefühl handelt. Sie ist im Gegenteil auch von der Wahrnehmung und der Akzeptanz der anderen abhängig. Eine der großen Aufgaben der Identitätsbildung besteht gerade in der Anerkennung, die man bei anderen erwerben muß. Dies führt in ziemlich kollektiv geprägten Gemeinschaften häufig zu erheblichen Schwierigkeiten, die durch die geistliche Begleitung erst richtig bewußt gemacht werden. Ein zweiter Aspekt dieser sozialen Dimension wird in der heiligen Schrift immer wieder angesprochen. Letztlich identifiziert sich Israel nicht nur über die Anerkennung von Seiten der Nachbarvölker, sondern vor allem über den Bund mit dem Gott Abrahams. Auch die Gem einschaft der Jünger und Jüngerinnen Jesu gründet ihre Identität letztlich in Ihm – ein Thema, das die johanneischen und paulinischen Schriften dominiert.

Wenn der Pol der Identität überwiegt, halten sich Geben und Empfangen wiederum die Waage. Sie haben ihren Ursprung im „Neuen Menschen", wie er von Paulus genannt wird. Er ist das Resultat der Identitätsentwicklung. Erikson spricht hier nicht mehr von „Vertrauen", sondern von „Selbstvertrauen" („confidence"). In der geistlichen Begleitung wird der andere zum wirklichen „Gegenüber". Das heißt, daß die Betreffenden wirklich persönlich verarbeiten, was ihnen angeboten wird. Begleitung erhält dadurch teilweise den Charakter eines geistli chen Gesprächs, in dem ein wechselseitiger Austausch stattfindet. Die Rollen bleiben bestehen, treten aber dennoch etwas in den Hintergrund. Die soziale Dimension der Identität äußert sich in dem gemeinsamen Verw eis auf die Tradition, in der beide stehen, oder auf die Wahrheit, die das rein persönliche übersteigt und in Gott verankert ist. Überwiegt der negative Pol, dann kommt es nicht zu wirklicher Begegnung. Die Worte, die gewechselt werden, fassen keinen Boden und das Gespräch hat keine klare Richtung. Es wird nicht echt gegeb en oder empfangen. Viele Punkte werden angestoßen, aber das Gespräch verdichtet sich nicht um ein zentrales Thema, so daß man an dessen Ende eigentlich nicht genau weiß, worum es ging.

Die Bedeutung der Spannung von Loslassen und Festhalten in bezug auf dieses existentielle Grundgefühl liegt in der wirklichen Offenheit für den Beitrag der anderen. Dies geschieht insoweit als das, was die anderen sagen, in einer eigenen, charakteristischen Weise verarbeitet wird. Gleichzeitig ist eine echte Bereitschaft zu spüren, auf Abweichendes und Unerwartetes einzugehen, ohne daß dabei die eigene Richtung verloren geht. Wo der negative Pol dominiert, wird der Beitrag der anderen eher zum Anlaß genommen, am eigenen Faden anzuknüpfen. Dies geschieht dann in der für die verschwommene Identität kennzeichnenden, diffusen Weise.

Aus der positiven Identität heraus wagen Menschen auch, neue Gedanken zu entwickeln und diese in die Prax is umzusetzen, so daß in der geistlichen Begleitung unerwartete und verblüffende Sachen passieren können. Regelmäßig tauchen neue Themen auf, da die geistliche Welt immer weiter erkundet wird. Dies kann sehr praktische Überlegungen mit sich bringen; seies für die Gestaltung des eigenen geistlichen Lebens, für die eigene Arbeitsauffassung oder in bezug auf die eigene Aufgabe, die man sich selbst zu stellen beginnt. Überwiegt der negative Pol, dann fehlt dies alles. Es entsteht keine Kontinuität im Denken und Handeln. Leben und Arbeit bekommen keine deutliche Gestalt; und eine gewisse Formlosigkeit in der Beziehung spiegelt die Formlosigkeit der Existenz wieder.

Intimität und Distanz – Einkapselung und Isolierung

Intimität und Distanz gehören zusammen. Sie sind Ausdruck eines existentiellen Grundgefühls, das es Menschen ermöglicht, einander auf einer existentiellen Ebene zu berühren und dabei bei sich selbst zu bleiben. Man kann darüber streiten, ob dies Identität voraussetzt, oder ob nicht wirkliche Identität erst in Intimität und Distanz möglich wird. Die Diskussion bewegt sich eher auf der logischen als auf der empirischen Ebene. De facto ist es so, daß beide Existenzformen einander fördern. Das dazugehörige Spannungsfeld wird durch den Gegenpol mitbedingt, nämlich durch den Rückzug auf sich selbst, der im Extremfall Einkapselung und Isolierung bedeutet. Auch dabei geht es nicht ausschließlich um eine soziale Situation, sondern um ein existentielles Grundgefühl, das mit einschließt, daß den anderen kein Zugang zum eigenen Inneren gelassen wird. Im Kontakt mit anderen verhält man sich streng der Rolle entsprechend. In allen großen Schriften zum geistlichen Weg wird diese Spannung beschrieben. Im Falle einer positiven Entwicklung weckt sie das Bedürfnis, sich anderen mitzuteilen, gerade wenn es um geistliche Erfahrungen geht. Gleichzeitig drängt gerade diese Erfahrung zu Verborgenheit und Intimität. Meister des geistlichen Lebens verweisen in diesem Zusammenhang regelmäßig auf eine Stelle im Buch Tobit: „Es ist gut, das Geheimnis des Königs zu verbergen"

(Tob 12, 7). Hinzu kommt, daß es im Augenblick nicht leicht ist, Menschen zu finden, mit denen man angemessen darüber reden kann. Geistliche, religiöse und gläubige Erfahrungen rufen viel innere Einsamkeit hervor.[5] Wenn es auf dieser Ebene jedoch zu einer Begegnung kommen kann, so entspringt daraus viel Freude und stimulierende Wirkung. Die Geschichte liefert dafür viele große Beispiele. Ist der negative Pol der stärkere, dann be steht die Gefahr, in unfruchtbare Einsamkeit zu verfallen. Man kann sich dann oft entfremdet vorkommen, sowohl von sich selbst als auch von anderen. Für die Begleitenden stellt sich hier eine schwere Aufgabe, denn die Einkapselung oder Isolierung wird sich gerade auch in dieser Beziehung bemerkbar machen – das ist offensichtlich. Wirkliche Antworten werden häufig ausbleiben, und die Betreffenden bewegen sich nur mühsam. Man muß sich mit kleineren Schritten begnügen und bekommt andauernd das Gefühl vermittelt, etwas falsch gemacht zu haben. Der/die andere macht den Eindruck, sich selbst streng an die Rolle des oder der Begleiteten zu h alten und dabei sich selbst aus dem Spiel zu lassen. Häufig bleibt nur der Umweg, anhand von vorgegebenem Material vorzugehen, etwa Texte zu lesen und zu besprechen, sich Gebets- und Meditationsmethoden zuzuwenden. Wenn es um alltägliche Dinge geht, ist analysierend und eventuell beratend vorzugehen. Mit dem Inneren der anderen kommt man sporadisch in Kontakt. Fortschritte können höchstens an äußeren Anzeichen festgestellt werden.

Was die drei Grund-Umgangsformen betrifft, so nehmen Gehen und Empfangen im positiv verlaufenden Kontakt die Form eines sehr persönlichen Austauschs an. Man nimmt jeweils Anteil an der Inneren Welt der anderen. Auch Themen, die eher einen objektiven Zugang erlauben (ein großes liturgisches Fest, ein Text aus der Schrift oder aus der Tradition, ein Ereignis aus dem täglichen Leben), werden auf ihre persönliche Bedeutung hin angesprochen. Gegenseitige Sympathie kann dabei ausdrücklich eine Rolle spielen; auch erotische Gefühle sind nicht ausgeschlossen. Verläuft die Entwicklung eher unter einem negativen Vorzeichen, so kommt es im Kontakt überwiegend zu Kurzschlüssen. Es kommt nicht echt zu einem Austausch, sondern man macht die Erfahrung, daß sich der andere nicht gibt. Gabriel Marcel stellt fest, es sei möglich, sich stundenlang mit jemandem zu unterhalten, ohne dabei „sich selbst zu geben" („se donner").[6] Dadurch verläuft das Gespräch bruchstückhaft. Dies wird subjektiv noch durch die Müdigkeit bestätigt, die nach Ablauf des Gesprächs fühlbar ist.

[5] Vgl. Andriessen 1985.
[6] G. Marcel 1949.

Festhalten und Loslassen werden dort, wo echte Intimität und Distanz möglich ist, zu einer beinahe spielerischen Angelegenheit, bei der man sich auf vielerlei Weise gegenseitig ergänzt. Selbstironie hat hier deutlich ihren Platz. Der Begleiter oder die Begleiterin lernt nicht nur Neues über sich selbst, sondern kann auch eine ganze Menge an eigener geistlicher Erfahrung weitergeben. Der freudige und festliche Charakter des geistlichen Weges wird deutlich erkennbar. Schwerem und Traurigem wird ebenfalls mit gebührender Aufmerksamkeit und Respekt begegnet. Überwiegt der negative Pol, dann ist von all dem nichts zu spüren. Die betreffende Person sitzt fest und klammert. Was losgelassen wird, sind höchstens Fakten, die ihrer persönlichen Bedeutung entledigt wurden. Wenn sich der oder die andere gerade in einer negativen Stimmung befindet, läßt si ch damit nicht leicht umgehen, da die Stimmung wie eine atmosphärische Störung im Raum hängt und auch auf die Begleitenden übertragen wird. Häufig läßt sich dies gar nicht oder erst nach längerer Zeit ansprechen. Dar Ganze ist sehr ermüdend.

Wo wiederum der positive Aspekt der Spannung überwiegt, ist viel Unternehmungslust zu spüren; es wird viel unternommen. Das Gespräch ist, selbst wenn es um ganz einfache Dinge geht, von Kreativität geprägt und wirkt auf beiden Seiten stimulierend. Auch wenn die Sprache der Begleiteten manchmal sehr einfach ist. Dies wirkt sehr erhellend, und es schafft eine dauernde atmosphärische Gegenwart des Geistlichen. So entsteht ein echter geistlicher Raum. In den Gesprächen sind auch wertvolle Zeiten der Stille eingebaut, in denen man bei sich selbst sein und das Gesagte seine Wirkung entfalten lassen kann. Mit negativem Vorzeichen wirken diese Pausen eher bedrückend und manchmal angespannt. Etwas Neues erwächst fast nie aus dem Gespräch selbst. Der andere ist nicht geistlich anwesend. Die Sprache wirkt nicht locker, eher einförmig. Sie enthält auch wenig Spielraum, als ob den Worten der größere Horizont fehlt und sie jeweils nur eine einzige Bedeutung kennen. Außerdem überwiegt in dem Gespräch der inhaltliche Charakter; selbst dann, wenn es eigentlich um Gefühle und Emotionen geht.

Generativität – Stagnation

Diese Polarität nimmt eine besonders wichtige Stellung innerhalb des Modells ein. Für Erikson ist die Generativität das eigentliche Merkmal des Erwachsenseins. Sie ist sozusagen das Schibboleth dafür und spiegelt ein existentielles Grundgefühl wieder, das einen wirklich für andere verfügbar sein läßt. In dieser Verfügbarkeit schwingen auch alle bisher genannten Grundhaltungen mit. Paulus kommt in seinen Briefen immer wieder auf die christliche Gestalt dieses Erwachsenseins zu sprechen und bringt sie ausdrücklich mit dem Wirken des Heiligen Geistes in Zusammenhang. Gemeinsam mit dem Gegenpol, der Stagnation, entsteht ein Spannungsfeld, das das ganze geistliche Leben von Erwachsenen beherrscht. Denn auch dann, wenn die Generativität als existentielles Grundgefühl überwiegt, kann man gerade im aufbauenden Umgang mit anderen entdecken, daß man an verschiedenen Punkten selbst noch entwicklungsbedürftig ist. In dieser Hinsicht ist die Generativität gleich strukturiert wie die Identität. Gerade diese Spannung wird in der geistlichen Begleitung thematisiert. Hier gilt es, sehr aufmerksam zu sein: es geht nicht darum, die Sorge zu begleiten, die jemand im Beruf, in der Familie oder in einer Gemeinschaft für andere übernimmt. Dies ist eher eine Frage der Supervision oder der Arbeitsbegleitung. Es geht um die Frage: Was bedeuten die konkreten Erfahrungen, seien es freudvolle Erfahrungen oder Schwierigkeiten, für den geistlichen Weg der betreffenden Person in ihrer Verfügbarkeit für andere. Es ist nötig, dies zu betonen, da sich immer wieder zeigt, wie leicht gerade hier der Fokus der geistlichen Begleitung vernachlässigt wird.

Wird die Spannung vom Gegenpol, also der Stagnation, beherrscht, so wird im Grundgefühl der anderen erkennbar, daß ihr Leben wirklich an einem bestimmten Punkt festgefahren ist. So wie die Generativität auf der positiven, gelungenen Lösung der vorausgegangenen Lebensaufgaben aufbaut, gilt dies entsprechend auch für die Stagnation auf der negativen Seite. Damit wird sofort deutlich, wie mühsam die Kommunikation in der geistlichen Begleitung verläuft. Vertrauen, offene Autonomie, Unternehmungslust und Altruismus müssen erst noch aufgebaut werden. Im direkten Kontakt miteinander stößt man fortwährend auf deren Gegenpole. Eigentlich rennen die Betreffenden laufend gegen ein mißglücktes Leben an. Sie sind kaum auf andere, auch nicht auf die Begleiter, ausgerichtet. Der Kontakt mit ihnen ist anstrengend und oft frustrierend. Gleichzeitig ist dies für die Begleitenden außerordentlich lehrreich, da sie für sich selbst entdecken, wie weit ihre Toleranz reicht und wo die Grenzen ihrer eigenen Generativität liegen. Letztlich nämlich ist auch geistliche Begleitung selbst ein Ausdruck von Generativität.

Geben und Empfangen erhalten hier eine besondere Form. Als einer der Wenigen betont Erikson, daß erwachsene Menschen ein Bedürfnis danach haben, gebraucht zu werden („man needs to be needed"). Hier begegnet uns wieder das Kriterium für das Erwachsensein. Wer kein Bedürfnis danach hat, von anderen gebraucht zu werden, kann sich nach Eriksons Meinung nicht erwachsen nennen. „Gebraucht werden zu wollen" meint hier den Impuls, anderen mitzuteilen, was man selbst im Laufe seines

Lebens empfangen hat. Es geht um ein existentielles Grundgefühl. Wenn Geben und Empfangen positiv mitwirken, können auf dieser Ebene alle an der geistlichen Begleitung Beteiligten die Erfahrung tiefer Genugtuung machen. Auch wenn die Beziehung ihrer Art nach funktional bleibt, kann sie trotzdem sehr persönlich sein. Intimität und Distanz kommen hier voll zum Tragen. Überwiegt der negative Pol, dann liegt die Last der Generativität zum Großteil bei der begleitenden Person. Es fordert sehr viel sorgfältige und geduldige Aufmerksamkeit, um weiterhin geben zu können, während man dafür kaum etwas zurückerhält.

Festhalten und Loslassen zeichnen sich hier durch einen eigenen Maßstab aus, der sich an dem orientiert, was der andere benötigt und brauchen kann. Wenn während der Begleitung erkennbar wird, daß der oder die andere dieses Maß fortwährend überschreitet, dann ist der Frage nachzugehen, was dies in bezug auf Bestimmung und geistliches oder religiöses Erwachsensein bedeutet. Für die christliche Spiritualität ist in dieser Phase kennzeichnend, daß sich Menschen mit Gott dafür verantwortlich fühlen, das Gute in der nächsten Generation fortdauern zu lassen. Soll dies gefördert werden, muß zunächst eine gute Balance zwischen der eigenen Bestimmung und der Sorge für die anderen gewährleistet sein. Überwiegt der negative Pol, dann kommen diese Aspekte kaum zur Sprache. Dann wird eher das eigene Heil gesucht, als das der anderen. Dabei kann es dann auch zu dem Phänomen kommen, das Roger Schütz schmerzlich in seinem Tagebuch vermerkt: „Viele suchen Christus; jeder nur für sich genommen; Christus in der Gemeinschaft seines Leides läßt man im Stich. Der Sinn für das Geheimnis der Kirche erlischt." An einer anderen Stelle in seinem Tagebuch bemerkt er: „Wenngleich ich auch von den alten Traditionen geprägt bin; indem ich vielen jungen Menschen zugehört habe und auf ihre inneren Auseinandersetzungen aufmerksam geworden bin, beginne ich gewisse Angstreflexe abzulegen. Trotz meines Willens zur Offenheit, – wo würde ich heute stehen, ohne die Tausende junger Menschen hier auf unserem Hügel."[7]

Die Unternehmungslust zeigt sich hier darin, daß immer wieder Neuland entdeckt wird, das neuer Sorge bedarf. Diese Initiative zeichnet eine erwachsene geistliche Grundhaltung aus. Das Daseinsgefühl, dem die Fürsorglichkeit hier entspringt, wird in dieser Lebensphase explizit. Es findet seine Umsetzung in einem entsprechenden Lebensprojekt, das zu dieser Bestimmung paßt und durch sie auch seine eigene Färbung erhält. Die Sorge kann sich auf sehr verschiedene Projekte beziehen, je nach den

[7] R. Schütz, 1986, S. 26 bzw. 40.

eigenen Lebens- und Arbeitsbedingungen. Es kann auch sein, daß alte Projekte und Lebensformen losgelassen werden und dafür ganz neue aufgenommen werden.[8] Wo die Bewegungsrichtung mehr vom Rückzug beherrscht wird, fehlen diese Initiativen; das Ganze erhält häufig einen konservativen Anschein manchmal unter dem Vorwand, das Alte bewahren zu wollen. Kennzeichnend dafür ist eine abwehrende und auch abwertende Haltung gegenüber Jugendlichen oder auch gegenüber Altersgenossen, die etwas Neues unternehmen wollen. Für die Begleitung werden dann Begleiter oder Begleiterinnen ausgesucht, die aus derselben Haltung heraus arbeiten. Verbesserung wird vor allem von strengeren Maßregeln und dem Einschärfen der Ordnung erwartet. Nicht selten werden Initiativen unbewußt aber zielstrebig unterlaufen. Erfahrung wird mit Mißtrauen begegnet, und man hält sich starr an die überlieferten Traditionen. Das Dasein wird von Machtstrukturen bestimmt. Diese Haltung haben wir durchaus von einer Mentalität zu unterscheiden, die sich in aller Offenheit um Bewahrung bemüht, die sehr häufig ein Ausdruck reifer Generativität ist.

Integrität – Verzweiflung und Lebensekel
Mit dieser letzten Polarität beschreibt Erikson das „Endergebnis“ der Entwicklung, die wir hier aus einer spirituellen und existentiell-gläubigen Perspektive nachvollziehen. Dabei wird ein Spannungsfeld erzeugt, das sich zwischen einer sehr ausgereiften und einer bis ins äußerste verschwommenen Form der Identität erstreckt (letztlich sind alle Niveaus als Formen einer in Entwicklung begriffenen Identität zu verstehen). Integrität steht für ein existentielles Grundgefühl, bei dem der ganze eigene Lebenslauf mit allem, was sich darin ereignet hat, akzeptiert und bejaht wird. In spiritueller Hinsicht bedeutet dies, daß Menschen von ihrem tiefsten Quellgrund her leben und daß sie mit dem Sinn, den sie in ihrem eigenen Dasein, in ihrer Ansprechbarkeit für das Religiöse und ihrem gläubigen Umgang mit Gott finden, ganz einverstanden sind. Gott wird als „Grund meines Grundes“ erfahren (Tauler). Nicht alle Fragen und Krisen sind verschwunden. wie sich aus zahllosen Lebensbeschreibungen ersehen läßt, aber die Betroffenen fühlen sich fest im geistlichen Grund verwurzelt. Dies erfüllt das Dasein mit Licht, kennzeichnet die Atmosphäre, die die Person umgibt und strahlt nach außen. Auffallend ist dabei, daß die Generativität nicht nachläßt. Sie begegnet in der Form wirklicher Gegenwart in der Beziehung

[8] Es läßt sich hier an das Leben und Wirken vieler Ordensgründer denken. Dabei sind Parallelen zu vergleichbaren Persönlichkeiten in anderen Kulturkreisen auffallend. Vgl. z. B. Gosvami 1986.

zu anderen: Diese können darauf eingehen, es aber auch bleiben lassen. Die Sorge stellt keine Aufgabe mehr dar, sondern gleicht einem Feuer, an dem andere sich wärmen können, sofern sie das wollen.

Der Gegenpol ist Ausdruck eines Daseinsgefühls, das sich schlechthin durch Negativität auszeichnet: Das Leben ist mißlungen und eigentlich auch nicht der Mühe wert. Solche Menschen leben isoliert, auf sich selbst zurückgezogen. Dieses Daseinsgefühl kann die Form einer verbitterten Akzeptanz des Bösen annehmen. Es ist so, als ob man eine dunkle Freude daran habe, da das Böse als Bestätigung des eigenen Daseins erfahren wird. Erikson spricht von einem existentiellen Grundgefühl von Verzweiflung und Widerwille. Darin wird das sichtbar, was in Kierkegaards Begriff der „Verzweiflung" unausgesprochen mitschwingt.[9] Auch bei integeren Menschen können Momente vorkommen, in denen ihnen etwas aussichtslos erscheint. Niemand lebt aussch ließlich die eine Seite der Polarität. Aber diese Momente haben dann eher den Charakter von Zweifel und Angst und sind in einen konstruktiven Zusammenhang eingebettet. Bei Franz von Assisi begegnet man derlei Krisen bis kurz vor seinem Tod. Andererseits ist auch die Verzweiflung nicht total, kommt es auf dieser Seite doch auch zu Momenten der Öffnung. Aber die Umkehr ist außergewöhnlich schwierig geworden.

In der geistlichen Begleitung wirkt sich dies sowohl auf die Gestaltung der Beziehung selbst, als auch auf die Art und Weise aus, in der die Themen eingeführt werden. Sie werden nüchtern besprochen; Erfahrungen werden soweit nötig verdeutlicht und vertieft. Das was der geistliche Begleiter oder die Begleiterin einbringt, wird an der eigenen Erfahrung gemessen und von dort her in den eigenen Lebensweg eingeordnet; oder nicht. Auf ihrem Weg haben diese Menschen ihre eigenen Kriterien gefunden, an der sie dann auch die geistliche Begleitung messen. Manchmal hat man den Eindruck, daß weder die Distanz noch die Nähe überwiegt. Nichtsdestoweniger besteht ein tiefer und persönlicher Kontakt, der jedoch nicht direkt verläuft, sondern jeweils über den eigenen inneren Quellgrund, über die Wahrheit, in der man gemeinsam steht oder in der Kommunikation mit dem Gott, an den man gemeinsam glaubt. Die Gesprächsthemen haben meist Bezug auf persönliche Erfahrung oder auf Fragen, die sie sich selbst zum Umgang mit ihrer Sorge um andere stellen. Menschen, bei denen die negative Sicht überwiegt, werden nicht ohne weiteres um geistliche Begleitung bitten, da sie diese als sinnlos erfahren. Die Not kann jedoch auch so bedrängend erfahren werden, daß sie sich dennoch darum bemühen. Es handelt sich

[9] S. Kierkegaard 1949.

dabei durchgehend um ältere Menschen. In der Beziehung zu ihnen schlägt ihr existentielles Mißtrauen immer wieder durch. Manchmal unterbrechen sie die Beziehung, nehmen sie wieder auf und brechen sie wieder ab. Es ist so, als ob sich das mißglückte Leben in dieser – häufig letzten – Beziehung verdichtet. Die Gespräche beziehen sich beinahe ausschließlich auf all das, was ihnen im Leben, vor allem an dessen Beginn, angetan wurde. Das Geistliche und alles, was mit „Gott“ zu tun hat, werden tief in diesen Widerwillen gegenüber dem Leben miteinbezogen. Und doch ist da in dieser dunklen Landschaft noch ein kleiner Fleck, an dem ein Funke Vertrauen und Hoffnung glüht, der sie nach der Begleitung suchen ließ. Es kommt vor, daß sie gerade dann, wenn die Begleiterin oder der Begleiter etwas Hoffnung zu entfachen beginnen, die Beziehung endgültig abbrechen.

Was die drei Grund-Umgangsformen betrifft, beschränke ich mich hier auf den positiven Pol. Zu einem direkten Geben und Empfangen kommt es hier eigentlich nicht mehr. Der eigene Quellgrund, die erworbene Lebensweisheit und Weltanschauung und Gott vermitteln im Austausch. Begleitende bekommen auch zu spüren, daß sie hier nicht dazwischenzukommen haben. Ihr Beitrag ist sehr bescheiden. Festhalten und Loslassen spielen kaum mehr eine Rolle, da die betreffenden Menschen aus ihren eigenen Quellen leben. Dadurch wer d en sie eher gehalten als daß sie daran festhalten. Auch wenn sie jemand in ihrer eigentlichen Würde zu verletzen droht, sind sie nicht zu beeinträchtigen. Sie erkunden die geistliche Welt auf ihren eigenen Wegen. Für ihre Aktivitäten nach außen fragen sie, wenn nötig, um Rat und prüfen dann selbst, wie sie damit umzugehen haben. Der Kontakt spielt sich im Raum des Geheimnisses ab, und es kommt öfters zu schöpferischen Zeiten der Stille. Das Gespräch trägt sehr häufig einen meditativen Charakter.

Abschließende Bemerkungen

Zum Schluß dieser praktisch orientierten Erörterung dieses geistlich-existentiellen Modells will ich noch ein ige Anmerkungen machen.

Bei erwachsenen Menschen ist davon auszugehen, daß sie in ihrem Leben nicht allein mit einer Ebene zu tun haben, sondern daß alle erworbenen Grundhaltungen in ihrem alltäglichen Tun und Lassen mitspielen. Im Dasein, im menschlichen Leben treten alle Ebenen gemeinsam auf. Es ist sehr wichtig, dieses Modell als *Suchraster* zu betrachten. Es ermöglicht, fruchtbare Wahrnehmungen zu machen und sich darüber auszutausch en. Es eignet sich aber nicht dafür, Menschen mit Etiketten zu versehen. Auch diejenigen, die begleiten, befinden sich auf einer bestimmten Stufe. Sie haben in bezug auf jedes der Niveaus Fähigkeiten und Grenzen, was in der Begegnung auch Schwierigkeiten mit sich bringen kann. Das Modell zeigt, daß diejenigen, die begleiten, auch viel von den anderen lernen können. Hieraus kann viel Bestätigung für die Arbeit in der geistlichen Begleitung erwachsen.

Kapitel XIV
Die Begleitung von Gruppen in der Praxis

„Auch einige Frauen aus unserem Kreis haben uns in große Aufregung versetzt (Lk 24, 22).“

1. Die Gruppe als geistlicher Raum

Ein geistlicher Raum ist nicht einfach schon dort gegeben, wo sich Menschen treffen. Er muß erst noch entstehen. Mit dem Ausdruck „Gemeinsam wachsen unter den Augen Gottes“[1] läßt sich gut umschreiben, welchen Sinn das Geschehen innerhalb einer Gruppe im Kontext der geistlichen Begleitung hat. Damit wird auch vorausgesetzt, daß die Teilnehmerinnen und Teilnehmer das auch so erfahren und verstehen. Deshalb muß dies im Vertrag angesprochen werden. Eigentlich wird dadurch auf einer allgemeineren Ebene schon der Fokus der Begleitung und das Interaktionsfeld vorgegeben, die der Begleiter oder die Begleiterin im Auge zu behalten hat.

Aber auch dadurch wird noch kein geistlicher Raum erzeugt. Er muß entstehen, und ist zugleich Geschenk. Nur die Voraussetzungen können geschaffen werden. Allen Voraussetzungen und Mitteln ist dann die Eigenart gemeinsam, daß sie eher zu einer Begegnung mit sich selbst, mit anderen, mit der eigenen Tradition oder mit Gott einladen, als daß sie das Einsichtsvermögen oder die Diskussionsbereitschaft ansprechen; ebensowenig fordern sie zur Problemlösung heraus oder regen dazu an, die psychische Dynamik zu untersuchen. Eine wichtige Voraussetzung stellt natürlich die Begleiterin oder der Begleiter selbst dar. Erwiesenermaßen sind sie es, die – vor allem am Anfang – „den Ton angeben“. Dies läßt sich gut anhand des Unterschieds zwischen bewußtem und beiläufigem Lernen erläutern. Mit dem bewußten Lernen ist gemeint, daß man sich ausdrücklich darum bemüht, sich etwas anzueignen, während man sich beim beiläufigen Lernen etwas aneignet, ohne dies beabsichtigt zu haben. Das Beispiel einer Teilnehmerin, die als Kind das Radfahren lernte, kann dies illustrieren. Ihr Vater schrieb ihr vor, wie sie nicht zu fallen habe: „Was ich hauptsächlich gelernt habe, war nicht das Radfahren, sondern mich so zu verhalten, daß ich nicht 'runterfalle.“ Beim beiläufigen Lernen kann es also

[1] Vgl. W. Müller 1989, S. 22. Weiter herausgearbeitet auch bei: A. Grün 1993.

passieren, daß Menschen mehr Negatives als Positives lernen. Wird in einer Gruppe stark mit der Unterscheidung von „richtigen" und „verkehrten" Beiträgen gearbeitet – wobei gerade die Begleiter und Begleiterinnen eine wichtige Rolle spielen –, dann nehmen die Teilnehmer erst einmal nicht die sogenannten richtigen Beiträge auf. Vielmehr lernen sie, wie sie der Strafe vorbeugen können, die auf einen sogenannten verkehrten Beitrag folgen würde.

Begleiter und Begleiterinnen vermitteln – jedenfalls zu Beginn – durch ihr Auftreten vieles, was vor allem bei läufig gelernt wird. So wird etwa gelernt, wie man sich in dieser Gruppe zu verhalten hat, wie hier mit den strukturellen und situativen Vorgaben umgegangen wird. Noch wichtiger ist: Es wird auch beiläufig vermittelt, was hier unter „geistlich" verstanden wird und wie man demnach damit umzugehen gedenkt. Von der begleitenden Person hängt es also zu Beginn in starkem Maße ab, welchen Farbton der geistliche Raum annimmt.

- Kennzeichen für das Entstehen dieses Raumes sind unter anderem:
- Wachsende Wertschätzung für den Beitrag jedes bzw. jeder einzelnen.
- Sprechen und Auftreten aus der eigenen Mitte heraus.
- Zunehmendes Bewußtwerden des geschenkhaften Charakters des Geistlichen. Dies beinhaltet auch, daß Personenkult und Bewunderung abnehmen.
- Abnahme egozentrischer Verhaltensweisen.
- Zunehmende Unabhängigkeit gegenüber der begleitenden Person und parallel dazu auch eine wachsende Offe nheit, sich der Leitung anzuvertrauen, die vom „Geistlichen" ausgehen kann.
- Wachsendes Bewußtsein, die Wahrheit nicht zu besitzen, sondern sie nur empfangen und sich von ihr leiten lassen zu können.
- Das Auftauchen von existentiellen und sinnstiftenden Erfahrungen bzw. religiöser und gläubiger Motive.
- Das Auftreten von „Schatten"-Motiven.
- Verwunderung über das, was mit anderen oder mit mir selbst geschieht.
- Der Übergang von der „Diskussionslust" zum Wunsch, strittiges offen lassen zu können.
- Direktes Ansprechen spiritueller Themen bei sich selbst und bei anderen.
- Abnehmen des „Helfer-Syndroms".
- Bereitschaft, existentieller Angst mit offenen Augen zu begegnen.
- Das Entstehen von Vermutungen in bezug auf den Sinn des Lebens.
- Erspüren des Geheimnisses.
- Die Beschäftigung mit dem Gedanken, daß der Mensch „nicht vom Brot allein" lebt.

- Austausch von Erfahrungen mit einem Gehalt, der über das rein Sichtbare oder Ertastbare hinausgeht.
- Das Entstehen von Intimität und Generativität in existentieller, religiöser und gläubiger Hinsicht.
- Zum Ausdruck kommende Integrität.[2]

Es ist – vor allem am Anfang – davon auszugehen, daß viel psychologisiert und „beraten" wird. Daneben gibt es wohl in jeder Gruppe ein oder zwei Teilnehmer, die nach dem Gefühl der anderen „zu einfach" über das Geistliche reden. Hier ist jedoch Vorsicht geboten, da dies für die fragliche Person nicht unbedingt zutreffen muß. Menschen haben in dieser Hinsicht ein sehr unterschiedliches Maß, so daß es gut sein kann, daß jemand etwas existentiell oder geistlich erfährt, was für andere noch lange nicht so bedeutsam ist. Hierbei können alle Anwesenden, jeweils auf ihrem eigenen Niveau, viel voneinander lernen.

2. Hauptthemen bei gruppendynamischen Prozessen

1. Man hat wohl davon auszugehen, daß bei allen Teilnehmern und Teilnehmerinnen ein *Verlangen* lebendig ist, bei sich selbst die Ebene von Sinn und Daseinsfragen, von Glaube und Religion zu entdecken. Außerdem ist davon auszugehen, daß auch ein Verlangen danach besteht, anderen daran teilzugeben und selbst an den entsprechenden Erfahrungen anderer teilzunehmen. Gleichzeitig muß man sich darüber im klaren sein, daß auch eine *Angst* davor besteht, dies wirklich zu tun. Sowohl dieses Verlangen als auch die Angst haben eine spirituelle Bedeutung, wenn diese auch erst später wirklich ins Bewußtsein der Gruppe dringt. Es ist sicher nicht von Zufall, daß in Eriksons Modell zuerst Mißtrauen, Schamgefühl und Schuld mit ihren Gegenpolen genannt werden. Sie entsprechen genau dem, was biblisch zur neuen Situation der Menschen, nach dem Essen der Frucht, erzählt wird. Schamgefühl und Mißtrauen – und im Zusammenhang damit auch Schuld – sind nur durch *Vertrauen* zu überwinden. So entsteht ein Dreiecksgefüge von Verlangen, Angst und Vertrauen. Sie spielen in jedem geistlich orientierten gruppendynamischen Geschehen eine wesentliche Rolle. In jeder Gruppe kann ein anderer Pol am Anfang eines Prozesses stehen. Sie sind auf allen Kommunikations- und Erfahrungsebenen wiederzufinden, die die Gruppe durchlebt. Und fast immer sind die drei „Spitzen" des Dreiecks gleichzeitig im Geschehen in der Gruppe präsent.

[2] Vgl. A. Schreurs/B. Stevenson 1989.

Für die Begleiterin oder den Begleiter ist es eine große Hilfe, diese drei Pole auf den genannten Ebenen immer wieder wahrnehmen und sie in ihrer spirituellen Bedeutung durchschauen zu können.

2. In existentieller und gläubiger (bzw. allgemein menschlicher) Hinsicht ist das Verlangen ein Ausdruck der Grundbewegung unserer Existenz, die sich letztlich nur mit dem Vollkommenen zufrieden gibt. Das Verlangen sucht nach vollständiger Erfüllung. Dabei hat man sich bewußt zu machen, daß es – soweit es aus der menschlichen Welt bekannt ist – auf *Beziehungen* ausgerichtet ist und nicht auf Objekte. Wo es sich auf Objekte richtet, geht es jeweils eher darum, das verlangte Objekt mit anderen in Beziehung zu bringen. Das beziehungslose Objekt läßt Menschen vereinsamen. Dementsprechend heißt es dann auch passend, daß Eva von seinen Früchten nahm und aß und daß sie auch ihrem Mann, der bei ihr war, gab und auch er aß (Gen 3,6). Diejenigen, die das Verlangen in seinen Dimensionen von Unendlichkeit, Gegenseitigkeit und Mitteilsamkeit entdecken, werden sich auch bewußt, daß sie damit geistliches Terrain betreten haben. Gleichzeitig machen gerade die Gegenseitigkeit und die Mitteilsamkeit auch Angst. Diese Angst hat im Leben jedes Menschen auch ihre eigene psychologische und soziale Geschichte. Schließlich berührt sie Menschen existentiell. Eigentlich haben wir Angst davor, „bei anderen in Ungnade zu fallen" (H. Oosterhuis). Bei kleinen Kindern ist dies sehr deu tlich zu erleben. Und genau in bezug auf diesen Punkt werden sie dann auch fortwährend manipuliert. Aus unserer Angst heraus verbergen wir uns. Dem liegt die Angst zugrunde, wir könnten bereits bei den anderen in Ungnade gefallen sein. Davon wird in der Bibel erzählt: „Als sie Gott den Herrn im Garten gegen den Tageswin d einherschreiten hörten, versteckten sich Adam und seine Frau vor Gott" (Gen 3, 8). Sie hatten sich zu diesem Zeitpunkt schon voreinander verborgen, indem sie sich aus Feigenblättern Schurze geflochten hatten (Gen 3, 7). Dies ist der Ur-Prozeß, der sich auch innerhalb von Gruppen vollzieht: Wenn man andere an den eigenen geistlichen (und ungeistlichen) Erfahrungen teilnehmen läßt, werden Angst und Schamgefühle wach. Letztlich liegt das Schamgefühl allen Kommunikationsstörungen und allen Bestrebungen um Kommunikation, allen Abwehr- und Verteidigungsstrategien, Polarisierungen und „Bundesschlüssen" innerhalb einer Gruppe zugrunde. Wird es überwunden, so öffnet sich schrittweise der Weg für das Verlangen.

3. Das existentielle Erleben in der Gruppe ist ebenso sehr von Vertrauen gekennzeichnet wie von Angst und Verlangen. Hier begegnet es sehr häufig in Form einer spontanen, nicht durch Angst veranlaßten, Solidarität. Im Bereich von Religion und Glaube wird sie den Menschen „von oben"

vorgehalten. Die christliche Tradition sieht im Vertrauen letztlich die Gnade schlechthin. Vertrauen wird dort zum Vertrauen auf Gott. Und man che halten es für die einzige und ausschließliche Grundlage. auf der die existentielle Angst gemeistert werden kann und die es Menschen ermöglicht, ihrem Verlangen einen wirklichen und tragenden Sinn zu geben. Die Exklusivität, die aus diesem Gedankengang spricht, läßt sich durch die Fakten nicht bestätigen. Andere sprechen dem Gottvertrauen diese Wirkung durchaus zu, aber ihrer Meinung nach reicht es noch weiter, nämlich in das Geheimnis Gottes selbst hinein, an dem der Mensch nach der Verheißung teilnehmen wird. Letzteres bestreiten übrigens die Erstgenannten gar nicht. Es wirkt sehr unterstützend für die Entwicklung eines geistlichen und gläubigen Klimas innerhalb der Gruppe, wenn diese Dimension des Vertrauens wahrgenommen und gefördert wird. Dadurch gelangt die Gruppe auf eine Spur, deren große Bedeutung für den geistlichen Weg schon von alters her ausgewiesen ist.

4. Verlangen, Angst und Vertrauen verteilen sich auf die verschiedenen Gruppenmitglieder unterschiedlich. Sie werden zwar durch die inhaltlichen Themen, die auf der Tagesordnung sind, hervorgerufen, aber sie wirken sich direkt auf die Beziehungen innerhalb der Gruppe aus. Sie reichen viel tiefer als das inhaltliche Thema. Das Thema kann Vertrauen, Verlangen und Angst auslösen. Aber es sind die Menschen, die das Vertrauen erfahren, Verlangen entstehen fühlen und Ängste erleben, da all das den Menschen als ganzes betrifft. Andere Aspekte von Vertrauen, Verlangen und Angst, die in den Teilnehmerinnen und Teilnehmern lebendig sind, werden dadurch angesprochen und in Bewegung gesetzt. Hieraus entspringt die große Intensität, die in einer Gruppe in geistlicher Begleitung auftreten kann. Es geht mit anderen Worten immer um mehr als nur um das vorliegende Thema. Gerade wegen diesem „Mehr“ kommen Menschen weiter; nicht nur in bezug auf das Thema, sondern als Person.

5. Die großen Themen der „heiligen Erzählung“ tauchen in der begleiteten Gruppe immer wieder auf. Für diejenigen, die begleiten, ist es sehr hilfreich, wenn sie sie als Erkennungsmuster zu Verfügung haben, um das Geschehen in der Gruppe zu verstehen. Wichtige, regelmäßig vorkommende Themen sind nach meiner Erfahrung: die existentielle und sehr bedrohliche Eifersucht, wie sie etwa in der Erzählung von Kain und Abel begegnet (Gen 4); die Angst vor totaler Vernichtung, die der Sintfluterzählung zugrunde liegt (Gen 6–8); die Erzählung von Isaak am Brunnen (Gen 26, 12–25); die Opferung Isaaks (Gen 22); die Begegnung Moses' mit JHWH im brennenden Dornbusch, seine Angst davor, Gottes Auftrag zu erfüllen, und der Exodus (Ex 3–5; 12); die Erzählung vom bitteren Wasser, den

zwölf Quellen und den siebzig Palmen (Ex 15); das Geschehen um das goldene Kalb (Ex 32); der Konflikt zwischen Miriam und Mose (Num 12); Erwägungen zur Einnahme Jerichos (Nu m 13; Jos 1f); die Einsamkeit und die Flucht des Elija (1 Kön 19); der Wiederaufbau Jerusalems (Neh 1); Paulus' Überlegungen zur Hoffnung auf die Erlösung der Welt (Röm 8, 18–30). Dies sind nur einige Beispiele.

Es trägt maßgeblich zur Festigung des geistlichen Klimas in der Gruppe bei, wenn das Gruppengeschehen auf diese Tiefe hin durchschaut werden kann. Dies bedeutet nicht, daß es immer möglich ist, dies explizit anzusprechen. Sollte es aber möglich sein, ohne den Erfahrungen der Gruppenmitglieder dabei Abbruch zu tun, dann trägt dies wirksam zur Einheit und zu gemeinschaftlicher Erfahrung bei.

3. Verlangen, Angst und Vertrauen in der Gruppe; ein kompaktes Modell

Verlangen, Angst und Vertrauen unterscheiden sich inhaltlich von Gruppe zu Gruppe und von Situation zu Situation. Als Ausdruck der existentiellen Grundbewegung begegnen sie überall, wo Menschen sich um eines gemeinsa men Ziels willen zusammentun. Je nach Konstellation, Thematik und je nach dem, was in der Gruppe abläuft, wechseln sie immer wieder ihre Form. In ihrer eigentlichen Tiefe handelt es sich um Formen geistlicher Selbsterfahrung und der Erfahrung mit anderen. Auf diesem Niveau spielt sich die geistliche Begle itung ab; und auf diesem Niveau sollten die Gruppenmitglieder ihre Erfahrungen auch mit der Zeit durchschauen können. „Mit der Zeit", denn normalerweise tauchen in Gruppen zur geistlichen Begleitung zu Beginn die selben Interaktions- und Kommunikationsformen auf wie in anderen Gruppen. Die geistliche Dimension ist auch nicht jenseits dieser Formen zu haben. Sie wird auch hier innerhalb des alltäglichen Geschehens erst wirklich erlebbar. Verlangen, Angst und Vertrauen sind schon beschrieben als existentielle Grundgefühle, die an sich für religiöse oder gläubige Interpretationen offen sind. Auch ist schon angedeutet, daß sich dort, wo die Teilnehmer sich sammeln, Pole bilden oder möglicherweise polarisieren. Dieser Gedanke wird hier wieder aufgenommen und in Verbindung mit dem Vertrauen vorgestellt als ein Modell, wie in der Geistlichen Begleitung mit Gruppen gearbeitet werden kann.

Platon hat das Verlangen im unsterblichen Mythos von der Geburt des Eros und seinem Schicksal für alle Zeiten beschrieben. Angst dagegen läßt sich als existentieller Grundimpuls umschreiben, der sich allem „Minderen", „Schlechteren", „Bedrohlichen", „Unglücklichen" oder „weniger Glücklichen" widersetzt. Die Bibel beschreibt in den ersten elf Kapiteln des Buches Genesis ebenfalls sehr eindrucksvoll, wozu die Angst die Menschen führt. Dabei sollte nicht vergessen werden, daß in der Erzählung die Dynamik der Angst letztlich von der des Ver langens getragen wird. So, wie das Verlangen letztlich auf das Unendliche ausgerichtet ist, so ist die Angst zutiefst auf der Hut vor dem Nichts. Und wie das Verlangen letztlich auf Teilnahme und Beziehung ausgerichtet ist, so bedarf die Angst eines Menschen, bei dem sie geborgen ist und geteilt wird. Vertrauen läßt sich als existentieller Grundimpuls der Hoffnung umschreiben, die unausrottbar in Menschen wirksam ist, wenn sie auch manchmal tief verschüttet liegt und stark in Mitleidenschaft gezogen werden kann. Letztlich erwählt man sich immer eine Person des Vertrauens. Dieses Vertrauen ist dem menschlichen Dasein eigen und muß seine Form durch andere erhalten, will es sich zu einer konkreten Lebensgestalt entfalten. Auch das Vertrauen richtet sich letztlich auf eine Person, von der man annimmt, daß sie „Rückhalt in sich selbst" hat. Der existentielle Charakter des Vertrauens impliziert, daß es so jemanden wirklich gibt (auch wenn Menschen hierin manchmal faktisch enttäuscht werden können). Auch das Vertrauen ist eine Form des „Mitseins". Vertrauen und Gnade stehen in einem inneren Zusammenhang zueinander.[3]

Hier kann der Eindruck entstehen, als seien Verlangen und Vertrauen als positive existentielle Grundhaltungen zu betrachten und die Angst als negative Grundhaltung. Dem ist aber nicht so. Das Verlangen offenbart im konkreten Leben auch seine bösartigen Momente. Das Vertrauen kann einen auch irreführen und die Angst kann sehr konstruktive Seiten haben. So ist es bei der Arbeit mit der Gruppe von Interesse, sich soweit wie möglich positiver oder negativer Beurteilungen zu enthalten. Wichtiger ist eine generelle Aufmerksamkeit für die existentielle Seite der Impulse, so wie sie sich äußern und die Gruppe auf ihrem Weg beeinflussen.

Für die Arbeit ist es vorteilhaft von der Annahme auszugehen, daß Verlangen, Angst und Vertrauen in einer Gruppe jeweils um ein *Kernproblem* kreisen. Dieses Problem entwickelt sich anhand der Thematik, die in der Gruppe behandelt wird, reicht aber – wie gesagt – tiefer. Von diesem Kernproblem her können die Bewegungen innerhalb der Gruppe als Gesamtheit verstanden werden. Die Schwierigkeit dabei besteht darin, daß das Kernproblem zu Beginn sicher nicht als solches angesprochen wird.

[3] Dieses Thema findet sich weiter ausgearbeitet in: L. Binswanger 1962, S. 351ff

Es ist den Teilnehmern und Teilnehmerinnen nicht derart bewußt, „arbeitet" aber doch in ihnen. Sie sind mit dem vorliegenden Thema beschäftigt. In bezug Aufschlag ihn verhandeln sie ein Kernproblem, das an die drei existentiellen Hauptimpulse, Verlangen, Angst und Vertrauen appelliert. Die „Spannung" oder „Spannungslosigkeit" einer Gruppe hängt direkt damit z usammen, wie diese Hauptimpulse zusammenwirken und welche Einstellungen und Bewegungsimpulse sie demzufolge bei den Teilnehmern und Teilnehmerinnen erzeugen. Bei ein und demselben Treffen können verschiedene dieser Kernthemen oder Kernkonflikte zum Vorschein kommen. Wie sehr sie wirksam sind, läßt sich an der Spannung und der Intensität, mit der die Gruppe dabei ist, ablesen. Erst, wenn dieses Problem – das vielleicht nicht e inmal beim Namen genannt wird – gelöst ist, nimmt die Spannung ab. Dann erst geht es in der Gruppe wieder weiter, d.h. es wird wieder an dem vorliegenden Thema weitergearbeitet, das sich die Gruppe für das Treffen vorgenommen hatte.

Modellhaft läßt sich der Prozeß folgendermaßen vorstellen:

In der Gruppe sind eine große Anzahl Möglichkeiten lebendig, was das Aufkommen von Kernthemen und Kernkonflikten sowie deren Lösung betrifft. Es gibt nie nur eine einzige Lösung. Welche Kernthemen konkretisiert werden und wie sie inhaltlich aussehen werden, ist nicht vorauszusagen. Dies läßt sich auch nicht in den Vertrag und die dazu gemachten Absprachen aufnehmen. Meist verhält sich die Gruppe in der Ausgangssituation in einem relativen Gleichgewicht, wobei ein reger Gedankenaustausch zu einem Thema oder zu mehreren Themen gleichzeitig stattfindet. Da ja auch *der Anfang selbst in gewisser Weise ein Problem* darstellt, könnte man darin für die meisten Gruppen eine „Anfangslösung" sehen, um sich dem immer auch bedrohlich em pfundenen Kernthema nähern zu können. Alle spüren, daß es noch nicht so richtig begonnen hat. Dies hält so lange an, bis jemand einen Beitrag liefert, der dieses vorläufige Gleichgewicht stört. Eigentlich wird damit auch ausgedrückt: „Die Lösung, an der wir bis jetzt festhalten, ist nicht die richtige; es muß etwas geschehen." Dies wir d als störender Beitrag bezeichnet. Hierauf folgt – manchmal nach einer etwas längeren Zeit – immer eine Reaktion. Dabei kann es sehr gut sein, daß diese Reaktion inhaltlich etwas ganz anderes betrifft. Auf diese Weise ist eine *neue Ausgangssituation* entstanden, in der sich die Gruppe neu zurechtfinden muß. In einer Gruppe gibt es meist einige, die die störende Intervention wohlwollend aufnehmen, andere, die sich eher dem reagierenden Beitrag anschließen, und schließlich findet sich auch fast immer jemand, der oder die einen *neuen Beitrag* liefert. Diese neuen Beiträge können von zweierlei Art sein. Die einen führen – immer noch als

Reaktion – ein neues Thema ein. Die anderen vermitteln zwischen Aktion und Reaktion und *reagieren* als solche *auf diese beiden,* also auf die nun überschaubare Gesamtsituation. Allmählich verteilen sich die Positionen in der Gruppe zwischen Befürwortern und Gegnern, was sehr häufig einer Verteilung zwischen Verlangen (Menschen, die vorwärtskommen wollen) und Angst (Menschen, die sich davor eher fürchten und deshalb nach anderen Wegen suchen) gleichkommt. Dabei kann es darum gehen, ein Gesprächsthema zu finden, ei nen Gedankengang weiterzuverfolgen, einen Vorschlag zu beurteilen, um eine Aussprache über ein Mitglied der Gruppe, um einen Beschluß den die Gruppe zu fassen hat, oder um eine Selbsterforschung der Gruppe. Einen wichtigen Beitrag zu dem ganzen Geschehen leisten diejenigen, deren Grundgefühl von Vertrauen gekennzeichnet ist. Sehr häufig gelingt gerade ihnen der Brückenschlag zwischen den Menschen, die vom Verlangen, und denen, die von der Angst bestimmt sind. Sie können letztere in ihrem Vertrauen stützen und ihnen helfen, mehr auf das Verlangen einzugehen; den ungestümen, die vorwärts drängen, können sie auch das Gefühl vermitteln, daß auch mit einem kleineren Schritt sehr viel erreicht wäre. Dieses „Spiel" geht in der Gruppe solange weiter, bis die neue, *zufriedenstellende Lösung* gefunden ist, die dann ein *neues Gleichgewicht* repräsentiert. Aus dieser vorläufigen „Mitte" heraus arbeitet die Gruppe weiter; bis auch dieses Gleichgewicht wieder durch eine entsprechende Intervention gestört wird. Diese Störung kann sowohl von denjenigen ausgehen, bei denen das Verlangen bestimmend ist, als auch von den eher Ängstlichen. Dies hängt davon ab, wie sich das weitere Geschehen in der Gruppe entwickelt.

Wie schon erwähnt wurde, kommt es bei der Reaktion auf solche Störungen gelegentlich auch zu ganz neuen Beiträgen, die, wenn sie bei einigen Gruppenmitgliedern Gehör finden, eine eigene Rolle im Prozeß der Gruppe zu spielen beginnen. So kann etwa der neue Beitrag für die zu findende Lösung richtungweisend gewesen sein. Auch dann entsteht ein neues (vorläufiges) Gleichgewicht. Möglicherweise repräsentieren die Befürworter des neuen Beitrags auch eine eigene Richtung innerhalb der Gruppe. Dann wird die Situation viel komplizierter, da sich die Gruppe so inhaltlich mit zwei Gegenständen zu beschäftigen hat. Meistens verbinden sich mit diesen zwei Themen auch verschiedene verborgene Spannungen. Es ist dann sehr wichtig, diese neue Strömung nicht aus dem Auge zu verlieren. Auch wenn sie sich der Lösung der anderen anschließt – das heißt sehr oft, daß sie einfach nicht protestiert –, kann sie untergründig doch weiterhin eine Rolle spielen und einen beträchtlichen Einfluß ausüben. Besonderes Interesse gilt dabei den Kernthemen oder Kernkonflikten, durch die die Gruppen auf der Suche nach dem neuen Gleichgewicht gehalten werden. Davon wurden oben einige aufgezählt. Sie werden meist nicht als solche benannt, vollziehen sich aber in den Beziehungen innerhalb der Gruppe. Existentielle Themen können uns in ganz verschiedenen „Verkleidungen" begegnen. Der Weg, auf den man sich m acht, um dies zu entdecken, ist eigentlich der Weg der geistlichen Begleitung selbst. Um diesen Weg mit d er Gruppe begehen zu können, müssen die Begleiter und Begleiterinnen über die entsprechenden Fertigkeiten verfügen, ganz gleich, nach welchem Stil sie dabei arbeiten. Es ist auch zu berücksichtigen, daß die begleitende Person selbst, die Weise, in der sie präsent ist, die Erwartungen. die an sie gestellt werden, und ihr eigener Beitrag zum Geschehen der Gruppe wichtige Faktoren bilden. Häufig vollzieht sich das verborgene Kernthema zu einem Teil gerade in der Beziehung zu denjenigen, die die Gruppe begleiten. Im Mittelpunkt stehen dabei dann häufig Fragen von Macht, Inschutznahme, Beeinflussung und Abhängigkeit. Es braucht dabei lange nicht nur um die begleitende Person selbst zu gehen. Gerade als Begleiterin oder Begleiter repräsentieren sie allerlei Instanzen, die im Leben der Teilnehmer und Teilnehmerinnen eine Rolle gespielt haben. In der Begegnung mit der Begleitung kommen viele verschiedene frühere Erfahrungen wieder zum Tragen.

4. Spiritualität in der Gruppe

Auf diesem Wege entwickelt sich in der Gruppe eine bestimmte Spiritualität. In Begriffen der Gruppendyna mik wird hier vom „Gruppenklima" gesprochen. Diese Spiritualität wirkt vor allem unausgesprochen. Natürlich kommt dieser Punkt in jeder Gruppe auch einmal ausdrücklich zur Sprache, sei es in einem Gespräch, oder auch mittels deutlicher Rituale und Feiern. Aber dann geht es immer um eine beschränkte Verdichtung dessen, was an Spiritualität lebendig ist. Eigentlich begegnet einem Spiritualität in ihrer schönsten Form nämlich als ein Klima, in dem gelebt, gearbeitet, gehandelt, miteinander gesprochen und gefeiert wird. Dies zu fördern ist eines der ausgesprochensten allgemeinen Ziele einer geistlich begleiteten Gruppe. Eigentlich geht es um diese Erfahrung. In ihr keimt die Möglichkeit, durch gegenseitiges Zutun das Geistliche und die Wirkung des Glaubens am eigenen Leib zu erfahren und gemeinsam darin zu leben. Es zeigt sich dann auch, daß Menschen im nachhinein zwar durchaus in der Lage sind, etwas von dem mitzuteilen, was sich in der Gruppe abspielte, daß aber gerade diese Erfahrung lebendiger Spiritualität kaum vermittelt werden kann. Ideal ist es, wenn in der Gruppe genau das geschieht, was gerade als

Thema behandelt wird. Dies läßt sich mit der Lektüre der Evangelientexte vergleichen: Der Text kommt erst dann zur Geltung, wenn er bei den Zuhörern und Zuhörerinnen das auslöst, was er thematisiert. Darauf, nämlich dies zu fördern, ist die Begleitung dann auch vor allem ausgerichtet.

Dabei kommt es möglicherweise zu Spannungen zwischen der Spiritualität des Begleiters und der Spiritualität in der Gruppe. Geistliche Begleiter haben häufig eine bestimmte – unausgesprochene – Vorstellung von dem, was „gut“ ist, und von der Richtung. in der die Gruppe sich entwickeln sollte. Dies ist vor allem dann oft der Fall, wenn man zu mehreren in der Leitung ist und sich im Team regelmäßig über den Verlauf austauscht. Es läßt sich aus Erfahrung sagen, daß sich vorher zurechtgelegte Konzepte hier immer nachteilig auswirken. Meiner Ansicht nach gibt es für die Leitung nur einen gangbaren Weg: Sie hat ihre Auffassung als einen von vielen Beiträgen einzubringen, so daß sie sozusagen auch von einem anderen Mitglied der Gruppe hätte eingebracht werden können. Solange eine Gruppe noch auf die Leitung ausgerichtet und insofern auch mehr oder weniger von ihr abhängig ist, wird den Beiträgen des Begleiters oder der Begleiterin leicht mehr Gewicht zugemessen, als denen der anderen Anwesenden. Dies ist ein Faktum, mit dem man rechnen muß. Schließlich bedürfte es keiner Begleiterin oder keines Begleiters, wenn diese überhaupt keinen Einfluß ausüben sollten. Es geht darum, daß dieser Einfluß konstruktiv zur Wirkung kommt. Treten echte Meinungsverschiedenheiten auf, beispielsweise bei Konfrontationen zwischen Leitung und Gruppe oder wenn Begleiterinnen oder Begleiter jemanden gegen andere in Schutz nehmen muß, dann *bleibt dabei als Fokus:* Was bedeutet dies für den geistlichen Weg, auf dessen Suche sich die Gruppe in ihren Sitzungen macht. Dieser Punkt muß immer im Auge behalten werden. Und dies ist um so notwendiger, als man in solchen Situationen fast immer dazu neigt, den Konflikt aus dem geistlichen Prozeß zu isolieren und ihn als reine Beziehungsfrage zu betrachten. Das setzt bei denjenigen, die begleiten, eine wirkliche Reife voraus. Spiritualität beinhaltet immer eine gefährliche Neigung zur Bildung von „Schulen“. Wenn es soweit kommt, trägt sie meist zur Entpersönlichung bei. Roger Schütz notiert in seinem Tagebuch, daß er „wieder einmal“ einem jungen Mann aus Mittelamerika erklären mußte, daß er keine Ratschläge zu verteilen hätte, „daß wir alle von unserer eigenen menschlichen Armut aus vorstoßen müssen und daß er nicht nach einem ‚Geist von Taizé‘ suchen sollte“. Der junge Mann antwortete darauf energisch: „Es ist schon ein Geist, wenn man keinen haben will.“[4]

[4] R. Schütz 1986.

Schließlich verweise ich noch auf das Modell von E.H. Erikson. Die darin beschriebenen Interaktionsformen lassen sich sehr gut als existentielles Grundgefühl der Gruppe auffassen. Natürlich bleiben große individuelle Unterschiede bestehen. Aber es ist sehr wohl möglich, das Modell als Raster zu verwenden, um herauszufin den, in welcher Richtung sich die Gruppe gemeinsam bewegt. Die acht Polaritäten spiegeln sich in der Entwicklung einer Gruppe im großen und ganzen wieder. Außerdem sind sie sehr gut mit den angegebenen Hauptthemen in Verbindung zu bringen. Angst, Verlangen und Vertrauen spielen auf allen Niveaus von Eriksons Mo dell eine Rolle und häufig ist im Gruppengeschehen eine Entwicklung zu beobachten, die allerlei biblische Bezüge aufweist. Die kritische Beziehung, von der Erikson spricht und die für ihn auf den einzelnen Niveaus für die weitere Entwicklung, Regression oder Stagnation entscheidend ist, begegnet einem auf dem Weg der Gruppe konkret. Auch die drei Grundumgangsformen, Sich-selbst-Geben und Von-anderen-Empfangen, Festhalten und Loslassen, Erkunden und Sich-Zurückziehen, begegnen in der Interaktion der Gruppe immer wieder aufs Neue.

5. Begleitung in spezifischen Gemeinschaften.

Häufig sucht sich eine spezifische Lebensgemeinschaft eine Begleiterin oder einen Begleiter. Oft handelt es sich dabei um eine klösterliche Gemeinschaft, wenngleich dies nicht immer so sein muß. Auf jeden Fall geht es im folgenden um Menschen, die zusammen leben und dabei sind, eine gemeinschaftliche Lebensform aufzubauen. Da solche Gemeinschaften meist schon eine eigene Spiritualität leben, kann die Stellung derjeni gen, die sie begleiten, mit Schwierigkeiten verbunden sein. Die Leitung einer Gemeinschaft, die eine geistliche Begleitung einlädt, hat dabei dann meist ein bestimmtes Ziel vor Augen. Wer eine derartige Begleitung übernimmt, sollte sich in der Spiritualität der betreffenden Gemeinschaft gut auskennen. Und es ist sehr ratsam, sich auch in deren konkrete Lebensform, deren alltägliche Ritualisierungen und in deren Lebensgewohnheiten zu vertiefen. Der Grundsatz, daß es in der geistlichen Begleitung um den individuellen geistlichen Weg geht, behält dabei unverkürzt seine Geltung. Die Kenntnisse über Spiritualität und Lebensform der Gemeinschaft sind notwendig, um in der Begleitung darauf hinweisen zu können, daß eine Stellungnahme oder eine Entwicklung in Konflikt zu dem kommen kann, was in der Gemeinschaft üblich ist. Es ist nicht Aufgabe des Begleiters oder der Begleiterin, an bestehenden Richtlinien und Gewohnheiten unbedingt festzuhalten. Ebensowenig ist es an ihnen, diese zu verändern. Dies ist Sache der Leitung selbst und der Gemeinschaft, um die es geht. Jedenfalls ist die geistliche Begleitung kein brauchbares Mittel, um die erwünschte Ordnung herzustellen oder die unerwünschte Ordnung zu ändern. Im allgemeinen lassen die Leitungen von Gemeinschaften der geistlichen Begleitung freie Hand. Dennoch zeigt die Erfahrung, daß es gut ist, diese Fragen mit den Auftraggebern ausdrücklich zu besprechen (Vertrag).

Als Ausgangspunkte für eine fruchtbare Arbeit in einer solchen Begleitung eignen sich sehr gut: Hauptthemen aus der Spiritualität der Gruppe, Texte oder Ereignisse aus der Tradition oder Bräuche und Gewohnheiten, die praktisch gelebt werden. Bei der Begleitung darf nicht vergessen werden, daß die Menschen in der Gruppe zusammen einen Lebensverband bilden, also nach den Gruppensitzungen auch wieder aufeinander angewiesen sind. Die Gruppensituation in der geistlichen Begleitung ist für sie eine Art „Werkstatt“ innerhalb ihrer Lebensumstände. Deshalb sind Vorsicht und Vorausblick geboten.

Kapitel XV
Die geistliche Bedeutung von Konflikten

„Die Anstrengung, Wege in der Krise zu bahnen, kann nicht die Quelle der seelischen Bewegung sein“
(C.F. von Weizsäcker)[1]

In der geistlichen Begleitung können Konflikte in vielerlei Hinsicht sowohl eine negative als auch eine positive Rolle spielen. Konflikte verlangen, daß sie wahrgenommen und ausgetragen werden, wenn auch anfänglich häufig eine Neigung dazu besteht, sie zu vermeiden und den Dingen ihren Lauf zu lassen. Sie brauchen und können nicht immer aufgelöst werden. Wenn sie angesprochen werden, ist außerdem fast immer die Neigung festzustellen, eine praktische Lösung zu suchen, so daß es mit der Begleitung weitergehen kann. In diesem Kapitel geht es nicht um Lösungen, sondern vielmehr darum, daß jeder Konflikt auch eine geistliche Dimension hat. Sowohl im Falle einer eventuellen Lösung, als auch dann, wenn es nicht dazu kommt, hab en wir nach dieser geistlichen Seite zu suchen. Von den Menschen, die vom Konflikt betroffen sind, fordert dies eine gewisse Reife. Fehlt sie, dann wird es im weiteren vornehmlich um diesen weiteren Reifungsprozeß gehen müssen. Anders gesagt: Wenn an einem Konflikt gearbeitet wird, geht es darum, die geistliche Begleitung weiterzuverfolgen und den Konflikt nicht davon zu trennen.

1. Konflikt als geistliches Spannungsfeld

Jeder Konflikt besteht in einem Kurzschluß von Spannungen, in dem einander widerstreitende Verlangen und Ängste aufeinandertreffen, die sich im Umfeld von Menschen aufgebaut haben. Dies kennzeichnet jede echte Entwicklung. Dazu müssen bestehende Strukturen aufgehoben werden, um neuen Platz zu machen. Damit kommt der Sinn jedes Konfliktes in den Blick: Er symbolisiert die Notwendigkeit und die Möglichkeit eines Übergangs; er ist ein „Übergangsphänomen“. Er bedeutet in diesem Sinn auch immer eine Krise. Das Wort „Krise“ verweist auf „Scheidung“, auf

[1] C. F. von Weizsäcker 1986, S. 351.

„Unterscheidung“ und auf „auseinanderlegen“. Es bedeutet auch: „zu einem Beschluß oder einer Entscheidung kommen“ und in Verbindung damit auch „urteilen“, „zuweisen“ und „verurteilen“. In der g riechischen Heilkunde wurde es ebenfalls verwandt, wenn etwa der Arzt eine Krise hervorruft, in der Hoffnung, die Krankheit so zu heilen. Außerdem stehen diese Bedeutungen noch in Zusammenhang mit Begriffen wie „schätzen“, „etwas vorziehen“, „wählen“, „sich ein Urteil bilden“ oder „jemanden vor Gericht bringen“. In der Heiligen Schrift begegnen einem all diese Bedeutungen ohne weiteres in den verschiedensten Situationen. In Bezug auf das Modell von Erikson lassen sich für alle Niveaus entsprechende Konflikte finden. Offenbar haben wir die Neigung, bei Konflikten auf die Umgangsformen „Festhalten und Loslassen“ zurückzugreifen. Sehr häufig läßt sich ein Rückschritt auf das zweite Niveau bemerken, also auf die Polarität von Autonomie und Schamgefühl bzw. Unsicherheit. Auf dieser Ebene werden Konflikte im Bereich von *Rechten* ausgetragen, die man für sich selbst in Anspruch nimmt (oder auch nicht) und anderen zugesteht (oder nicht zugesteht). Spitzt sich diese Situation zu, so kommt es zu einer Polarisierung, wobei sich leicht das Recht der Stärkeren durchsetzt oder nach *unpersönlichen* Regelungsmechanismen gesucht wird (Regeln, Grundsätze, Absprachen). Dann haben wir es mit einem rein an der Problemlösung orientierten Handeln zu tun, bei dem es fast immer eine Verliererpartei gibt. Mit dieser Lösung wird man der geistlichen Dimension des Konfliktes nicht gerecht.

Im vorausgehenden wurde der geistliche Aspekt der drei in der Gruppe wirkenden Grundströme, nämlich Verlangen, Angst und Vertrauen, bereits erläutert. Bei Konflikten geht es um die Frage, ob es möglich ist, die entstandenen Probleme auf diese Tiefe hin zu durchschauen. Geschieht dies, dann wird gleichzeitig auch der tiefere Grund für das Entstehen des Konfliktes erkennbar. Außerdem wird dann deutlich, daß eine Handlungsweise, die nur auf die Auflösung des Problems aus ist, gerade diesem tieferen Grund nicht gerecht wird. Auf dieser Basis entsteht ein geistlicher Raum, in dem auf andere Weise mit dem Konflikt umgegangen werden kann. Es wird ein geistliches Spannungsfeld betreten, in dem sowohl die zur Beschreibung des Konfliktes verwandte Sprache, als auch das konfliktträchtige Handeln selbst sowie die eingebrachten Lösungsvorschläge in einer ganz anderen Perspektive erscheinen. Spannungen in der Beziehung zum Begleiter werden dadurch nicht nur sichtbar; es wird auch ihre existentielle Bedeutung deutlich.

a. Der Konflikt außerhalb der geistlichen Begleitung

Solche Konflikte kommen natürlich sehr oft vor. Geistliche Begleitung wird häufig als Raum benutzt, um Konflikte zu besprechen: Konflikte am Arbeitsplatz, Beziehungskonflikte, Konflikte in der Gemeinschaft. Konflikte mit der Leitung. In dem Beispiel geht es um eine einfache Situation, in der eine Ordensfrau um die Bereitschaft gefragt wurde, einen neuen Auftrag anzunehmen. Sie wurde von der Anfrage nicht nur sehr überrascht; der neue Auftrag würde auch das Projekt in Frage stellen, an dem sie bis dahin noch gearbeitet hatte. Die neue Stelle ist für sie außerdem mit viel Unruhe verbunden, während sie doch erst seit etwa ein bis zwei Jahren wieder etwas zur Ruhe gekommen ist.

X: Das ist ein überstürzter Beschluß der Verwaltung. Sie haben alles mögliche dabei außer acht gelassen. So gibt es beispielsweise für mich noch keine Nachfolgerin und sie wissen sehr gut, daß die auch nicht so leicht zu finden ist. Aber sie haben mich nun einmal darum gebeten und ein Auftrag ist ein Auftrag. Dem will ich mich nicht entziehen.

G.B.: Erzähle einmal mehr davon.

X: (Beschreibt ausführlich die Situation und die vielen Interessen, die ihrer Meinung nach im Spiel sind. Sie erwähnt auch, daß die neue Aufgabe, für die sie berufen wurde, eine wirklich wichtige Angelegenheit darstellt.)

G.B.: Ich sehe, daß es Dir sehr nahe geht. Ich finde auch, daß es Dein ganzes Leben auf den Kopf stellt. Aber ich sehe auch, wie Du Dir den Schuh der Leitung anziehst.

X: Wieso?

G.B.: Ich höre, wie du zwischen allerlei Interessen, die im Spiel sind, abwägst. Das ist bei der Verwaltung wahrscheinlich auch schon passiert.

X: Die Verwaltung spielt Panik-Fußball.

G.B.: O.K., das kommt bei Verwaltungen auch gelegentlich vor. Aber die Frage ist, ob Du in diesem Match mitspielen mußt.

X: Wieso, es geht doch um mich.

G.B.: Genau, es geht um Dich. Wir sitzen hier nicht zusammen, um die Probleme der Verwaltung zu lösen.D

X: Wie soll es dann weitergehen?

G.B.: Das weiß ich nicht. Ich weiß wohl, daß unsere Frage heißt: Was bedeutet es für Deine Bestimmung, wenn D u den Auftrag annimmst, und was, wenn nicht. Das ist unser Teil und darum geht es bei unserem Beitrag. Ich denke auch, daß aus dieser Ecke unsere Antwort kommen muß. Der Rest ist Sache der Verwaltung.

X: Aber... (zählt erneut allerlei Interessenkonflikte auf).

G.B.: Ich halte das für sehr reelle Fragen. Aber sie fallen nicht in unsere Verantwortlichkeit.

Das Gespräch läßt erkennen, daß es um einen wirklichen Konflikt geht, und daß sich X in dessen sachliche Seite vertieft. Wahrscheinlich spielen dabei auch persönliche Motive mit. Aber die geistliche Begleiterin läßt diese vorläufig beiseite, da sie das Gespräch zunächst in die richtige Bahn lenken will, natürlich in die der geistlichen Begleitung. Das ist ja ihre Aufgabe. Würde sie sich auch an der sachlichen Lösung beteiligen, dann hätte sie X nicht nur das Eigentliche der geistlichen Begleitung vorenthalten, sondern außerdem noch größere Verwirrung gestiftet und sich mit Angelegenheiten beschäftigt, die sie nichts angehen. Sie will das Gespräch auf die Dim ension hinführen, für die sie in der Begleitung zuständig ist.

b. Konflikt in der Gruppe

Beim folgenden Beispiel geht es um die Bildung von Untergruppen. Unter dem Aspekt einer stärker persönlich orientierten Kommunikation betrachtet ist dies häufig sehr wertvoll. Aber es kann Anstoß zu Konflikten geben. Meistens geht es dann um die Beziehungskonstellation, die sich in der Gruppe entwickelt hat. Manche innerhalb der Gruppe arbeiten mit Vorliebe zusammen, andere wollen unter keinen Umständen zusammen in dieselbe Kleingruppe. Der Prozeß kann in eine ausweglose Situation führen, in die keine Bewegung mehr zu bringen ist. Kommt so etwas im Rahmen von geistlicher Begleitung vor, dann muß die geistliche Dimension des Konflikts deutlich gemacht werden, wenn konsequent gearbeitet werden soll. Im vorliegenden Fall wurde die Begleiterin gebeten, in dem Konflikt zu vermitteln, da die Gruppe selbst keinen Ausweg mehr sah. Diese entschloß sich, darauf einzugehen, jedoch unter der Bedingung, daß die Teilnehmenden bereit waren, die geistliche Dimension des Konflikts mit in den Blick zu nehmen. Die Gruppe akzeptierte dies. Die Begleiterin schlug vor, daß sich diejenigen, die schon eine Wahl füreinander getroffen hatten, zueinander stellen sollten. So entstanden drei Gruppen, während ein Teil der Anwesenden noch nicht eingeteilt war. Diese wurden, einer nach dem anderen, eingeladen, sich für eine der drei schon geformten Gruppen zu entscheiden. Daraufhin fand unter ihrer Leitung ein Gespräch zwischen diesen einzelnen und der betreffenden Gruppe statt. In dem Gespräch – das natürlich von der Art her eine Konfrontation darstellte – wurden eine Anzahl tieferer Motive erkennbar, die die Suche nach Anschluß und die Abweisung bedingten. Schließlich blieb ein Teilnehmer über, der sich nicht entschließen konnte, welcher Gruppe er sich anschließen sollte. Auch er wurde nach den tieferen Motiven dafür gefragt. Die anderen, die zuhörten, wurden sich gerade während dieses letzten Gesprächs bewußt, was für tiefe Erfahrungen und Erinnerungen das Erleben von „Anschluß finden" oder „abgewiesen werden" bei so etwas Konkretem wie die Bildung von Untergruppen wachrufen können. Letztlich entschied sich auch diese letzte Person für eine der Gruppen und wurde von dieser aufrichtig aufgenommen. Als die Begleiterin zum Schluß des Geschehens fragte, wie es nun aussah, erhielt sie zur Antwort: „Es wird schon gehen".

Nachdem der tatsächliche Konflikt auf diese Weise erhellt und gelöst war, nahm man sich Zeit um der geistlichen Dimension des Geschehenen nachzugehen. Das Gespräch orientierte sich dabei an den drei Hauptthem en, die wir im Vorausgehenden angesprochen haben, nämlich Verlangen, Angst und Vertrauen. Folgendes wurde erkennbar:

1. Die an die Begleiterin gerichtete Bitte um Vermittlung erschien als erwachsener Umgang mit der eigenen Ohnmacht.

2. Bei einer Reihe von Leuten zeigte sich, daß diese Ohnmacht eng mit einem Mangel an Vertrauen verbunden war. Dies galt vor allem bestimmten Mitgliedern der Gruppe, von denen man „sich nicht soviel versprach". Dies ließ sich letztlich jedoch auf ihre existentielle Haltung zurückführen, sich dem „Weg" nicht wirklich anzuvertrauen zu wollen (der „Weg" war das Thema, zu dem sich die Gruppe traf).

3. Außerdem wurden verschiedene Ängste sichtbar. Worum es dabei genau ging, wurde in der Nachbesprechun g noch nicht deutlich erkennbar. Es wurde sowohl deutlich, daß sie für eine Anzahl der Teilnehmer charakteristisch waren und deren Verhalten in viel mehr Situationen bestimmten, als nur in diesem einen Fall. Jedenf alls brachten sie die betreffenden Leute dazu, ihre eigene Existenz zu schützen und sich nicht anderen anzuvertrauen. Dies wurde für die folgenden Treffen zu einem Hauptthema.

4. Das Verlangen – zumal in der Form des Begehrens – spielte bei dem Geschehen eine mächtige Rolle. Jeder wollte aus seiner Untergruppe den größten Profit ziehen. Verschiedene Teilnehmer stellten bei sich selbst fest, daß sich bei ihnen mit der Aussage: „es wird schon gehen" ein Übergang vom Begehren hin zu einem offener en Verlangen vollzogen hatte und *daß sie sich damit eigentlich viel wohler fühlten*. Außerdem zeigte sich, daß das ganze Geschehen nicht in Gang gekommen wäre, wenn nicht einige gerade ausdrücklich an ihren Forderungen festgehalten und statt dessen leichter nachgegeben hätten. Dies bestärkte sie in ihrer Autonomie und einige folgerten daraus, daß dies auch in der Beziehung zu Gott ein wichtiges Thema ist.

5. Nachdem diese Dinge deutlich geworden waren, wurde näher auf die Bedeutung der zentralen Begriffe eingegangen, die in dem Geschehen eine Rolle gespielt hatten. Das waren: „lernen", „arbeiten", „Antipathie", „Sympathie", „Erinnerung" (an alte, schmerzhafte Erfahrungen) und „Erlösung". So konnte man sich eingehend darüber austauschen, wie die einzelnen Begriffe auf den verschiedenen Ebenen ihre Bedeutung veränderten. Sie konnten auf ihren existentiellen Gehalt hin „durch-schaut" werden und bildeten die Hauptthemen in der Liturgie, mit der die Besinnungswoche am folgenden Tag abgeschlossen wurde. Vor allem im letzten Abschnitt des Gesprächs wurde mehreres deutlich:

- Die „Anhängerschaft des Weges" verlangt, daß man sich dem Weg anzuvertrauen lernt, ganz gleich, wie er sich einem zeigt (vergl. das dritte Stadium in Eriksons Modell).
- Auf dieser Ebene taucht die Frage nach echter Schuld Aufschlag.
- Die in der „Heiligen Erzählung" beschriebene Heils- bzw. Unheilsgeschichte setzt sich in der Gruppe fort.
- Die Wahrheit uns selbst gegenüber befreit uns letztlich als Gruppe, indem sie uns „aus der Verborgenheit" holt. In diesem Zusammenhang kam auch die Bedeutung des griechischen aletheia (das, was nicht in der verschwindet, also nicht verborgen bleibt) zur Sprache.
- Die „memoria" als Erinnerung des Menschen in bezug auf sich selbst (Gen 3–11) ist ein Weg zur Befreiung.
- Gleichzeitig ist die Erinnerung außerdem auch ein Weg zur dunklen Seite (Schatten) in uns selbst.
- Schließlich kam man darauf zu sprechen, daß unter der alten Idee der „coincidentia oppositorum" (hier: Begierde und Erwartung, Sympathie und Antipathie, verschlossen sein und erlöst werden, Licht und Schatten) nicht feststehende Gegebenheiten zu verstehen sind, sondern ein Weg.

c. Konflikte zwischen der Begleitung und anderen (aus einer Gruppe oder einzelnen)

Spannungen wie Idealisierung, Überlegenheitsgefühle, Einkapselung und Spiritualisierung können leicht zu Konflikten führen. Diese werden dann selbstverständlich nicht so bezeichnet, aber sie werden in ganz konkreten Situationen sichtbar, wie etwa im Gefühl, nicht verstanden zu werden oder zu kurz zu kommen, in Diskussionen um die Bedeutung von Wörtern, die gebraucht wurden, in Vorwürfen, negativer Kritik, im Aufkündigen von Absprachen, in einem Hang, die anderen bestrafen zu wollen, in Blockaden und längeren angespannten Pausen, im vorläufigen Abbruch der Beziehung, Aufdringlichkeit usw. Überall kann man der Auffassung begegnen, daß diese Dinge „ganz normal" sind, „dazugehören", „unter Menschen nun einmal vorkommen" etc. Üblicherweise wird darüber in Begriffen wie „Widerstand", „Übertragung", „Gegen-Übertragung", „mangelnde Selbsterkenntnis", „blinder Fleck" u.a. gesprochen. Tatsächlich sind solche Vorfälle immer schmerzhaft und in all diesen Reaktionen wird dieses Schmerzhafte leicht wegrationalisiert. Natürlich muß konkret untersucht werden, wo die Gründe für diese Schwierigkeiten liegen. Jedesmal jedoch bleibt die Frage wichtig, welche Bedeutung sie für den geistlichen Weg, sowohl des Begleiters als auch der anderen, haben können. Diese Bedeutung liegt fast immer im Bereich dessen, was gemeinhin mit „Narzißmus" umschrieben wird. Sie betrifft dann alle Beteiligten.

„Narzißmus" kommt von „betäuben", oder auch von „erstarren" oder „versteifen". Damit verbindet sich die Geschichte von der tragischen Figur des Jünglings, der erst mit sechzehn Jahren in einer der Quellen von Thesbae, der Gegend, in der der Gott Eros vor allem verehrt wird, sein Spiegelbild entdeckt. Er verliebt sich so sehr in sein eigenes Spiegelbild, daß er an Ort und Stelle verschmachtet. Der Kern des Narzißmus liegt in der Liebe zu sich selbst. Der Eros, der sein Objekt jenseits von sich selbst finden muß, kehrt zurück zu sich selbst oder bleibt bei sich selbst stecken. Im ersten Fall wird weiteres Wachstum unmöglich gemacht; von daher ist die Re de von „betäuben" und „erstarren". Im zweiten Fall spiegelt sich der Eros in uns an den anderen, mit denen wir uns identifizieren. In dieser Identifikation eignen wir uns bestimmte Kennzeichen und Eigenschaften an, die w ir aus Eigenliebe gerne für uns selbst geltend machen wollen. Auf diese Weise formen wir uns ein Bild von uns selbst. Wenn es nun in der Beziehung zu Konflikten kommt oder etwas mißlingt, so gibt es nur wenige Begleiter oder Begleiterinnen, die sich davon nicht schmerzhaft in ihrem Selbstbild treffen lassen. Dies führt dann zu den oben beschriebenen Reaktionen. In Konflikten und im Mißlingen stoßen wir auf unsere Grenzen. Leugnen wir dies, so bleiben wir taub und schließen weiteres Wachstum aus. Wenn es uns gelingt, uns unser en Grenzen zu stellen, ist schon viel passiert. Gelingt es außerdem herauszufinden, wo die Grenzen jedes und jeder einzelnen lagen und wie sie zur Spannung und zum Konflikt führten, so ist noch mehr erreicht. Können auch die Quellen dieser schmerzhaften Erfahrung entdeckt werden, dann können Konflikte und Mißlungenes für uns selbst fruchtbar werden. Das letzte läßt sich am schwierigsten erreichen; denn häufig wird die *Erklärung* für das Problem wie ein Pflaster auf die Wunde geklebt. Damit ist immerhin die Wunde abgeschlossen. Ihr Schmerz muß jedoch trotzdem durchlitten werden.

Im Bereich des Geistlichen spielt der Narzißmus eine besondere Rolle. Denn für das Entstehen eines Selbstbildes gibt es kaum etwas so stimulierendes, wie die Identifikation mit geistlichen Vorbildern und geistlichen Selbstbilde rn. Und nichts bietet mehr Trost als die Möglichkeit, den eigenen Mangel mit etwas Erhabenem oder etwas Geistlichem zu verbinden. An diesem Punkt sind wir besonders verletzlich und dringt der Schmerz sehr tief. Nirgends kann der Schmerz dann aber auch so fruchtbar werden wie hier. Denn in dem Maße, in dem wir ihn zu spüren bekommen, verdeutlicht er uns, daß gerade dort unsere „Betäubungen" und „Erstarrungen" liegen, gerade in bezug auf unsere Existenz, deren Sinn, Religion und Glaube. Der Schmerz zeigt an, wo wir gerade stehen. Er macht deutlich, wo wir uns selbst noch nicht lösen konnten und die Dinge eher unseren eigenen Bedürfnissen und Begierden untergeordnet haben, als sie in ihrem eigenen Wert zu schätzen. Es ist noch wichtig, darauf hinzuweisen, daß das eine oder andere sowohl in bezug auf positive wie auf negative Selbstbilder gilt. Einiges davon läßt sich am folgenden Beispiel verdeutlichen.

Es geht um eine schon länger laufende individuelle Begleitung, in der es in vielerlei Hinsicht vorwärts geht. Allmählich jedoch nimmt die Dynamik ab. Die Begleitung beginnt zu stagnieren und es folgt eine längere Periode, in der es immer wieder neu zu Spannungen und Uneinigkeiten in der Beziehung kommt. Auch als sich beide bei Außenstehenden um einen Rat bemüht hatten, kam es zu keiner Veränderung. Die begleitete Person begann, sich mit dem Gedanken zu befassen, die Beziehung zu beenden. Der Begleiter widersprach dem nicht, meinte aber, der andere müßte sich selbst dazu entscheiden und riet ihm dazu, sich wenn nötig, noch einmal mit dem Außenstehenden zu beraten. Der war der Meinung, es sei gut, die Begleitung vorläufig noch fortzusetzen. Dasselbe riet man auch dem Begleiter. Dennoch nagten weiterhin Zweifel. Es kam zu sehr positiven Momenten, in denen die Beziehung auflebte, aber es meldeten sich immer wieder von neuem Zweifel, die jedesmal tiefer wurden. Schließlich entschloß sich die begleitete Person zu dem Schritt, die Beziehung abzubrechen. Im abschließenden Gespräch kam zur Sprache, was dieser Abbruch der Beziehung in geistlicher Hinsicht bedeuten könnte.

G.B.: Sie konnten sich also entschließen. Das unterstütze ich jedenfalls. Und ich denke, es ist ein guter Entschluß.

X: Das wird sich noch zeigen müssen. Ich hoffe es aber.

G.B.: Ich denke, daß das Gute eines Entschlusses nicht von der Zukunft abhängig ist. Das liegt im Heute.

X: Das Zweifelhafte auch.

G.B.: Ja, damit haben Sie sicher recht.

X: (Schweigt)

G.B.: (Schweigt)

X: Ich hoffe, daß die Tür offen bleibt und ich zurückkommen kann, wenn ich denke, daß es wieder geht.

G.B.: (nachdenklich). Sicher ist die Tür offen; darauf können Sie sich verlassen. Aber ich weiß nicht, ob ich ihnen helfen kann. Das ist etwas, was Sie dabei dann doch bedenken müssen.

X: (Schweigt)

G.B.: (Schweigt, nach einer Pause:) Ich denke darüber nach, was es für mich bedeutet, daß sie sich dazu entschlossen haben, die Gespräche abzubrechen. Ich habe das Gefühl, daß dadurch einiges zurechtgerückt wird.

X: Wieso?

G.B.: Ich hätte Ihnen offensichtlich gerne mehr gegeben, als ich zu bieten hatte.

X: Wieso?

G.B.: Ja, es hat sich gezeigt, daß ich Ihnen nicht weiterhelfen kann. Das rückt die Sache zurecht. Zum Weinbe rg gehört ein Herr und gehören Arbeiter. Der Arbeiter kann vieles wollen, aber der Herr entscheidet. Es ist schmerzhaft, daß zwischen uns nichts mehr möglich ist, wenn ich das auch gerne wollte.

Der Begleiter bringt in diesem Abschnitt aus eigener Initiative die geistliche Dimension ins Spiel. Wie sich auf eine Nachfrage hin zeigte, hatte er den anderen in seinem Entschluß, die Begleitung abzubrechen, noch bestärkt, da er es auf jeden Fall als Pluspunkt bewertete, daß dieser zu einem Entschluß kam. Außerdem zeigte sich auch, daß er lange gedacht hatte, dem anderen helfen zu können und nun akzeptieren mußte, daß er dies nicht konnte. Dies rührte an seinem Selbstbild und ließ ihn an die Parabel vom „unnützen Knecht“ denken. Da er jedoch merkte, daß dies beim anderen nicht ankam, ließ er das Thema fürs weitere beiseite. Bei der Supervision erwies sich der Knecht aus der Parabel auch als tröstendes Bild: es befreite ihn. Gleichzeitig wurde er sich bewußt, daß dieses Bild auch gelegentlich die Funktion haben könnte, sein geistliches Selbstbild zu schützen. Er konnte sich in jedem Fall dann doch wenigstens mit dem Knecht aus dem Evangelium identifizieren. Dieses Bild aufzunehmen, fiel ihm leichter als zu akzeptieren, daß er seine Arbeit nicht abschließen konnte. So erwies sich der Rekurs auf das Schriftwort selbst zum Teil noch als Schutz seines Narzißmus.

Kapitel XVI
Über den Schatten

> *„...daß es nicht darum handelt, die Existenz des Lichtes zu beweisen, sondern darum, daß es Blinde gibt, die nicht wissen, daß ihre Augen sehen können."*
>
> *(C.G. Jung)*[1]

Das Bild vom Schatten verweist auf all das, was wir in uns selbst abgewiesen oder nicht erkannt haben oder in Zukunft noch abweisen oder nicht erkennen wollen. Der Begriff stammt von C.G. Jung, der ihn mit dem gleichsetzt, was im Griechischen mit *sunopados* umschrieben wird: derjenige, der (immer) mit uns mitläuft. Gerade für all das, was wir, wissentlich oder unwissentlich, in uns selbst abweisen, sind wir sehr empfindlich. Jung merkt an, daß häufig sogar die Seele selbst mit dem Schatten identifiziert wird. Von daher ist es zu verstehen, daß es zu einer tödlichen Beleidigung werden kann, jemanden an seinem oder an ihrem Schatten zu erwischen. Wir vertiefen uns hier nicht in seine Schatten-Theorie als solche, sondern wir fassen unter dem „Schatten" alles das zusammen, was wir in bezug auf den geistlichen Weg als Übel, als unpassend, als nicht zu uns gehörig betrachten und was uns doch auf die eine oder andere Weise beeinflußt, während wir uns dessen gar nicht bewußt sind. Dies kann sich sowohl auf positive, wie auf negative Aspekte von uns, unserem aktuellen Leben und unserer bisherigen Lebensgeschichte beziehen. Jung merkt an, daß diese Entd eckung ein ethisches Problem ersten Ranges erzeugt, da sie uns vor die Aufgabe stellt, den Schatten in uns er Dasein, in dessen Sinngebung, in unsere Religion und unseren Glauben zu integrieren. Dies verlangt, daß wir uns selbst entdecken, sowie Zeit nehmen und Offenheit entwickeln für unsere Erfahrung, da wir uns unseres Schattens nur sehr bruchstückhaft bewußt sind. Unser Bewußtsein, so bemerkt Jung, sei „gleitend". Damit meint er, daß „psychische Vorgänge sich verhalten, wie eine Skala an welcher das Bewußtsein entlanggleitet. Bald befindet es sich in der Nähe der Triebvorgänge und gerät dann unter deren Einfluß: bald nähert es sich dem anderen Ende, wo der Geist überwiegt und sogar die ihm entgegen-

[1] C. G. Jung, Grundwerk 1985, S. 18.

gesetzten Triebe assimiliert".[2] Die Aufgabe, die die Begegnung mit dem Schatten mit sich bringt, ist ethischer Art; ihr Inhalt braucht dies nicht zu sein. Was zu unserem Schatten gehört, hat se hr häufig Teil an dem „man", das heißt an dem, was zur Kollektivität gehört, die für uns alle am Ausgangspunkt unseres Lebenslaufs steht und aus der heraus wir auch weiterleben. Unsere Meinungen über das Dasein und dessen Sinn, auf Religion und Glaube haben wir in erster Instanz „vorgehalten" bekommen. Damit müssen wir in unserem Leben die ersten Schritte machen. Erst später kommen wir zu einer persönlicheren Auseinandersetzung. Der geistliche Weg besteht selbst zu einem großen Teil aus letzterer. Für unseren Umgang mit dem Schatten bedeutet dies, daß er uns zur weiteren Personwerdung anleitet und uns auf diesem Weg ständig begleitet. Diese Entwicklung erreicht seinen Höhepunkt in dem, was E.H. Erikson unsere Integrität nennt.

Insofern diese Integrität im Bereich des Glaubens ebenfalls eine Rolle spielt, kreisen die Johannesbriefe dauernd um diese Thematik. Für unser Thema ist es dabei von wesentlicher Bedeutung, daß der Schreiber das Böse nicht leugnet, sondern – im Gegenteil – bestätigt und als existentielle, unausweichliche Tatsache skizziert (1 Joh 1, 5–2, 2; 4, 1–4). Die Personwerdung kann also nie an der Kollektivität und am Bösen vorbei stattfinden. Sie vollzieht sich vielmehr in der Auseinandersetzung damit. Wenn im zweiten Kapitel betont wurde, daß sich die geistliche Begleitung letztenendes mit dem Individuum beschäftigt, so hängt dies hiermit zusammen.

1. Umgang mit dem Schatten

Richtungweisend für den Umgang mit dem Schatten in der geistlichen Begleitung ist der Ausspruch Jesu, der böse Geist, der den Menschen verlassen habe, suche nach einer neuen Bleibe. Finde er diese nicht, so kehrt er an seinen alten Ort zurück, den er dann geputzt und aufgeräumt wieder antrifft. Dann holt er sieben andere - noch schlimmere - Geister hinzu und besetzt mit ihnen das Haus aufs neue. Die neue Situation ist noch schlimmer als die vorherige (Mt 12, 43–45). Das heißt im Endeffekt, das wir nicht gut daran tun, unseren Schatten auszutreiben, ihn mit Feuer und Schwert zu bekämpfen, uns von ihm abzuwenden oder zu tun, als ob es ihn nicht gäbe. Aus therapeutischer Perspektive wird häufig betont, daß der

[2] C. G. Jung, 1969, S. 17; 1954, S. 568.

Schatten „integriert“ werden muß, aber man kann zurecht danach fragen, was dies dann genau bedeutet. Jung selbst spricht von der „Realisierung des S chattens“ und beschreibt es als „das Innewerden des inferioren Persönlichkeitsteiles“. Dabei handelt es sich nicht um ein intellektuelles Begreifen, sondern um ein „den ganzen Menschen angehendes Erleben und Erleiden“.[3] Der Schatten muß, mit anderen Worten, durchlebt werden. Dies mit zu ermöglichen ist eine wirkliche Aufgabe der geistlichen Begleitung. Erst w enn der Schatten so „durchgemacht“ wird, kann deutlich werden, was sich wirklich integrieren läßt und was nicht. Wesentlich dabei ist es, nichts von dem abzustreiten, was sich in diesem „Erleben und Erleiden“ ankündigt. Absolute Voraussetzung dafür ist, daß es in diesem „Erleben und Erleiden“ benannt wird, so daß es aus der Anonymität herausgeholt ist und seine individuelle und persönliche Bedeutung erhält. Schließlich muß die Begleiterin oder der Begleiter mitberücksichtigen, daß sich – im Bereich des Glaubens – das ganze Geschehen sozusagen „vor dem Angesicht“ Gottes abspielt. Dieses Angesicht ist das eigentliche „Gegenüber“, von dem her der Umgang mit dem Schatten seinen gläubigen Sinn und seine Wirkkraft erhält. Es ist sogar die Frage erlaubt, ob der Umgang mit dem Schatten überhaupt möglich ist ohne eine geistliche Grundlage, in deren Licht er sich vollzieht. Auch dort, wo es um Integration geht, handelt es sich also nicht um einen automatischen Prozeß, der allein von der Psyche selbst angestoßen und vollbracht wird. Die Person selbst ist dabei gefragt, sei es auch vor allem in der Erfahrung des „Erlebens und Erleidens“.

2. Der Kampf am Jabbok

Die klassische Erzählung zum Umgang mit dem Schatten ist die Geschichte Jakobs im Alte n Testament, deren Höhepunkt der Kampf mit dem Engel bildet (Gen 32, 23–33). Der Unbekannte wird wahr scheinlich deshalb häufig interpretierend mit dem Schatten gleichgesetzt, weil sich der Kampf in der Nacht und am Ufer eines Flusses abspielt. Der Erzähler denkt darüber anders. Er läßt Jakob den Ort des Kampfes „Penuel“ nennen und ihn sagen : „Ich habe Gott von Angesicht zu Angesicht gesehen und bin doch mit dem Leben davongekommen.“ Der Fremde ist also in der Erzählung nicht Jakobs Schatten. In der Weise, in der Jakob mit diesem Fremden umgeht, wird der Schatten sichtbar. Er stellt die unerhörte Frage nach dessen Namen und fordert beinahe seinen Segen. Dieses Fordern entspricht bei ihm einer

[3] C. G. Jung 1954, S. 568

altbekannten Verhaltensweise. Am Beginn der Erzählung entlockt er seinem Vater Isaak den Segen; hier versucht er bei dem Fremden dasselbe zu erreichen. Dieser geht darauf ein, indem er ausgerechnet Jakobs Name verändert. Erst dann erhält Jakob seinen Segen. Er erhält also wohl, was er sich wünschte, jedoch auf eine ganz andere Weise, als er es selbst wollte. Er erhält ihn erst nachdem ihn der Kampf so verändert hat, daß der Fremde ihm den Segen schenken kann.[4]

Für den Umgang mit dem Schatten können hier einige wichtige Motive entnommen werden:

- Entsprechend der Weise, in der der geistliche Weg gegangen wird, ist der Schatten ständiger „Mitläufer"; er tritt fast immer unerwartet in Erscheinung.
- Er taucht dann auf, wenn wichtige Übergänge anstehen. Obgleich immer anwesend und wirksam, wird erst recht in dieser Begegnung deutlich, daß er da ist und wie er wirkt.
- Die Konfrontation ist schmerzhaft, stellt aber gleichzeitig eine Chance zur Veränderung und zum Übergang in ein tieferes Erleben des eigenen Daseins dar.
- Diese Konfrontation führt zu einem echten Kontakt mit Gott und zu einem neuen Segen. Dieser Segen kann nicht erzwungen werden, sondern ist ein Geschenk. Er kann erst sichtbar werden, wenn sich die Veränderung – symbolisiert durch einen neuen Namen – vollzogen hat.
- Aus der Erzählung wird deutlich, daß dieser Situation nicht gerecht wird, wer auf eine Auflösung des Problems aus ist. Jakob versucht es zwar mit dieser Haltung, aber der Fremde, so erweist sich, läßt sich davon nicht ansprechen. Der Schatten läßt sich nicht in die Projektdimension des Lebens einbauen. Es geht um „Erleben und Erleiden". Dies fordert auch einen echten Kampf. Das Resultat aber ist von dem Kampf nicht abhängig. Dieses ist Geschenk und an die innere Veränderung „vor dem Angesicht" gebunden.
- Die Begegnung mit dem Schatten findet nicht auf einmal statt. Immer wieder trägt man Narben davon. Das echte Geheimnis wird dabei nicht erobert, weder das der Seele, noch das der Person, noch das Gottes. Man erhält einen anderen Namen als Verheißung. Gott gibt sein Geheimnis nicht preis.
- Allerdings kann die gläubige Überzeugung wachsen, daß man darin wirklich mit Gott streitet und daß hier wirklich eine Gegenseitigkeit besteht. Die jüdische Spiritualität kennt hierfür viele Beispiele.

[4] Vgl. M. Kassel 1980.

- Es ist besser, im Kampf mit dem Engel auf den eigenen Schatten zu treffen, als diesen empfangen oder austreiben zu wollen. Wer den Kampf nicht wagt, begegnet auch Gott nicht, empfängt keine neue Verheißung und wird nicht gesegnet.
- Im Ernstfall führt ein Mensch diesen Kampf allein. Die Begleiterin oder der Begleiter kann dabei bleiben, mitsuchen, wo es darum geht, die Situation zu begreifen, zu unterstützen und anteilzunehmen. Der Ausgang des Kampfes jedoch bleibt abzuwarten.
- Vieles an dieser Situation bleibt für den ersten Moment undeutlich und schattenhaft. Es ist Nacht. Der Kampf d auert bis zur „Morgenröte". „Morgenröte", „Himmel", die „Spitze des Berges Karmel" stehen in der Bibel dem „Meeresgrund" und der „Totenwelt" gegenüber (vgl. Ps 139). Die erstgenannten Begriffe stehen für den Bereich des Lebens. Von dort her „neigt JHWH den Himmel", wenn er zum Menschen herabkommt.[5] Über die zeitliche Dauer des Kampfes kann man nicht selbst bestimmen. Es zeugt auch von Übermut, wollte man darüber Aussagen machen.[6]
- Bei dem Geschehen spielen Schuld und Reue eine unverkennbare Rolle. Die Schuld kann moralischer Art sein. Sie äußert sich dann in dem aufkommenden Bewußtsein, persönlich einen Fehlgriff oder Mangel zu verschulden. In den meisten Fällen ist sie jedoch viel eher existentieller Art. Dann äußert sie sich in dem Bewußtsein, daß Mangel und Fehlgriffe zum menschlichen Dasein gehören und man von jedem Irrtum, jeder Unordentlichkeit, Verwahrlosung oder Fehlentwicklung persönlich mit betroffen ist. In diesem Sinn macht die Begegnung mit dem Schatten immer das Tragische bewußt. Die Reue ist nach einem Wort von W. Dirks „Trauer und Befreiung" zugleich.[7] Wird gerade diese Reue nicht „vor dem Anschein (Gottes)" durchlebt, so ist die Gefahr groß, in narzistische Selbstquälerei zu verfallen. Kommt es aber dazu, dann werden die betreffenden Menschen meist demütig und entwickeln ein wachsendes Wohlwollen gegenüber ihren Mitmenschen und deren Mängeln. In der Jakobsgeschichte ist dies in der Versöhnung Jakobs mit seinem „dunklen Bruder" Esau angedeutet. In der Reue vollzieht sich die eigentliche Buße. Diese verschwindet nach der Begegnung mit dem Schatten nicht. Im Gegenteil, sie beginnt als eine „bittersüße Grundempfindung" das Dasein selbst zu durchdringen und gehört zur Würde, die das Leben eines Menschen prägt.[8]

[5] O. Keel ^{3}1984, S. 11.
[6] Vgl. M. Kassel ^{3}1987, S. 63f.
[7] W. Dirks 1976, S. 60.
[8] W. Dirks 1976, S. 61.

Im Umgang mit dem Schatten – wenn wir ihn so verstehen – zeigt sich immer wieder von Neuem unsere Neigung, das Ganze in den Griff bekommen zu wollen. Wir tun dies u.a., indem wir das ganze Arsenal an Wissen in Gebrauch nehmen, das uns bezüglich der persönlichen Entwicklung, der Psychologie, der Mythen, der Symbole usw. zur Verfügung steht. Auch die Erzählung von Jakob selbst kann diese Abwehrfunktion erhalten. Es wird dann doch wieder als Erklärungsmodell verwandt, das uns vor dem bewegenden existentiellen Moment abschirmt. Der Schatten ist eine Realität und konfrontiert uns wirklich mit unserem Dasein vor Gott. Auf die Realität läßt sich zwar durch Bilder und Erzählungen hinweisen, aber ersetzen läßt sie sich dadurch nicht. Sie ist, was sie ist und sie läuft, wie sie läuft.

Literatur

Alport, G.W., The individual and his religion, New York 1961.

Andriessen, H., Groei en Grens in de volwassenneit, Mesel 1970.

Andriessen, H., Leren aan ervaring en supervisie. Nijmegen 1975.

Andriessen. H., Psychologie des Erwachsenenalters, Köln 1972.

Andriessen. H., Zingevingsproblematiek, in: Buijssen. H./Derksen, J. (Hg.), Psychologische hulpverlening aan ouderen, Nijkerk 1984, S. 151–188, (1994/3).

Andriessen, H., Einsamkeit, Hingabe und mystische Erfahrung, in: Steggink, O. u.a., Düsseldorf 1983. S. 150–167.

Andriessen. H., Psychologie und Leben aus dem Glauben, Freiburg i. Br. 1990, S. 84–97.

Andriessen. H., Seelsorgliche Beratung und Begleitung in existentiellen Glaubensfragen, in: Baumgartner, K./Müller, W., Beraten und Begleiten. Handbuch für das seelsorgliche Gespräch, Freiburg i. Br. 1990.

Andriessen, H., Volwassenheid in perspectief. Inleiding in de psychologie van de volwassen levensloop, Assen 1991.

Andriessen, H., Der Sehnsucht in mir einen Namen geben. Lebensweg und Spiritualität, Mainz 1993.

Andriessen, H./Derksen, N., Lebendige Glaubensvermittlung im Bibliodrama, Mainz ^{2}1991.

Andriessen, H./Miethner, R., Praxis der Supervision, Heidelberg ^{3}1993.

Anthony. D. u.a., Spiritual Choices, New York 1986.

Arano. L. C. (Hg.), Tacuinum sanitatis. Das Buch der Gesundheit, München 1976.

Balint, M. u.a., Focal Psychotherapy, New York 1972.

Baudler, G., Gott und Frau, München 1991.

Baudler. G., Erlösung vom Stiergott. Christliche Gotteserfahrung in Dialog mit Mythen und Religionen, München - Stuttgart 1989.

Baudoin, Ch., De l'Instinct à l'Esprit. Les Etudes Carmélitaines, Bruges 1950.

Baudoin, Ch., Psychoanalyse du Symbole religieux, Paris 1957.

Baudoin. Ch.. Y-a-t-il une Science de l'Ame?, Paris 1957.

Bauer, W Griechisch-Deutsches Wörterbuch zu den Schriften des Neuen Testaments und der übrigen urchristlichen Literatur, Berlin - New York 1971 .

Baumgartner, K./ Müller, W., Beraten und Begleiten. Handbuch für das seelsorgliche Gespräch, Freiburg i. Br. 1990.

Becker, R., Leben mit Terminen. Anregungen und Hilfen zum Umgang mit Zeit in der Gemeindearbeit, München 1981.

Beirnaert. L. u.a., Direction spirituelle et Psychologie, Bruges 1951.

Belloc, H., The path to Rome. London 1985 (1903).

Betz, O., Elementare Symbole, Freiburg i. Br. 1987.

Binswanger, L., Grundformen und Erkenntnis menschlichen Daseins, München-Basel 1962.

Blanchard, P., Sainteté aujourd'hui, Bruges 1954.

Bösen, W., Galiläa als Lebensraum und Wirkungsfeld Jesu, Freiburg i. Br. 1985.

Bruners, W. (Hg.), Alltag und Spiritualität. Geistliche Tagebücher, Düsseldorf 1985.

Buck, G., Lernen und Erfahrung. Stuttgart u.a. 1969.

Buytendijk, F.J.J., Phénoménologie de la Rencontre, Bruges 1952; auch in: Das Menschliche. Wege zu seinem Verständnis, Stuttgart 1958.

Buytendijk, F.J.J., Aandenken. Bezinning over de levensloop, Baarn 1980.
Caruso, I.A., Psychoanalyse und Synthese der Existenz, Wien 1952.
Champeaux, G./de Sterkx, S., Introduction au monde des symboles, Zodiaque 1980/3.
Chevalier, J./Gheerbrandt, A., Dictionnaire des symboles. Paris 1982.
Cuvelier, F., Jesus mysticus, Kapellen-Jaarlem 1990.
Dieckmann, H., Probleme der Lebensmitte, Stuttgart 1968.
Diel, P., La peur et l'angoisse, Paris 1985.
Dirks, W., Alte Wörter. 4 Kapitel zur Sprache der Frömmigkeit, München 1976.
Drewermann, E., Kleriker. Psychogramm eines Ideals, Olten-Freiburg i.Br. 1989.
Egdom, R.v. Het speelse geweten. Theorie en methode van Sofrologie, Bloemendaal 1978.
Erikson, E.H., Growth and Crisis of the healthy personality, in: Knopf, A.A., Personality in nature, society and culture, New York 1953.
Erikson, E.H., The Roots of virtue, in: Huxley, J., The humanist frame, New York 1961/62.
Erikson, E.H., Childhood and Society, New York 1963/2. (Deutsch: Kindheit und Gesellschaft, Stuttgart [10]1991).
Erikson, E.H., Insight and responsibility. Lectures on the ethical implications of psychoanalytic insights. New York 1964. (Deutsch: Einsicht und Verantwortung. Die Rolle des Ethischen in der Psychoanalyse, Stuttgart 1966).
Erikson, E.H., Life history and the historical moment, New York 1975. (Deutsch: Lebensgeschichte und historischer Augenblick, Frankfurt a.M. 1982).
Erikson, E.H., The life cycle completed, New York 1982. (Deutsch: Der vollständige Lebenszyklus, Frankfurt a.M. 1988).
Fowler, J.W., Stages of faith. The psychology of human development and the quest of meaning, San Francisco 1981.
Fuchs, G. (Hg.), Die dunkle Nacht der Sinne. Leiderfahrung und christliche Mystik. Düsseldorf 1989.
Funke, D., Im Glauben erwachsen werden. Psychische Voraussetzungen der religiösen Reifung, München 1986.
Furlong, M., Alles, was ein Mensch sucht. Thomas Merton, ein exemplarisches Leben, Freiburg i.Br. 1982.
Fürst, G., Glaube als Lebensform. Der Beitrag Johann Baptist Hirschers zur Neugestaltung christlich-kirchlicher Lebenspraxis und lebensbezogener Theologie, Mainz 1989.
Furth, H.G., Kowledge as desire. An essay on Freud and Piaget, Columbia 1987.
Ginzberg, L., The legends of Jews, Philadelphia 1968/5.
Gnädiger, L. (Hg.), Deutsche Mystik, Zürich 1989.
Görres, I.F., Weltfrömmigkeit. Aus dem Nachlaß herausgegeben von B. Blaiber, Frankfurt a.M. 1975.
Goswami, S.d., Prabhubada, Vaduz 1986.
Graves, R., The Greek Myths. New York 1981.
Grün, A., Lebensmitte als geistliche Aufgabe, Münsterschwarzach 1980.
Grün, A., Träume auf dem geistlichen Weg, Münsterschwarzach 1987.
Grün, A./Riedl, G., Mystik und Eros, Münsterschwarzach 1993.
Guardini, R., Die Bekehrung des Aurelius Augustinus, Mainz-Paderborn 1989.
Guardini, R., Religiöse Erfahrung und Glaube, Mainz [2]1979.
Guardini, R., Wahrheit des Denkens und Wahrheit des Tuns, Paderborn 1980.
Guyer, W., Wie wir lernen, Erlenbach – Stuttgart – Zürich 1987.
Haas, A., Ignatius, Geistliche Übungen. Übertragung und Erklärung, Freiburg i.Br. 1985.

Haas, A., Axiome der Spiritualität. Prov. Konferenz der deutschen Assistenz, Frankfurt a.M. 1987.
Hogmann, G. (Hg.). Johannes Tauler, Predigten, Einsiedeln 1979.
Hollenweger, W.J., Umgang mit Mythen, München 1982.
Hutsebaut. D./Corvelijn, J. (Hg.), Over de grens. De religieuze ‚behoefte' kritsch onderzocht, Leuven 1987.
Imdahl. N.v. Giotto, Arenafresken, München 1988.
John, Frère de Taizé, Le chemin de Dieu. Etude biblique sur la foi comme pélerinage. Taizé 1983.
Jung, C.G., Von den Wurzeln des Bewußtseins. Studien über den Archetypus, Zürich 1954.
Jung, C.G., Grundwerk C.G. Jung, hg. von H. Barth. Olten 1984-1985.
Kandinski, W., Essays über Kunst und Künstler, Bern 1975.
Kandinski, W., Über das Geistige in der Kunst, Bern 1963.
Karrer, O. (Hg.), Franz von Assisi, Legende und Laudes, Zürich 1975.
Kassel, M., Das Auge im Bauch, Olten – Freiburg i. Br. 1987.
Kassel, M., Biblische Urbilder. Tiefenpsychologische Auslegung nach Jung, München 1980.
Keel, O., Die Welt der alt-orientalischen Bildsymbolik und das Alte Testament, Darmstadt 1984.
Kelsey, M., The other side of silence. A guide to christian meditation, London 1977.
Kemp, F. (Hg.), Simone Weil. Zeugnis für das Gute, München 1976.
Kerényi, K., Die Mythologie der Griechen, München 1966.
Kierkegaard, S., Traité du désespoir, Paris 1949.
Kirchhof. H., Urbilder des Glaubens, München 1988.
Klessmann. M., Identität und Glaube. Zum Verhältnis von psychischer Struktur und Glaube, München - Mainz 1980.
Klink, T. W., „Supervision", in: Feilding, Ch., Education for Ministry, Dyton/Ohio 1966, Ch. VI, S. 176–217.
Kluge, F., Etymologisches Wörterbuch der deutschen Sprache. Berlin 1960.
Kohut, H., The analysis of the self. New York 1972.
Kolakowski, L., Religion, Fontana Paperbacks 1967, 1982.
Kolakowski, L., Gegenwärtigkeit des Mythos, München - Zürich 1984.
Köster, P./Andriessen. H., Sein Leben ordnen, Freiburg i.Br. 1991.
Kroh, O., Entwicklungspsychologie des Grundschulkindes, Langensalza 1944 (1931).
Lenz, S., Gespräche mit Manes Sperber und Leszek Kolakowski, München 1982.
Lepeé, M., La direction spirituelle d'aprés les lettres de Sainte Thérèse. in: Beirnaert 1951 .
Levinson, D.J. u.a., The seasons of a man's life, New York 1978.
Maas, F., Er is meer God dan we denken, Kampen 1989.
Marcel, G., Positions et approches concrétes du mystére ontologique, Louvain-Paris 1949.
Meer, F. v.d., Augustinus de zielzorger, Utrecht 1953.
Menninger, K., The theory of psychoanalytic technique, New York 1958.
Merleau-Ponthy, M., Phénoménologie de la Perception, Paris 1945.
Merton, Th,. Wijsheid uit de woestijn. Uitspraken van woestijnvaders uit de vierde eeuw, Haarlem - Averbode 1979 (Orig.: The wisdom of the desert).
Merton, Th., Spiritual direction and meditation. Wheathampstad, Herts 1975.
Minkowski, E., Vers une cosmologie nouvelle, Paris 1936.
Mohr, G. H., Lexikon der Symbole, Freiburg i. Br. 1991.
Müller, W., Gemeinsam wachsen in Gruppen, Mainz 1989.
Needleman, J., The new religions. Garden City 1970.

Nemeck, F.K./Coombs, M.Th., The way of spiritual direction. Liturgical press. Collegeville Minnesota, 1985.
Neumann, E., Kunst und schöpferisches Unbewußtes, Zürich 1945.
Neumann, E., Der schöpferische Mensch und die Wandlung. Eranos Jahrbuch 1954 (XXIII), S. 9–55, Zürich 1955.
Odier, Les deux sources conscient et inconscient de la vie monale et de la baconniere, Neuchâtel 1947.
Pagès, M., La vie affective des groupes. Esquisses d' une théorie de la relation humaine, Paris 1968.
Patterson, G., Theories of counseling an psychotherapy, New York 1966.
Peperzak, A.,Tussen filosofie en theologie, Kampen 1991.
Petrarca, De Top van de Ventoux – Het Geheim – Godgewijde ledigheid, Baarn 1990.
Proust, M., A la recherche du temps perdu. Pléiade, Paris 1954.
Raab, P. (Hg.), Psychologie hilft glauben, Freiburg i. Br. 1990.
Rank, O., Will therapy, New York 1978 (1929).
Rosenberg, A., Einführung in das Symbolverständnis, Freiburg i. Br. 1984.
Rosenberg, A., Christliche Bildmeditation, München 1975.
Rosenberg, A., Die Zauberflöte, München 1981.
Saint Exupéry, A.de, Citadelle, Paris.
Sborowitz. A., Individuation und Glaube, Darmstadt 1975.
Schmidt, J., Hölderlin, Gedichte, Frankfurt a.M. 1984.
Schmidt, H. und M., Die vergessene Bildersprache christlicher Kunst, München 1984.
Schreurs, A./Stevenson, B., Handling the spiritual dimension in group psychotherapy. Paper presented at the Xth Internationial Congress of Group-psychotherapy Aug./Sept. 1989.
Schütz, Chr. (Hg.), Praktisches Lexikon der Spiritualität, Freiburg i. Br. 1988.
Schütz, R., Frère Roger in seinem Tagebuch. Alles vom andern verstehen, Freiburg i.Br. 1986.
Slater Ph.E., Microcosm. Structuaral, psychological and religious evolution in groups, New York 1966.
Stahl, C., Opening to God. The Upper Room, Nashville 1977.
Steggink, O. (Hg.), Mystik, Band I-II, Düsseldorf 1983–1984.
Stier, F., Vielleicht ist irgendwo Tag, Freiburg – Heidelberg 1981.
Stier, F., An der Wurzel der Berge, Freiburg i. Br. 1984.
Studinski. R., Spiritual direction and middle life development, Chicago 1943.
Sundèn, H., Die Religion und die Rollen. Eine psychologische Untersuchung. Berlin 1966.
Sundèn, H., Gott erfahren. Das Rollenangebot der Religionen. Gütersloh 1975.
Timmers, J., Christelijke symboliek en ikonographie, Bussum 1974.
Uleijn, A., Zingevingsvragen en overdrachtsproblemen in de psychothrapie, in: Kuilman, M./Uleyn, A., Hulpverlener en zingevingsvragen, Baarn 1986.
Uleijn, A., Zeltbeeld en godsbeeld, Baarn 1993.
Vergote, A. u. A., La psychoanalyse, science de l'homme, Bruxelles 1964.
Vergote, A., Dette et désir. Deux axes chrétiens et la dérive pathologique, Paris 1978.
Vergote, A., Religie, geloof en ongeloof, Psychologische studie, Amsterdam 1984.
Vetter, A., Lebenswende als Reifungskrise, Osnabrück 1961.
Waaijman, K., Spiritualiteit, dynamisch-structureel benaderd, T.B.I. Studies 2, Nijmegen.
Watzlawick. P., Menschliche Kommunikation. Formen, Störungen, Paradoxien, Bern – Stuttgart – Wien 1969.
Weilner, J., Tauler und das Problem der Lebenswende, in: Tauler, J., Gedenkschrift, Regensburg 1961.

Weizsäcker. C.F., Deutlichkeit, Beiträge zu politischen und religiösen Gegenwartsfragen, München 1986.

White, R., Competence and the psycho-sexual stages of development, in: Jones, N.R., Nebraska Symposion on Motivation, Lincoln 1960, S. 97–141.

White, R. (Hg.), The study of lives. New York 1969.

White, R., The enterprise of living, NewYork 1972.

Whitaker, D./Liebermann, M., Psychotherapy through the group-process, Chicago 1977 (1964).

Wilhelmi, Ch., Handbuch der Symbole in der bildenden Kunst des 20. Jahrhunderts, Frankfurt a. M. – Berlin 1980.

Wit, H. de, Contemplatieve Psychologie, Kampen 1987.

Wit, H. de, De verborgen bloei. Over de psychologische achtergronden van spiritualiteit, Kampen 1993.

Wyschgorod, H., Saints and post-modernism, Chicago – London 1990.

Zock, H., A psychology of ultimate concern. E. H. Eriksons contribution to the psychology of religion, Amsterdam 1990.

Zuidgeest, P., Levensbeelden. Kampen 1982.